[税法]

TAX LAW

主编　张晓亮

江苏大学出版社
JIANGSU UNIVERSITY PRESS
镇　江

图书在版编目(CIP)数据

税法 / 张晓亮主编. — 镇江 ：江苏大学出版社，2021.8
ISBN 978-7-5684-1665-8

Ⅰ. ①税… Ⅱ. ①张… Ⅲ. ①税法－中国－教材 Ⅳ. ①D922.22

中国版本图书馆 CIP 数据核字(2021)第 175168 号

税法
Shuifa

主　　编/张晓亮
责任编辑/柳　艳
出版发行/江苏大学出版社
地　　址/江苏省镇江市梦溪园巷 30 号(邮编：212003)
电　　话/0511-84446464(传真)
网　　址/http://press.ujs.edu.cn
排　　版/镇江市江东印刷有限责任公司
印　　刷/镇江文苑制版印刷有限责任公司
开　　本/787 mm×1 092mm　1/16
印　　张/20.5
字　　数/500 千字
版　　次/2021 年 8 月第 1 版
印　　次/2021 年 8 月第 1 次印刷
书　　号/ISBN 978-7-5684-1665-8
定　　价/48.00 元

前　言

税收是治国理政的重要抓手。新经济和新时代背景下，税收在政治、经济、文化、社会、生态文明建设等领域都发挥着重要的作用。现代税收制度的改革方向与目标包括全面落实税收法定、更好地支持实体经济发展、健全地方税体系、加强收入分配调节作用、推进绿色发展及实现征管现代化。

税收法定原则是现代税收制度建立的基础。党的十八大以来，我国分步实施“营改增”改革、资源税改革，开征环境保护税，实现“国地税合并”，有序提高了税收立法层级，构建了征纳双方共同遵守的行为准则，形成了规范、高效、统一的税收征管体系。

本书由高校专业教师和税务所税务专业人士依据最新的税收法律法规共同编写而成，主要阐述法律税收法规的基本内容、纳税方法和征管制度，力求难易适中，突出重点；内容翔实、体系科学，能够帮助读者系统、全面、及时、准确地掌握税法知识，解决税收实践中的具体征纳问题。教材的例题和案例大多由合作单位的经济业务实例精编而成。本书突出理论与实践的对接，反映产教融合、校企合作的成果，体现应用型高校人才培养的特点，能够满足税法教学的现实需求，适应税收法规的变化和调整。

本书是为会计、税务、财政和证券投资等专业培养应用型人才而编写的教材，适用于本科“税法”课程教学；亦可作为注册会计师、会计职称、注册税务师考试的参考资料，以及企业财务人员学习税法的参考书。

本书由张晓亮担任主编，许珂、李莉、冯星海担任副主编。在本书编写过程中，编者参阅了大量与税法相关的著作、教材及网络资料，在此，谨向这些文献资料的作者表示诚挚的谢意。本书的出版得到江苏省一流本科专业建设点（工商管理）专业建设经费资助和中瑞岳华税务师事务所集团有限公司协作，一并表示感谢!

由于税法政策变化快，加之我们的理论和业务水平有限，且编写时间仓促，书中如有不妥之处，恳请读者批评指正。

编　者

2021 年 6 月

前言

目 录

第一章 税法概述

1

本章导读

税收是税法产生、存在和发展的基础，是决定税法性质和内容的主要因素。税收作为社会经济关系，是税法的实质内容，税法作为特殊的行为规范，是税收的法律形式。

学习目的与要求

本章是税法学习的基础。通过本章的学习，学生能够系统了解税法的概念、特征和分类、构成要素及我国现行税法体系的构成，掌握税法基础理论的分析方法，重点掌握税法构成要素和我国现行的税法体系。

第一节 税法的概念

一、税收的概念

税收是国家为了实现其职能，凭借政治权力，按照法律规定，强制、无偿地对社会产品进行的一种分配。它是国家取得财政收入的主要形式之一。

（一）税收是国家取得财政收入的一种形式

税收作为国家取得财政收入的一种形式，在社会再生产过程中属于分配范畴。税收就是把一部分社会产品强制地、无偿地转为国家所有，归国家支配使用；从征税的结果来看，既没有增加也没有减少当年的社会总产品或总价值，只是改变了原有的分配结构，形成一种新的分配结构。

（二）税收凭借政治权力进行征税

社会产品的分配总是要以一定的权力为依据的。分配的权力有两种：一种是财产权力，也就是所有者的权力；另一种是政治权力，即国家权力。国家征税是把一部分原本属于社会成员所有的产品无偿地转归国家所有，其分配实现的依据既不是生产资料所有权，也不是劳动力所有权，只能是国家的政治权力。

（三）税收分配的目的是满足国家履行其公共职能的需要

国家利用税收这一分配方式取得财政收入，其目的是满足其履行公共职能的需要。社会再生产的正常运行必须具备一定的外部条件，如和平安定的环境、良好的社会秩序及各种便利的公共设施等。这种外部条件表现为全体社会成员的共同需要，属于公共品。为了满足这种共同需要，社会产品的一部分就必须集中到国家手中，由国家统一安排使用。

（四）税收分配的价值源泉是剩余产品的价值

税收分配的对象是社会总产品，而最终来源则是剩余产品价值（M）部分。因为社会总产品价值中不变资本（C）部分是用于补偿生产过程中生产资料的消耗，可变资本（V）部分用于补偿活劳动的消耗。两者构成生产费用，只能在生产单位内部分配，是保证社会简单再生产顺利进行的条件，不能构成税收分配价值的最终来源，只有 M 的部分才可以由社会统一分配用于社会公共需要，成为税收分配的价值源泉。

(五) 税收具有强制性、无偿性和固定性

1．强制性

税收的强制性，是指国家以社会管理者身份，凭借政治权力以法律形式确定征纳双方的权利义务关系并保证税收收入的实现。

税收的强制性包含两层含义：一是税收分配关系是一种国家和社会成员必须遵守的权利义务关系。国家履行了公共职能，提供了社会成员共同需要的生活和生产条件，以维持社会的发展和社会再生产的正常进行，而享受或消费国家提供的公共产品，是每一个社会成员的平等权利。作为这种权利的对应，就是每一个社会成员有义务向国家缴纳一部分社会产品，分担一部分社会公共费用。社会成员承担公共需要的社会费用只能由国家规定社会成员义务缴纳的办法来解决。二是税收的征收具有强制性，即国家借助税法形式来保证税收收入的实现。就征税者而言，法律规范是国家征税权力的后盾，当出现纳税违法行为时，国家将依法处理；就纳税人而言，一方面要依法纳税，另一方面纳税人的合法权益将得到法律的保护。

2．无偿性

税收的无偿性是指国家征税以后，税款即归国家所有，既不需要直接归还给纳税人，也不需要向纳税人支付任何报酬或代价。税收的无偿性是由社会费用补偿的性质决定的。由于公共需要的设施和服务大多是共享的，社会成员从中得到的利益无法直接计量，这就决定了国家为社会成员提供的公共服务只能是无偿的。相应的，国家要筹集满足公共需要的社会费用也只能采取无偿的形式。

3．固定性

税收的固定性是指国家征税之前，都以法律形式预先规定了征税对象、征收范围和征收的数额或比例。纳税人只要取得应纳收入或发生应税行为，就必须按照税法规定纳税。在实践中，税收应具有相对的固定性，便于征收和缴纳。

二、税法的定义

税法是国家制定的用以调整国家和纳税人在征纳税方面权利与义务关系的法律规范的总称，通俗地讲，就是国家有关征税的法，是政府与纳税人依法征税、依法纳税的行为准则。

税法与税收密不可分，关系十分密切。国家为了取得税收必须凭借政治权力，即以法律形式表现出来的强制力去参与国民收入的分配。这就表明了税收的取得必须要有税法作为保证。税法充分体现了税收的强制性、无偿性、固定性特征。税收的征收活动必须严格依据税法规定的范围、标准、程序进行，税法则制约和调节因税收而产生的各种社会关系。也就是说，有税必有法，税法是税收的表现形式，税收决定了税法的内容；有什么样的税收，就要制定什么样的税法。税法反过来规范税收，为税收服务，保证税收征纳活动的正常进行。但税收与税法毕竟是两个不同的概念，税收作为一种社会产品的特定的分配关系，属于经济基础的范畴，而税法作为调整税收征纳关系的法律规范，则属于上层建筑的范畴。

三、税收法律关系

税收法律关系，是指用税收法律调整人们行为的过程中形成的一种特殊的社会关系，也就是指国家与纳税人之间发生的符合税收法律规范的具有权利和义务的社会关系。它是国家参与社会产品或国民收入分配的经济关系在税收法律上的表现，是税收法律调整税收关系的结果。税收法律关系与其他法律关系一样，也由主体、客体和内容三个要素构成。

（一）税收法律关系的主体

税收法律关系的主体是指税收法律关系中享有权利和承担义务的当事人。在我国税收法律关系中，权利主体一方是代表国家行使征税权利的国家税务机关，包括各级税务机关、海关和财政机关；另一方是履行纳税义务的人，包括法人、自然人和其他组织，在我国的外国企业、组织、外籍人、无国籍人，以及在我国虽然没有机构、场所但有来源于中国境内所得的外国企业或组织。

（二）税收法律关系的客体

税收法律关系的客体，是指主体的权利、义务所共同指向的对象，也就是征税对象，具体包括货币、实物和行为等。如所得税法律关系的客体就是生产经营所得和其他所得；商品税法律关系的客体就是货物销售收入、服务收入或劳务收入。

（三）税收法律关系的内容

税收法律关系的内容，是指主体所享有的权利和应当承担的义务。其中征税机关的权力表现为税收管理体制上的权限。在整个征纳过程中，征纳主体享有单方面的征税权利，纳税主体负有单方面的纳税义务。而且，权利主体的权利不得放弃，义务主体的义务不得转让，否则征纳主体都要承担相应的法律责任。

（四）税收法律关系的保护

税收法律关系的保护，是指对侵犯税收法律关系主体的合法权益和不履行法定义务者，依法追究其税收法律责任。在我国，追究税收法律责任，是根据违法犯罪的不同情况，通过税务监督、税务行政复议和税务行政诉讼、税务监察和经济司法等方式，追究违法者经济责任、行政责任、刑事责任。通过以上方式，国家对合法行为进行保护，对违法行为及时制止，对犯罪行为坚决打击，以保护正常的税收法律关系。

第二节　税法要素

税法的构成要素一般包括总则、纳税义务人、征税对象、税目、税率、纳税环节、纳税期限、纳税地点、减税免税、罚则、附则等项目。

一、总则

总则主要包括立法依据、立法目的、适用原则等。

二、纳税义务人

纳税义务人即纳税主体，主要是指一切履行纳税义务的法人、自然人及其他组织。为了便于征收管理，对于收入分散、纳税人分散的税种实行源泉征收制，由扣缴义务人代扣代缴。所谓扣缴义务人，是指税法规定的负有扣缴税款义务的单位和个人。扣缴义务人必须按税法规定代扣代缴税款，否则依税法规定要受法律制裁。纳税人与负税人也不同。负税人是税款的最终负担者。有的税种纳税人就是负税人，有的税种纳税人则不是负税人，这种不一致主要是由税负转嫁造成的。

三、征税对象

征税对象即纳税客体，是指税收法律关系中征纳双方权利义务所指向的物或行为，是区分不同税种的主要标志。我国现行税收法律、法规都有自己特定的征税对象。如消费税是对消费品征税，其征税对象就是消费品（具体如烟、酒等都是消费税的征税对象）；房产税就是对房屋征税，其征税对象就是房屋。征税对象作为税法的最基本的要素，首先是因为它体现着征税的最基本界限，凡是被列入某一种税的征税对象的，就属于这种税的征收范围，就要征税；而没有被列入某一种税的征税对象的，就不属于该种税的征收范围，不征税。其次，征税对象决定了各个不同税种在性质上的差别，并且决定着各个不同税种的名称。如消费税、增值税和所得税，它们的征税对象不同，税种的性质不同，税名也不同。就世界各国的不同税种来看，有以商品流转额为征税对象的，有以所得额为征税对象的，有以财产为征税对象的，有以各种行为为征税对象的，构成了各种不同性质的税种。

四、税目

税目也称“课税品目”或“征税品目”，是各个税种所规定的具体征税项目。它是征税对象的具体化，反映了具体的征收范围，代表了征税广度，是一个税种课征制度组成的要素。如我国消费税具体设置了 15 个税目。当然不是所有的税种都规定税目，有些税种征税对象简单、明确，没有另行规定税目的必要；有的税种征税对象比较复杂，一般要先分大类，在类别之下再分税目、子目、细目。凡是无税目的税种均有统一的税率，凡是有税目的税种，均无统一税率。规定税目首先是明确具体的征税范围，规定征税的广度。列入税目的就是应税产品或项目，没有列入税目的就不是应税的产品或项目，这样征税的界限就十分明确。其次，通过规定各种税目，可以对不同的产品或项目制定高低不同的税率，体现国家税收政策。设计税目时，不同税目的划分界限要十分明确，不能模棱两可。否则，由于税率不同，在征税时适用税目不明，易造成征纳的混乱。

五、税率

税率是税额与征税对象数量之间的比例，是对征税对象的征收比例或征收额度。税率反映了征税的深度，是衡量税负轻重的重要标志。

税率有名义税率和实际税率之分。名义税率就是税法规定的税率，是应纳税额与征税对象的比例，即应纳税额除以征税对象数量。实际税率是实纳税额与实际征税对象数量的比例，即实纳税额除以实际征税对象数量。税法上并没有实际税率的规定。在实际征税中，由于计税依据、税收减免、税率制度等原因，纳税人实纳税额和应纳税额不一致，实际征税对象数量与税法规定的征税对象数量也会不一致，从而出现实际税率与名义税率的不一致的情况。实际税率的意义在于它反映了纳税人的实际负担，体现了税收制度和政策的作用强度。纳税人依据实际税率权衡实际利益分配。

我国现行的税率形式有三种。

（一）比例税率

比例税率即对同一征税对象，不分数额大小，规定相同的征收比例。我国的企业所得税、增值税和城市维护建设税等采用的都是比例税率。比例税率不随课税对象数额而变动；课税对象数额越大，纳税人相对直接负担越轻、计算简便、税额与课税对象成正比。比例税率主要有单一比例税率、差别比例税率和幅度比例税率三种形式。

1. 单一比例税率

单一比例税率在一个税种中只规定一个比例税率的税率形式。如我国的企业所得税中采用的就是单一比例税率，其规定企业所得税税率为25%。

2. 差别比例税率

差别比例税率指根据纳税人和课税对象的不同情况（指质的差异而不是量的差异），分别规定高低不同比例税率的税率制度。差别比例税率虽然有税率高低的差别，但这种差别不是按课税对象的量来区分的，而是按课税对象的质来区分的。具体有行业差别比例税率、地区差别比例税率和产品差别比例税率。如我国消费税采用的是产品差别比例税率形式。差别比例税率对质量相同的课税对象税负是公平的；对质量不同的课税对象能体现区别对待、适当调节的作用。

3. 幅度比例税率

幅度比例税率指具有一定弹性的比例税率，国家规定比例税率的上限和下限，各地区根据本地区的实际情况，在规定的幅度内确定一个具体适用的比例税率。如我国原实行的营业税，对娱乐业规定5%～20%的幅度比例税率，各省、区和直辖市可在此区间内具体规定本地区适用税率和对不同纳税人确定不同的适用税率。幅度比例税率是一种灵活性较大的特殊的比例税率。幅度比例税率使税率的适用更符合各地的实际情况；使税率的适用更加符合不同纳税人的实际情况；使税率的统一性与灵活性更好地结合起来；使税率的调节功能更加强化。

（二）累进税率

累进税率是随着课税对象数额的增加而逐级提高税率的一种税率形式。即按照课税对象数额的大小，划分为若干不同的级距，每一级距规定相应税率，课税对象数额越大，则适用税率越高。累进税率多用于处理税收负担的纵向公平。

目前我国现行税法中采用的累进税率主要有：

1．超额累进税率

超额累进税率简称超累税率，是把征税对象的数额划分为若干等级，对每个等级部分的数额分别规定相应税率，分别计算税额，各级税额之和为应纳税额。超累税率的“超”字，是指征税对象数额超过某一等级时，仅就超过部分，按高一级税率计算征税。目前，我国个人所得税采用该种税率形式。

【例 1-1】 张某2020年度取得工资收入360 000元，无其他收入形式，综合所得减除费用为年60 000元，专项扣除、专项附加扣除共计40 000元，则张某2020年度应纳个人所得税为多少？

综合所得税率表如表1-1所示。

表 1-1 综合所得税率表

级数	全年应纳税所得额	税率（%）	速算扣除数（元）
1	不超过36 000元的部分	3	0
2	超过36 000元至144 000元的部分	10	2 520
3	超过144 000元至300 000元的部分	20	16 920
4	超过300 000元至420 000元的部分	25	31 920
5	超过420 000元至660 000元的部分	30	52 920
6	超过660 000元至960 000元的部分	35	85 920
7	超过960 000元的部分	45	181 920

【例题解析】 应纳税所得额＝360 000－60 000－40 000＝260 000（元）

全年应纳税所得额260 000元，适用20%的税率，速算扣除数为16 920元。

应纳税额＝（260 000×20%）－16 920＝35 080（元）

2. 超率累进税率

超率累进税率即以征税对象数额的相对率划分若干级距，分别规定相应的差别税率，相对率每超过一个级距的，对超过的部分就按高一级的税率计算征税。目前我国土地增值税采用超率累进税率形式。

【例 1-2】 某房地产开发企业 2020 年度取得商品房销售收入 60 000 万元，扣除项目金额 25 000 万元，则房地产开发企业 2020 年应纳土地增值税是多少？

土地增值税税率表如表 1-2 所示。

表 1-2 土地增值税税率表

级数	增值额与扣除项目金额的比率	税率（%）	速算扣除系数（%）
1	不超过 50%的部分	30	0
2	超过 50%未超过 100%的部分	40	5
3	超过 100%未超过 200%的部分	50	15
4	超过 200%的部分	60	35

【例题解析】 该房地产企业取得商品房销售收入 60 000 万元，扣除项目金额 25 000 万元，增值额为 35 000 万元，则增值率为 140%（35 000/25 000），适用 50%的税率，速算扣除系数为 15%。

应纳土地增值税＝增值额×税率－扣除项目金额×速算扣除系数
＝35 000×50%－25 000×15%
＝13 750（万元）

（三）定额税率

定额税率是按照征税对象一定的实物量，直接确定一个应缴税款的数额，故又称“固定税额”。定额税率的高低，不受征税对象数量多少的影响，但可区分征税对象的性质采用不同的差别税额。如消费税法中规定：甲类啤酒税率为 250 元/吨、乙类啤酒税率为 220 元/吨。定额税率可视为比例税率的一种特殊形式，其与比例税率的区别，主要在于计税依据不同，比例税率一般适用于从价计征，定额税率则适用于从量计征。定额税率的计算简便，税额不受物价变动的影响，价格提高，税负相应减轻；价格降低，税负相应提高。在实行优质优价的条件下，它有利于鼓励企业提高产品质量，改进包装。但一般只适用于价格稳定、质量和规格标准比较统一的产品，应用范围不广。

六、纳税环节

纳税环节主要指税法规定的征税对象在从生产到消费的流转过程中应当缴纳税款的环节。如流转税在生产和流通环节纳税、所得税在分配环节纳税等。

在确定纳税环节时应选择税源比较集中、征收方便的环节，以保证财政收入足额及时入库，从而加强税收的征收管理和监督。纳税环节的存在，取决于课税客体即征税对象的运动属性，包括所处位置的变换和所有者的变更。国家在规定某种征税对象时，必须明确规定其纳税环节，即发生纳税义务的时间和场所。

七、纳税期限

纳税期限是指纳税人向国家缴纳税款的法定期限。纳税期限是负有纳税义务的纳税人向国家缴纳税款的最后时间限制。它是税收的强制性、固定性特点在时间上的体现。任何纳税人都必须如期纳税，否则就是违反税法，要受到法律制裁。确定纳税期限，要根据课税对象和国民经济各部门生产经营的不同特点来决定。比如，企业所得税在月份或者季度终了后 15 日内预缴，年度终了后 5 个月内汇算清缴；消费税以一个月或一个季度为一期纳税的，纳税人应自期满起 15 日内申报纳税，以 1 日、3 日、5 日、10 日、15 日为一期纳税的，纳税人应自期满起 5 日内预缴税款，于次月 1 日起至 10 日内申报纳税并结清上月应纳税款，不能按照固定期限纳税的，可以按次纳税。

八、纳税地点

纳税地点主要是指根据各个税种纳税对象的纳税环节和有利于对税款的源泉控制而规定的纳税人（包括代征、代扣、代缴义务人）的具体纳税地点。规定纳税人申报纳税的地点，既有利于税务机关实施税源征管，防止税收流失，又便于纳税人缴纳税款。我国对纳税地点规定的总原则是纳税人在其所在地就地申报纳税。同时考虑到某些纳税人生产经营和财务核算的不同情况，对纳税地点也有不同的规定，主要有以下几种形式：营业行为所在地纳税、就地纳税、集中纳税、口岸纳税等。

（一）营业行为所在地纳税

营业行为所在地纳税是指纳税人离开主管税务机关管辖的所在地，向营业行为所在地税务机关纳税。这主要适用于跨地区经营和临时经营的纳税人。如增值税条例规定，固定业户到外县（市）销售货物或劳务的，应当向其机构所在地的税务主管机关报告外出经营事项，并向机构所在地的主管税务机关申报纳税；未报告的，应当向销售地或劳务发生地主管税务机关申报纳税。非固定业户销售货物或者应税劳务，应当向销售地或劳务发生地税务机关申报纳税等。

（二）就地纳税

就地纳税指纳税人向自己所在地的主管税务机关纳税。中国大多数纳税人及征税对象采取的就是这种形式，如增值税、营业税、消费税、所得税等（另有规定者除外）。

（三）集中纳税

集中纳税指对少数中央部、局实行统一核算的生产经营单位，由主管部、局直接纳税。这些单位，必须是经国家税务总局或其授权的税务机关批准的。如铁路运营（不包括铁道部直属独立核算企业）、金融、保险企业（不包括中国人民保险总公司所属各省、自治区、直辖市分公司）等，分别由中央各部、行、总公司集中纳税。

（四）口岸纳税

口岸纳税指缴纳进出口关税的纳税人向进出口口岸地海关纳税，主要适用于关税。在商品进出口口岸地，由收、发货人或其代理人向口岸地海关纳税。外贸企业，其他单位自营或接受委托进口的商品除缴纳关税外，还要缴纳增值税、消费税等有关工商税。如增值税条例规定：进口货物，应当由进口人或其代理人向报关地海关申报纳税。

除上述纳税地点外，对代征、代扣、代缴（包括海关代征）税款，国家为了简化征纳手续，加强对税源的源泉控制，也规定了代征、代扣、代缴的纳税地点。如海关代征，即由海关在其口岸所在地对进口的应税进口货物征收关税的同时，代理税务机关征纳各税。

九、减免税

减免税主要是对某些纳税人和征税对象采取减少征税或者免予征税的特殊规定。减税是对应纳税额少征一部分税款；免税是对应纳税额全部免征。减税免税是对某些纳税人和征税对象给予鼓励和照顾的一种措施。减税免税的类型有：一次性减税免税、一定期限的减税免税、困难照顾型减税免税、扶持发展型减税免税等。

减免税作为税制构成要素之一，是国家的税收制度根据一般情况制定的，具有普遍性，不能照顾不同地区、部门、单位的特殊情况。设置减税免税，可以把税收的严肃性和必要的灵活性结合起来，避免法律刚性过强，体现因地制宜和因事制宜的原则，更好地贯彻税收政策。与减免税有直接关系的还有起征点和免征额两个要素。其中，起征点是指开始计征税款的界限。课税对象数额没达到起征点的不征税，达到起征点的就全部数额征税。免征额是指在课税对象全部数额中免予征税的数额。它是按照一定标准从课税对象全部数额中预先扣除的数额，免征额部分不征税，只对超过免征额部分征税。

在税法中，还有加重纳税人负担的税收附加和税收加成的规定。税收附加是地方附加的简称，是地方政府在正税以外，附加征收的一部分税款。通常把按国家税法规定的税率征收的税款称为正税，而把在正税以外征收的附加称为副税。税收加成是根据税制规定的税率征税以后，再以应纳税额为依据加征一定成数的税额，加一成相当于加征应纳税额的10%，加征成数一般在一成到十成之间。如在个人所得税中规定对于个人取得的劳务报酬计算个人所得税时，适用20%的比例税率，但是对于“一次收入畸高”的，则采取了加成征收的做法，即对个人一次取得劳务报酬，其应纳税所得额超过20 000元到50 000元的部分，按应纳税额加征五成；超过50 000元的部分加征十成。

十、罚则

罚则主要是指对纳税人违反税法的行为采取的处罚措施。税法规定的处罚措施主要有三种：一是经济处罚，包括补交税款、罚款、加收滞纳金等；二是行政处罚，包括吊销营业执照、税收保全及强制执行等；三是刑事处罚，对违反税法情节严重构成犯罪的行为，依法进行的刑事处罚。

十一、附则

附则一般规定与该法紧密相关的内容。比如该法的解释权、生效时间等。

第三节　税法的分类

税法的分类对研究不同税法的功能和性质，加强对各税种的宏观研究非常重要。税种按不同的角度有多种分类方法，主要有以下分类：

一、按税法的基本内容和效力分类

税法按照基本内容和效力的不同，可分为税收基本法和税收普通法。

（一）税收基本法

税收基本法是对税收共同性问题进行规范，用来统领、约束、指导、协调各单行税法，在税法体系中具有最高法律地位和法律效力的法律规范。其内容一般包括总则中的立法宗旨、适用范围、法律地位、用语定义、适用原则等，以及分则的税权划分、税务机构设置、征纳双方的基本权利义务、征税程序、行政执法保障手段、法律责任、税务行政司法制度与程序等。设立税收基本法对于完善税法体系、正确处理税收分配关系、提高税务执法和司法水平具有重要作用。目前，设立税收基本法的国家有德国、日本、韩国、俄罗斯等。我国中央人民政府1949年发布的《全国税政实施要则》就具有税收基本法的性质。虽然我国现行税法体系中尚未设立税收基本法，但有关立法准备工作已在积极进行。

（二）税收普通法

税收普通法是根据税收基本法的原则，对税收基本法规定的事项分别立法进行实施，如个人所得税法、企业所得税法和税收征收管理法等。

二、按税法的职能作用分类

按照税法的职能作用的不同分类，可分为税收实体法和税收程序法。

（一）税收实体法

税收实体法是规定国家和纳税人的实体权利、义务的税收法律规范的总称。税收实体法一般由构成各税种的单行税法组成，其内容包括纳税人、征税对象、征税范围、计税依据、纳税环节、减税免税、纳税义务发生时间、纳税期限、纳税地点等。它解决向谁课税、课多少税的问题。国家课税权的大小，纳税人负担的轻重，均由税收实体法规定，因此，这是税法的核心部分。如《中华人民共和国企业所得税法》《中华人民共和国个人所得税法》和《中华人民共和国消费税暂行条例》都属于税收实体法。

（二）税收程序法

以国家税收活动中所发生的程序关系为调整对象的税法，是规定国家征税权的行使和纳税人纳税义务履行程序的法律规范的总称，与税收实体法相对应。其主要内容包括税收确定程序、税收征收程序、税收检查程序。具体规定纳税人如何进行税务登记、纳税申请、税款缴纳；扣缴义务人如何扣缴税款；税务机关的缴税通知、催缴、检查、税收保全、行政强制执行等。税收程序法实际上是对如何具体实施实体税法的规定，是税法体系的基本组成部分，我国的《税收征收管理法》即属于税收程序法。

三、按税法征收对象的不同分类

按照税法征收对象的不同，可分为六类：流转税类、所得税类、资源税类、财产税类、行为税类和特定目的税类。

（一）流转税类

流转税类主要是对商品的流转额课征的税，包括增值税、消费税、关税等税法。这类税法的特点是与商品生产、流通、消费有密切联系。对什么商品征税，税率多高，对商品经济活动都有直接的影响。流转税类税法易于发挥对经济的宏观调控作用。

（二）所得税类

所得税类主要是对所得额课征的税，包括企业所得税、个人所得税等税法。其特点是可以直接调节纳税人收入，发挥其公平税负、调整分配关系的作用。

（三）资源税类

资源税类主要是为保护和合理使用国家自然资源而课征的税。我国现行的资源税、城镇土地使用税、土地增值税均属于资源税的范畴。

（四）财产税类

财产税类主要是对财产的价值课税，包括房产税、车船税和契税等税法。

（五）行为税类

行为税类主要是对纳税人的应税行为课税，包括印花税、船舶吨税等税法。

（六）特定目的税类

特定目的税类是国家为实现特定的目的，对特定对象和行为发挥调节作用而征收的税种，包括城市维护建设税、车辆购置税、耕地占用税、环境保护税和烟叶税等税法。

四、按主权国家行使税收管辖权的不同分类

税法按照主权国家行使税收管辖权的不同，可分为国内税法、国际税法等。

（一）国内税法

国内税法是一国在其税收管辖权范围内调整国家与纳税人之间权利义务关系的法律规范的总称，是由国家立法机关和经由授权或依法律规定的国家行政机关制定的法律、法规和规范性文件。其效力范围在地域和对人上均以国家税收管辖权所能达到的管辖范围为准，其主要内容包括国家与纳税人之间的实体权利义务、纳税义务的履行程序、税务争议的解决程序等。国内税法中具有涉外因素的税收法律规范也称涉外税法。法律界对涉外税法的归属有不同的认识。虽然涉外税法也涉及国家间的税收分配关系，纳税主体、征税对象及引起法律关系变更、产生、消灭的事实等因素中至少有一个因素与国外或国际社会存在着某种联系。但从本质上讲，涉外税法调整的仍是一国政府与其纳税人之间的税收法律关系，它不能在一个国家的税法体系之外独立存在，而只能归属于国内税法，成为其特殊组成部分。由此也有将国内税法分为对内税法与涉外税法的。

（二）国际税法

国际税法是调整国际税收关系的各种法律规范的总称。国际税收关系是两个或两个以上的国家与纳税人之间在跨国征税对象上产生的经济利益分配关系，包括国家与跨国纳税人之间的征税关系和国家间的税收分配关系。一般而言，国际税法的效力要高于国内税法。

国际税法的渊源包括国内法渊源和国际法渊源。国内法渊源主要包括各国制定的所得税法和一般财产税法，英美法系国家还包括法院的税务案例。国际法渊源主要包括各国之间为协调对跨国征税对象的课税而签订的双边或多边性的国际税收协定和各国在国际税收实践中普遍遵循的税收国际惯例。

五、按计税依据分类

税收按计税依据的不同，可分为从价税和从量税。

（一）从价税

从价税是以课税对象的价格为计税依据，又称从价计征。一般来说，依据课税对象的价格或金额从价定率计算征税，可以使税收与商品或劳务的销售额、增值额及纳税人的收益密切相连，能够适应价格、收入的变化，具有一定的弹性，较为合理地参与国民收入的再分配。从价税的税负轻重与征税对象的价格或金额的高低成正比变化。从价税税收负担比较合理，尤其在物价上涨时，税额也随之增加，能够保证税收的稳定。从价税可以有效地实现量能纳税和公平税负，并达到各种调节目的。我国的关税、增值税等税种采用的都是从价税。

（二）从量税

从量税以征税对象的数量、重量、体积等作为计税依据，又称从量计征。从量税不受征税对象价格变动的影响，只与征税对象的数量有直接的关系。从量税配合以差别税额标准，可以达到调节级差收益、体现特定政策的目的，对自然资源的合理配置和特定行为的调节等具有重要意义。但是，在同类征税对象价格差别较大和同一征税对象价格波动较大的情况下，从量税易导致税负失衡。故从量税通常只适用于征税对象比较单一、价格相对稳定的税种。如我国资源税、车船税、耕地占用税、城镇土地使用税、船舶吨税等税种是以产量或销量（吨数或立方米）、吨位或辆数、平方米等作为计税依据，并按照规定的定额税率计税，均属从量税。现行税制的消费税中，对一些供求基本平衡、价格差异不大、计量单位规范的消费品，如黄酒、啤酒、汽油、柴油等采取从量定额方法征收。

六、按税负能否转嫁分类

税收按税负能否转嫁分类，可分为直接税和间接税。

（一）直接税

直接税是指由纳税人直接负担，不易转嫁的税种。属于直接税的纳税人，不仅在表面上有纳税义务，而且实际上也是税收承担者，即纳税人与负税人一致。直接税以归属于私人（为私人占有或所有）的所得和财产为课税对象，如各种所得税、房产税、遗产税、社会保险税等。直接税主要有以下优点：

1. 税负难以转嫁。

2. 直接税中的所得税，其征税标准的计算，可以根据纳税人本人及家庭等的生活状况设置各种扣除制度等，使纳税人的基本生存权利得到保障。

3. 直接税税率可以采用累进结构，根据私人所得和财产的多少决定其负担水平；同时，累进税率的采用，使税收收入较有弹性，在一定程度上可以自动平抑国民经济的剧烈波动。

因此，直接税较符合现代税法税负公平和量能负担原则，对于社会财富的再分配和社会保障的满足具有特殊的调节作用。

（二）间接税

间接税是指纳税人能将税负转嫁给他人负担的税种。属于间接税税收的纳税人，虽然表面上负有纳税义务，但是实际上已将自己的税款加于所销售商品的价格上，由消费者负担或用其他方式转嫁给别人，即纳税人与负税人不一致。一般情况下各种流转税类属于间接税。间接税主要有以下优点：

1. 间接税几乎可以对一切商品和劳务征收，征税对象普遍，税源丰富；无论商品生产者和经营者的成本高低、有无盈利及盈利多少，只要商品和劳务一经售出或提供，应税行为即产生。因此，间接税具有突出的保证财政收入的内在功能。

2. 税负最终由消费者负担，故有利于抑制消费，鼓励储蓄。

3. 间接税的计算和征收，无须考虑到纳税人的各种复杂情况并采用比例税率，较为简便易行。

第四节 税收立法和执法

税收立法是指有权的机关依据一定的程序，遵循一定的原则，运用一定的技术，制定、公布、修改、补充和废止有关税收法律、法规、规章的活动。

一、我国税收的立法原则

税收立法原则是指在税收立法活动中必须遵循的准则。我国的税收立法原则是根据我国的社会性质和具体国情确定的，是立法机关根据社会经济活动、经济关系，特别是税收征纳双方的特点确定的，并贯穿于税收立法工作始终的指导方针。税收立法主要应遵循以下几个原则：

（一）从实际出发的原则

从实际出发，这是唯物主义的思想路线在税收立法实践中的运用和体现。贯彻这个原则，首先要求税收立法必须根据经济、政治发展的客观需要，反映客观规律，也就是从中国国情出发，充分尊重社会经济发展规律和税收分配理论。其次，要客观反映一定时期国家、社会、政治、经济等各方面的实际情况，既不能被某些条条框框所束缚，也不能盲目抄袭其他国家的立法模式。

（二）公平原则

税收公平原则是指税收负担根据纳税人的负担能力分配，即负担能力相等时，税负相等；负担能力不等，税负不等。在税收立法中一定要体现公平原则。税收的公平是实现平等竞争的重要条件。

（三）民主决策的原则

民主决策的原则主要指税收立法过程中必须充分倾听群众的意见，严格按照法定程序进行，确保税收法律能体现广大群众的根本利益。坚持这个原则，要求税收立法的主体应以人民代表大会及其常务委员会为主，按照法定程序进行；对税收法案的审议，要进行充分的辩论，倾听各方面意见；税收立法过程要公开化，让广大公众及时了解税收立法的全过程，以及立法过程中各个环节的争论情况和如何达成共识的。

（四）原则性与灵活性相结合的原则

在制定税法时，要求明确、具体、严谨、周密。但是，为了保证税法制定后在全国范围内、在各个地区都能贯彻执行，不致与现实脱节，又要求在制定税法时，不能规定得过细过死。这就要求必须坚持原则性与灵活性相结合的原则。具体来讲，就是必须贯彻法制的统一性与因时、因地制宜相结合。

（五）法律的稳定性、连续性与废、改、立相结合的原则

制定税法，是与一定经济基础相适应的。税法一旦制定，在一定阶段内就要保持其稳定性，不能朝令夕改，变化不定。如果税法经常变动，不仅会破坏税法的权威和严肃性，而且会给国民经济生活造成非常不利的影响。但是，这种稳定性不是绝对的，因为社会政治、经济状况是不断变化的，税法也要进行相应的发展变化。这种发展变化具体表现在：有的税法已经过时，需要废除；有的税法部分失去效力，需要修改、补充；根据新的情况，需要制定新的税法。

二、我国税法的制定

（一）税收立法机关

我国的立法体制是：全国人民代表大会及其常务委员会行使立法权，制定法律；国务院及所属各部委，有权根据宪法和法律制定行政法规和规章；地方人民代表大会及其常务委员会，在不同宪法、法律、行政法规抵触的前提下，有权制定地方性法规，但要报全国人大常委会和国务院备案；民族自治地方的人大有权依照当地民族政治、经济和文化的特点，制定自治条例和单行条例。

1. 全国人民代表大会和全国人大常委会制定的税收法律

《宪法》第五十八条规定："全国人民代表大会和全国人民代表大会常务委员会行使国家立法权。"上述规定确定了我国税收法律的立法权由全国人大及其常委会行使，其他任何机关都没有制定税收法律的权力。在国家税收中，凡是基本的、全局性的问题，例如国家税收的性质，税收法律关系中征纳双方权利与义务的确定，税种的设置，税目、

税率的确定等，都需要由全国人大及其常委会以税收法律的形式制定实施，并且在全国范围内，无论对国内纳税人，还是涉外纳税人都普遍适用。在现行税法中，如我国《企业所得税法》《个人所得税法》《税收征收管理法》都是税收法律。

2. 全国人大或人大常委会授权立法

授权立法是指全国人民代表大会及其常务委员会根据需要授权国务院制定某些具有法律效力的暂行规定或者条例。如增值税、消费税、资源税、土地增值税等暂行条例都属于授权立法。

3. 国务院制定的税收行政法规

国务院作为最高国家权力机关的执行机关，是最高的国家行政机关，拥有广泛的行政立法权。我国《宪法》规定，国务院可“根据宪法和法律，规定行政措施，制定行政法规，发布决定和命令”。如国务院发布实施的城市维护建设税、车船税、房产税等地方性税种暂行条例等都属于国务院制定的税收行政法规。

（二）税收立法程序

税收立法程序是指有权的机关，在制定、认可、修改、补充、废止等税收立法活动中，必须遵循的法定步骤和方法。

目前我国税收立法程序主要包括以下几个阶段：

1. 提议阶段

无论是税法的制定，还是税法的修改、补充和废止，一般由国务院授权其税务主管部门（财政部或国家税务总局）负责立法的调查研究等准备工作，并提出立法方案或税法草案上报国务院。

2. 审议阶段

税收法规由国务院负责审议。税收法律在经国务院审议通过后，以议案的形式提交全国人民代表大会常务委员会的有关工作部门，在广泛征求意见并做修改后，提交全国人民代表大会或其常务委员会审议通过。

3. 通过和公布阶段

税收行政法规由国务院审议通过后，以国务院总理名义发布实施。税收法律，在全国人民代表大会或其常务委员会开会期间，先听取国务院关于制定税法议案的说明，然后经过讨论，以简单多数的方式通过后，以国家主席名义发布实施。

三、我国税法的适用原则

税法适用原则是指税务行政机关和司法机关运用税收法律规范解决具体问题所必须遵循的准则。

（一）层次高的法律优于层次低的法律

层次高的法律优于层次低的法律是指效力低的税法与效力高的税法发生冲突，效力低的税法是无效的，应执行效力高的税收法律。我国税收法律级次为：

1. 全国人民代表大会和全国人大常委会制定的税收法律。

2. 全国人民代表大会及其常务委员会根据需要授权国务院立法，如增值税暂行条例、营业税暂行条例。

3. 国务院制定的行政法规。

4. 地方人民代表大会及其常委会制定的税收地方性法规。

5. 国务院税务主管部门制定的税收部门规章。

6. 地方行政部门制定的税收地方规章。

（二）同一层次的法律中，特别法优于普通法

同一层次的法律中居于特别法地位的税法，其效力可以高于作为普通法地位的税法。

（三）国际法优于国内法

国际法和国内法属于同一个法律体系，可以进行效力等级的比较。国际法规范是由全世界所认同的，它拥有约束主权国家的效力，而国内法则通常不能约束“主权行为”，国际法规范具有高于国内法规范的效力。

（四）实体法从旧、程序法从新

实体法从旧、程序法从新原则的含义是实体法不具备溯及力，而程序法在特定条件下具备一定的溯及力。即如果应税行为发生在新的法律生效以前，而纳税行为发生在其生效以后，那么，纳税的义务应根据旧的法律来计算，但纳税程序应依据新的法律来执行。

四、我国税务机构设置

我国于1994年开始实行分税制，设立国税和地税两套税务机构。分税制适应了当时的发展环境，极大地促进了国家税收的增长。然而随着时代与社会的变迁，分税导致税收成本增加，资源浪费严重，税务机关的协调性差等消极作用不断显现。2018年，根据国税地税征管体制改革工作部署，在中央设立国家税务总局，省及省以下国地税机构进行合并，省、市、县设置三级税务机构。此外，海关总署及下属机构负责关税征收管理和代征进口环节的增值税和消费税。

五、税收的征收管理范围

我国的税收分别由税务、海关等系统负责征收管理。

1. 税务系统负责征收和管理的税种有：增值税、消费税、车辆购置税、企业所得税、个人所得税、资源税、城镇土地使用税、耕地占用税、土地增值税、房产税、车船税、印花税、契税、城市维护建设税、环境保护税和烟叶税，共16个税种。

2. 海关系统负责征收和管理的项目有关税、船舶吨税，同时负责代征进出口环节的

增值税和消费税。

六、税收收入的划分

根据国务院关于实行分税制财政管理体制的规定，我国的税收收入分为中央政府收入、地方固定收入和中央政府与地方政府共享收入。

1. 中央政府收入：包括消费税（含进口环节海关代征的部分）、车辆购置税、关税、海关代征的进口环节增值税等。

2. 地方政府收入：包括城镇土地使用税、耕地占用税、土地增值税、房产税、车船税、契税。

3. 中央政府与地方政府共享收入，主要包括以下内容：

（1）增值税（不含进口环节由海关代征的部分）：中央政府分享50%，地方政府分享50%。

（2）企业所得税：中国铁路总公司、各银行总行及海洋石油企业缴纳的部分归中央政府，其余部分中央与地方政府按60%与40%的比例分享。

（3）个人所得税：除储蓄存款利息所得的个人所得税外，其余部分中央与地方政府按60%与40%的比例分享。

（4）资源税：海洋石油企业缴纳的部分归中央政府，其余部分归地方政府。

（5）城市维护建设税：中国铁路总公司、各银行总行及海洋石油企业缴纳的部分归中央政府，其余部分归地方政府。

（6）印花税：从2016年1月1日起，证券交易印花税收入的97%归中央政府，其余3%和其他印花税收入归地方政府。

七、税收执法权的主要内容

税收执法就是税务机关贯彻执行税收法律的行政执法行为。税收执法权的内容主要包括税款征收权、税收减免权、税务检查权、税务处罚权、税务行政复议裁决权等五大方面。

（一）税款征收权

税款征收权是税务机关或者法律、行政法规确定的机关依法将税收款项（包括税款、滞纳金、罚款）缴入国家金库的权力。税款征收权是税收执法权的核心，是税收立法权行使的目的和要旨所在，它清楚地表明国家为什么要进行税收立法，为什么要有税收执法，以及为什么运用国家司法权维护税收秩序。

（二）税收减免权

税收减免权是征收机关对符合税法规定条件的纳税人，按照法定程序对其应纳税款予以减少征收或者免予征收的权力。只要符合税法确定的税收减免条件，征收机关都必须严格执行相关规定。

（三）税务检查权

税务检查权是征收机关依法对纳税人的账簿、凭证、银行账户、经营资料、应税财产进行查验、核实，以确认纳税人依法纳税或者违法事实成立的权力。行使税务检查权的目的就是要保证纳税人依法纳税和征收机关依法征税，保证征纳双方的行为符合税法的规定，对违法违纪者实施制裁，保障正常的税收秩序。

（四）税务处罚权

税务处罚权是征收机关按照税收法律、行政法规和行政处罚法的规定，对违反税法的行为进行处罚的权力。行使税务处罚权，必须按照行政处罚法的规定进行，不仅要注重实体上的权利义务，而且要严格履行程序上的职责。

（五）税务行政复议裁决权

税务行政复议裁决权是征收机关的上级机关根据纳税人的申请，依照税收法律、行政法规和行政复议法的规定，防止和纠正下级机关违法或者不当的行政行为的权力。该项权力属于行政救济权力，是保护公民、法人和其他组织的合法权益，保障、监督行政机关依法行使职权的重要手段。税务行政复议使征收、缴纳双方的经济成本大为降低，税收执法效率大为提高。

名词与术语

税收　税法　税收基本法　税收普通法　税法要素

简答题

1. 简述税收与税法的关系。
2. 什么是税收法律关系？
3. 税法的构成要素有哪些？
4. 我国现行税种中采用的税率形式有哪些？
5. 简述我国税收的立法原则。
6. 简述我国税法的适用原则。
7. 简述我国税务机构的设置情况。

第二章 增值税

2

本章导读

增值税是我国税收体系中最主要的税种之一，不但占整个税收收入的比重高，而且在减少税收干预、发挥市场对资源基础配置中有着重要作用。我国现行增值税是以 2017 年 11 月 19 日国务院令第 691 号公布的《中华人民共和国增值税暂行条例》（以下简称《增值税暂行条例》）和 2016 年 3 月财政部和国家税务总局发布的“营改增通知”及 2008 年 12 月财政部和国家税务总局令第 50 号《中华人民共和国增值税暂行条例实施细则》（以下简称《增值税暂行条例实施细则》）为基本规范，对纳税人在我国境内应税销售行为就其增值额征收的一种流转税。

学习目的与要求

增值税是我国现行税制结构体系中的主体税种。通过本章理论知识和案例的学习，学生要重点掌握增值税征收范围和征收项目的划分、不同征税项目增值税政策的差异、增值税的优惠政策、增值税的一般计税办法与简易计税办法的划分、营改增后增值税税率及征收率的运用、应纳税额的计算、进出口货物的税收问题、增值税出口退税政策，同时熟悉增值税纳税时间、纳税地点和发票管理等问题。

第一节 增值税概述

一、增值税的概念

增值税是以增值额为课税对象，对在我国境内销售货物或者加工、修理修配劳务（以下简称劳务），销售服务、无形资产、不动产及进口货物的单位和个人，就其销售货物、劳务、服务、无形资产、不动产（以下统称应税销售行为）的增值额和货物进口金额为计税依据而课征的一种流转税。增值税是以商品在流转过程中产生的增值额作为计税依据而征收的一种流转税。从计税原理上说，增值税是对商品生产、流通、劳务、服务中多个环节的新增价值或商品的附加值征收的一种流转税。

二、增值税的产生和发展

首次提出增值税概念的人是美国耶鲁大学经济学教授托马斯·S. 亚当斯，他于 1917 年在国家税务学会《营业税》（*The Taxation of Business*）报告中首先提出了对增值额征税的概念，指出对营业毛利（销售额-进货额）课税比对利润课税更加合理，这一营业毛利相当于工资薪金、租金、利息和利润之和，即相当于增值额。1954 年，时任法国税务总局局长助理的莫里斯·洛雷积极推动法国增值税制的制定与实施，并取得了成功，被誉为增值税之父。

我国财政部于 1982 年制定了《增值税暂行办法》，自 1983 年 1 月 1 日起，在全国的国有和集体工业企业中试行。1984 年工商税制改革时，为了适应生产结构的调整和促进专业化协作生产的发展，国务院于同年 9 月 18 日发布了《中华人民国和国增值税条例（草案）》，财政部于 1984 年 9 月 28 日颁布了《中华人民共和国增值税条例（草案）细则》。这标志着增值税制度在我国的正式建立。

为适应市场经济发展的需要，根据税收实践，结合国际经验，我国将增值税的征收范围拓展到商品的生产销售全过程，并且把加工、修理修配和销售应税劳务都包括进增值税的征税范围。在征管方法上，实行统一的“发票扣税制”，使我国的增值税计征方法与国际衔接，更加科学化、规范化。1993 年 12 月 13 日国务院颁布了《中华人民共和国增值税暂行条例》，新的增值税制度从 1994 年 1 月 1 日起在全国范围内统一实行。

2009 年 1 月 1 日，国务院实行新修订的《中华人民共和国增值税暂行条例》和《中华人民共和国增值税暂行条例实施细则》，在全国实施增值税由生产型向消费型的转型改革。2011 年年底国家决定在上海试点营业税改征增值税工作，并逐步将试点地区扩展到全国。

2016 年 3 月 23 日，经国务院批准，财政部和国家税务总局发布了《关于全面推开营业税改征增值税试点的通知》（财税〔2016〕36 号，以下简称“营改增通知”），通知决定自 2016 年 5 月 1 日起，在全国范围内全面推开营业税改征增值税（以下简称“营改增”）试点，将建筑业、房地产业、金融业、生活服务业等全部营业税纳税人纳入试点范围，由缴纳营业税改为缴纳增值税。2017 年 11 月 19 日国务院发布了《关于废止〈中华人民共和国营业税暂行条例〉和修改〈中华人民共和国增值税暂行条例〉的决定》（国令第 691 号），营业税正式退出历史舞台。

三、增值税的类型

根据各国法定增值额所包括的具体内容的不同，可将增值税划分为消费型、收入型和生产型三种类型。三种类型的增值税在确定扣除项目时，都允许扣除外购流动资产的价款，但对于外购固定资产的价款，各国的规定则有所不同。

（一）生产型增值税

生产型增值税不允许扣除任何固定资产的价款，只允许扣除生产资料中属于流动资产的部分。由于生产型增值税仍具有明显的重复征税因素，因而这是一种不彻底的增值税。

（二）收入型增值税

收入型增值税不允许将当期购入的固定资产价款一次全部扣除，只允许扣除纳税期内应计入产品价值的固定资产折旧部分。对于整个社会来说，作为课税对象的增值额实际上相当于国民收入额，故而称之为收入型增值税。

（三）消费型增值税

消费型增值税允许将纳税期内购置的用于生产应税产品的全部固定资产价款在纳税期内一次全部扣除之后纳税。这样做的结果，对于整个社会来说，课税对象只限于国民收入中用于消费资料的部分，故而称之为消费型增值税。这种类型的增值税最能体现按增值额征税的计税原理，有利于鼓励投资，加速设备更新。2009 年我国开始实行新修订的《中华人民共和国增值税暂行条例》，实现了增值税由生产型向消费型的完全转型。

四、我国增值税的特点

（一）增值税对商品的增值额征税

增值税仅对商品销售额中的增值部分征税，避免了重叠征收，这是增值税最基本、最本质的特征，也是增值税区别于其他流转税的一个最显著的特征。增值税的征收，对纳税人而言，只就本纳税人在生产经营过程中新创造的价值征税，只就没有纳过税的新增价值征税。因此，增值税在征税的过程中避免了按流转额全值课税的重叠性。但在各国实际运用中，由于各国规定的扣除范围不同，增值税仍然带有一定的征税重叠因素。

随着扣除范围的扩大，征税的重叠性越来越小，或完全消除。

（二）增值税具有征收的广泛性和连续性

增值税就货物和劳务各个销售环节道道征税，是一种多环节连续课征的税种。只要在货物和劳务的生产经营过程中，有新创造的价值额，就须按规定征税。它的征税范围可以延伸到货物和劳务生产经营的所有环节，每经过一个生产经营环节就征一道税，直到货物和劳务实现最终消费。因此，增值税具有征收广泛性和连续性的特点。

（三）增值税具有同一商品税负的一致性

增值税的征收不因生产或流转环节的变化而影响税收负担，同一商品只要最后销售的价格相同，不受生产经营环节多少的影响，税收负担始终保持一致。增值税的这种特征称之为同一商品税负的一致性。增值税的税率能反映出一件商品的总体税负，就一件商品而言，它的总税负由各个经营环节的税收负担积累相加而成，由于增值税是对增值的部分征税，并且有征收的连续性和同一商品税负的一致性，因此，增值税对商品各环节征收税额之和同该商品最后销售环节的销售全值乘增值税税率所求出的税额相一致。这样可以看出增值税的税率就反映了该商品的总体税负。

第二节 增值税纳税人

一、增值税纳税人的一般规定

凡在我国境内销售货物、劳务、服务、无形资产、不动产及进口货物的单位和个人，都是增值税的纳税人。

（一）单位

单位包括国有企业、集体企业、私有企业、股份制企业、其他企业和行政单位、事业单位、军事单位、社会团体及其他单位。

（二）个人

个人包括个体工商户及其他个人。

（三）发包人和承包人

单位以承包、承租、挂靠方式经营的，承包人、承租人、挂靠人（以下统称承包人）以发包人、出租人、被挂靠人（以下统称发包人）名义对外经营并由发包人承担相关法律责任的，以该发包人为纳税人；否则，以承包人为纳税人。

采用承包、承租、挂靠经营方式的，按以下两种情况来界定纳税人：

1. 同时满足以下两个条件的，以发包人为纳税人。

（1）以发包人名义对外经营。

（2）由发包人承担相关法律责任。

2. 不同时满足上述两个条件的，以承包人为纳税人。

纳税人应当按照国家统一的会计制度进行增值税会计核算。

资管产品运营过程中发生的增值税应税销售行为，以资管产品管理人为增值税纳税人。

（四）进口货物的收货人或办理报关手续的单位和个人

对进口货物的以进口货物的收货人（承受人）或办理报关手续的单位和个人，为进口货物的纳税人；对代理进口货物的以海关开具的完税凭证上的纳税人为增值税纳税人；跨境电子商务零售进口商品按照货物征收关税和进口环节增值税、消费税，以及购买跨境电子商务零售进口商品的个人作为纳税义务人。

（五）扣缴义务人

中华人民共和国境外（以下简称境外）的单位或者个人在境内销售劳务，在境内未设有经营机构的，以其境内代理人为扣缴义务人；在境内没有代理人的，以购买方为扣缴义务人。

跨境电子商务零售进口商品征收关税和进口环节增值税、消费税，电子商务企业、电子商务交易平台企业或物流企业可作为代收代缴义务人。

二、增值税纳税人的分类

由于增值税实行凭增值税专用发票抵扣税款的制度，因此要求增值税纳税人会计核算健全，并能够准确进行纳税申报。目前我国纳税人的会计核算水平差异较大，为严格增值税的征收管理，配合增值税专用发票的管理，我国《增值税暂行条例》将纳税人按纳税人的会计核算是否健全、是否能够提供准确的税务资料及企业规模的大小划分为一般纳税人和小规模纳税人，具体标准参见表 2-1。

表 2-1 增值税纳税人分类标准表

纳税人	分类标准	
小规模纳税人	年应纳增值税销售额 500 万元及以下	会计核算不健全，不能按照规定报送税务资料
一般纳税人	年应纳增值税销售额 500 万元以上	会计核算健全，能按照规定报送税务资料

三、小规模纳税人的登记管理

小规模纳税人是指年销售额在规定标准以下，并且会计核算不健全，不能按规定报送有关税务资料的增值税纳税人。所称会计核算不健全是指不能正确核算增值税的销项税额、进项税额和应纳税额。

根据《财政部税务总局关于统一增值税小规模纳税人标准的通知》（财税〔2018〕33号）规定，小规模纳税人具体包括：

1. 自2018年5月1日起，统一增值税小规模纳税人标准，即增值税小规模纳税人标准为年应征增值税销售额500万元及以下；

2. 年应税销售额超过小规模纳税人标准的其他个人按小规模纳税人纳税；

3. 年应税销售额超过规定标准但不经常发生应税行为的单位和个体工商户，以及非企业性单位、不经常发生应税行为的企业，可选择按照小规模纳税人纳税；

4. 兼有销售货物、提供加工修理修配劳务及应税服务，且不经常发生应税行为的单位和个体工商户可选择按小规模纳税人纳税。

由于小规模纳税人销售额标准提高，根据《国家税务总局关于小规模纳税人免征增值税政策有关征管问题的公告》（国家税务总局公告2019年第4号）规定，已登记为增值税一般纳税人的单位和个人，自登记日前连续12个月（以一个月为1个纳税期限）或者连续4个季度（以一个季度为一个纳税期）累计销售额未超过500万元的一般纳税人，在2019年12月31日前，可转登记为小规模纳税人，其未抵扣的进项税额作转出处理。转登记日前经营期不满12个月或者4个季度的，按照月（季度）平均应税销售额估算规定的累计应税销售额。一般纳税人转登记为小规模纳税人后，自转登记日的下期起，按照简易计税方法计算缴纳增值税；转登记日当期仍按照一般纳税人的有关规定计算缴纳增值税。

纳税人是否由一般纳税人转为小规模纳税人，由其自主选择。自转登记日的下期起连续不超过12个月或者连续不超过4个季度的经营期内，转登记纳税人应税销售额超过财政部、国家税务总局规定的小规模纳税人标准的，应当按照《增值税一般纳税人登记管理办法》（国家税务总局令第43号）的有关规定，向主管税务机关办理一般纳税人登记。转登记纳税人按规定再次登记为一般纳税人后，不得再转登记为小规模纳税人。

四、一般纳税人的登记管理

1. 增值税纳税人在年应税销售额超过财政部、国家税务总局规定的小规模纳税人标准的情况下，除另有规定外，应当向主管税务机关办理一般纳税人登记。

2. 年应税销售额是指纳税人在连续不超过12个月或四个季度的经营期内累计应征增值税销售额，包括纳税申报销售额、稽查查补销售额、纳税评估调整销售额。

销售服务、无形资产或者不动产（以下简称应税行为）有扣除项目的纳税人，其应税行为年应税销售额按未扣除之前的销售额计算。纳税人偶然发生的销售无形资产、转让不动产的销售额，不计入应税行为年应税销售额。

3. 年应税销售额未超过规定标准的纳税人，会计核算健全，能够提供准确税务资料的，可以向主管税务机关办理一般纳税人登记。

第三节　征税范围

一、增值税征税范围的一般规定

在中华人民共和国境内销售货物和提供加工、修理修配劳务及进口货物都属于增值税征税范围。

1. 销售货物

货物是指有形动产，包括电力、热力和气体在内。销售货物是指有偿转让货物的所有权。

2. 进口货物

进口货物是指将货物从中国境外移送到中国境内的行为。凡进入中国国境或关境的货物（除免税的以外），进口者在报关进口时，应向海关缴纳增值税。

3. 销售劳务

销售劳务是指提供加工、修理修配的劳务。“加工”是指受托加工货物，即委托方提供原料及主要材料，受托方按照委托方的要求制造货物并收取加工费的业务。“修理修配”是指受托方对损伤和丧失功能的货物进行修复，使其恢复原状和功能的业务。

4. 销售服务

销售服务是指提供交通运输服务、邮政服务、电信服务、建筑服务、现代服务、生活服务及金融服务。

（1）交通运输服务

交通运输服务是指使用运输工具将货物或者旅客送达目的地，使其空间位置得到转移的业务活动，包括陆路运输服务、水路运输服务、航空运输服务和管道运输服务。

（2）邮政服务

邮政服务是指中国邮政集团公司及所属邮政企业提供邮件寄递、邮政汇兑和机要通信等邮政基本服务的业务活动。包括邮政普遍服务、邮政特殊服务和其他邮政服务。

（3）电信服务

电信服务是指利用有线、无线的电磁系统或者光电系统等各种通信网络资源，提供语音通话服务，传送、发射、接收或者应用图像、短信等电子数据和信息的业务活动，包括基础电信服务和增值电信服务。

（4）建筑服务

建筑服务是指各类建筑物、构筑物及其附属设施的建造、修缮、装饰，线路、管道、设备、设施等的安装及其他工程作业的业务活动，包括工程服务、安装服务、修缮服务、装饰服务和其他建筑服务。

(5) 现代服务

现代服务是指围绕制造业、文化产业、现代物流产业等提供技术性、知识性服务的业务活动。包括研发和技术服务、信息技术服务、文化创意服务、物流辅助服务、租赁服务、鉴证咨询服务、广播影视服务、商务辅助服务和其他现代服务。

(6) 生活服务

生活服务是指为满足城乡居民日常生活需求提供的各类服务活动，包括文化体育服务、教育医疗服务、旅游娱乐服务、餐饮住宿服务、居民日常服务和其他生活服务。

(7) 金融服务

金融服务是指经营金融保险的业务活动，包括贷款服务、直接收费金融服务、保险服务和金融商品转让。

① 贷款服务

贷款是指将资金贷与他人使用而取得利息收入的业务活动。各种占用、拆借资金取得的收入，包括金融商品持有期间（含到期）利息（保本收益、报酬、资金占用费、补偿金等）收入、信用卡透支利息收入、买入返售金融商品利息收入、融资融券收取的利息收入，以及融资性售后回租、押汇、罚息、票据贴现、转贷等业务取得的利息及利息性质的收入，按照贷款服务缴纳增值税。

“保本收益、报酬、资金占用费、补偿金”，是指合同中明确承诺到期本金可全部收回的投资收益。金融商品持有期间（含到期）取得的非保本的上述收益，不属于利息或利息性质的收入，不征收增值税。

融资性售后回租，是指承租方以融资为目的，将资产出售给从事融资性售后回租业务的企业后，从事融资性售后回租业务的企业将该资产出租给承租方的业务活动。

以货币资金投资收取的固定利润或者保底利润，按照贷款服务缴纳增值税。

② 直接收费金融服务

直接收费金融服务是指为货币资金融通及其他金融业务提供相关服务并且收取费用的业务活动。包括提供货币兑换、账户管理、电子银行、信用卡、信用证、财务担保、资产管理、信托管理、基金管理、金融交易场所（平台）管理、资金结算、资金清算、金融支付等服务。

③ 保险服务

保险服务是指投保人根据合同约定，向保险人支付保险费，保险人对于合同约定的可能发生的事故因其发生所造成的财产损失承担赔偿保险金责任，或者当被保险人死亡、伤残、疾病或者达到合同约定的年龄、期限等条件时承担给付保险金责任的商业保险行为。包括人身保险服务和财产保险服务。

人身保险服务是指以人的寿命和身体为保险标的的保险业务活动。财产保险服务，是指以财产及其有关利益为保险标的的保险业务活动。

④ 金融商品转让

金融商品转让是指转让外汇、有价证券、非货物期货和其他金融商品所有权的业务活动。

其他金融商品转让包括基金、信托、理财产品等各类资产管理产品和各种金融衍生品的转让。

纳税人购入基金、信托、理财产品等各类资产管理产品持有至到期，不属于金融商品转让。纳税人转让因同时实施股权分置改革和重大资产重组而首次公开发行股票并上市形成的限售股，以及上市首日至解禁日期间由上述股份产生的送、转股，以该上市公司股票上市首日开盘价为买入价，按照“金融商品转让”缴纳增值税。

5. 销售无形资产

销售无形资产是指有偿转让无形资产，是转让无形资产所有权或者使用权的业务活动。

无形资产是指没有实物形态，但能带来经济利益的资产，包括技术、商标、著作权、商誉、自然资源使用权和其他权益性无形资产。

技术包括专利技术和非专利技术。

自然资源使用权包括土地使用权、海域使用权、探矿权、采矿权、取水权和其他自然资源使用权。

纳税人通过省级土地行政主管部门设立的交易平台转让补充耕地指标，按照销售无形资产缴纳增值税，税率为6%。补充耕地指标是指根据《中华人民共和国土地管理法》及国务院土地行政主管部门《耕地占补平衡考核办法》的有关要求，经省级土地行政主管部门确认，用于耕地占补平衡的指标。

其他权益性无形资产包括基础设施资产经营权、公共事业特许权、配额、经营权（包括特许经营权、连锁经营权、其他经营权）、经销权、分销权、代理权、会员权、席位权、网络游戏虚拟道具、域名、名称权、肖像权、冠名权、转会费等。

6. 销售不动产

销售不动产是指有偿转让不动产，是转让不动产所有权的业务活动。

不动产是指不能移动或者移动后会引起性质、形状改变的财产，包括建筑物、构筑物等。建筑物包括住宅、商业营业用房、办公楼等可供居住、工作或者进行其他活动的建造物。构筑物包括道路、桥梁、隧道、水坝等建造物。

转让建筑物有限产权或者永久使用权的，转让在建的建筑物或者构筑物所有权的，以及在转让建筑物或者构筑物时一并转让其所占土地使用权的，按照销售不动产缴纳增值税。

有偿是指取得货币、货物或者其他经济利益。

二、增值税征税范围的特殊规定

（一）视同销售行为

单位或个体工商户发生以下行为，视同应税销售行为，征收增值税。

1. 将货物交付他人代销；

2. 销售代销货物；

3. 设有两个以上机构并实行统一核算的纳税人，将货物从一个机构移送至其他机构用于销售，但相关机构设在同一县（市）的除外；

【政策解疑】 “用于销售”是指受货机构发生以下情形之一的经营行为：一是向购货方开具发票；二是向购货方收取货款。有上述两项情形之一的，应当向所在地税务机关缴纳增值税；未发生上述两项情形的，则应由总机构统一缴纳增值税。如果受货机构只就部分货物向购买方开具发票或收取货款，则应当区别不同情况计算并分别向总机构所在地或分支机构所在地缴纳税款。

4. 将自产或委托加工的货物用于非应税项目；

5. 将自产、委托加工或购买的货物作为投资，提供给其他单位或个体工商户；

6. 将自产、委托加工或购买的货物分配给股东或投资者；

7. 将自产、委托加工的货物用于集体福利或个人消费；

8. 将自产、委托加工或购买的货物无偿赠送他人。

（二）视同销售服务、无形资产或者不动产

1. 单位或者个体工商户向其他单位或者个人无偿提供服务，但用于公益事业或者以社会公众为对象的除外；

2. 单位或者个人向其他单位或者个人无偿转让无形资产或者不动产，但用于公益事业或者以社会公众为对象的除外；

3. 财政部和国家税务总局规定的其他情形。

纳税人出租不动产，租赁合同中约定免租期的，不属于视同销售服务。

（三）混合销售行为

所谓混合销售行为指一项销售行为既涉及货物又涉及服务。

1. 混合销售行为的特征

（1）一项销售行为既涉及增值税应税货物又涉及服务。

（2）收入之间存在直接的联系和从属关系。

纳税人出现混合销售行为，涉及的货物和服务只是针对一项销售行为而言的，也就是说，服务是为了直接销售货物而提供的，二者之间是紧密相连的从属关系。

2. 混合销售行为的税务处理

从事货物的生产、批发或者零售的企业、企业性单位和个体工商户的混合销售行为，视为销售货物，应当缴纳增值税；其他单位和个人的混合销售行为，视为销售服务缴纳增值税。

【特别提示】 自2017年5月1日起，纳税人销售活动板房、机器设备、钢结构件等自产货物的同时提供建筑、安装服务，不属于混合销售，应分别核算货物和建筑服务的销售额，分别适用不同的税率或者征收率。

【政策解疑】 如何理解混合销售行为?

答：混合销售行为成立的行为标准有两点：一是其销售行为必须是一项；二是该项行为必须既涉及服务又涉及货物。货物是指增值税税法中规定的有形动产；服务是指属于营改增范围的交通运输服务、建筑服务、金融保险服务、邮政服务、电信服务、现代服务、生活服务等。如果涉及销售服务和货物的行为不是存在于一项销售行为之中，这种行为也不是混合销售行为。例如：生产货物的单位在销售货物的同时附带运输，这种销售货物及提供运输的行为属于混合销售行为，所收取的货物款项及运输费用应一律按销售货物缴纳增值税。也就是说销售服务是为直接销售一批货物而提供的，两者之间是紧密的从属关系；而教育培训机构提供教育培训的同时销售培训纸质资料，按照销售服务、生活服务缴纳增值税，不属于混合销售行为。

（四）兼营行为

纳税人销售货物、加工修理修配劳务、服务、无形资产或者不动产，适用不同税率或者征收率的，应当分别核算适用不同税率或者征收率的销售额，未分别核算销售额的，按照以下方法从高适用税率或者征收率：

1. 兼有不同税率的应税销售行为，从高适用税率。
2. 兼有不同征收率的应税销售行为，从高适用征收率。
3. 兼有不同税率和征收率的应税销售行为，从高适用税率。

【特别提示】 纳税人兼营免税、减税项目应当分别核算免税、减税项目的销售额；未分别核算销售额的，不得免税、减税。

【特别提示】 判断混合销售行为的关键是“同时发生”；判断兼营行为的关键是“平行发生”。

（五）增值税征税范围的特殊项目

1. 货物期货（包括商品期货和贵金属期货）应当征收增值税，在期货的实物交割环节纳税。
2. 银行销售金银的业务应当征收增值税。
3. 典当业的死当物品销售业务和寄售业代委托人销售寄售物品的业务均应征收增值税。

4. 电力公司向发电企业收取的过网费应当征收增值税。

第四节 税率与征收率

《关于深化增值税改革有关政策的公告》规定：自2019年4月1日起，增值税一般纳税人发生增值税应税销售行为或者进口货物，原适用16%税率的调整为13%；原适用10%税率的调整为9%。现行增值税的税率为13%、9%、6%和零税率。

一、税率

（一）基本税率

增值税的基本税率为13%，适用于纳税人销售或者进口货物（适用9%的低税率的除外）、提供加工修理修配劳务、有形动产租赁服务。

（二）低税率

增值税的低税率分以下两档：

1. 低税率：9%

（1）纳税人销售交通运输、邮政、基础电信、建筑、不动产租赁服务，销售不动产，转让土地使用权，税率为9%。

（2）一般纳税人销售或者进口下列货物，税率为9%。

农产品（含粮食，不含淀粉；含干姜、姜黄，不含麦芽、复合胶、人发制品）、自来水、暖气、石油液化气、天然气、食用植物油（含橄榄油，不含肉桂油、桉油、香茅油）、冷气、热水、煤气、居民用煤炭制品、食用盐、农机、饲料、农药、农膜、化肥、沼气、二甲醚、图书、报纸、杂志、音像制品、电子出版物。

2. 低税率：6%

纳税人销售增值电信服务、金融服务、现代服务（除租赁服务外）和生活服务，销售土地使用权以外的无形资产。

（三）零税率

1. 货物或者劳务适用的零税率

适用于纳税人出口货物或者劳务，国务院另有规定的除外。

2. 服务或者无形资产（统称为“跨境应税行为”）适用的零税率

（1）国际运输服务；

（2）航天运输服务；

（3）向境外单位提供的完全在境外消费的服务；

（4）财政部和国家税务总局规定的其他服务。

二、征收率

增值税征收率适用于两种情况：一是小规模纳税人；二是一般纳税人发生应税销售行为按规定可以选择简易计税方法计税的。

（一）征收率：5%

1. 小规模纳税人销售自建或者取得的不动产；
2. 一般纳税人选择简易计税方法计税的不动产销售；
3. 房地产开发企业中的小规模纳税人，销售自行开发的房地产项目；
4. 其他个人销售其取得（不含自建）的不动产（不含其购买的住房）；
5. 一般纳税人选择简易计税方法计税的不动产经营租赁；
6. 小规模纳税人出租（经营租赁）其取得的不动产（不含个人出租住房）；
7. 其他个人出租（经营租赁）其取得的不动产（不含住房）；
8. 个人出租住房，应按照5%的征收率减按1.5%计算应纳税额；
9. 一般纳税人和小规模纳税人提供劳务派遣服务选择差额纳税的；
10. 一般纳税人2016年4月30日前签订的不动产融资租赁合同，或以2016年4月30日前取得的不动产提供的融资租赁服务，选择适用简易计税方法的；
11. 一般纳税人收取试点前开工的一级公路、二级公路、桥、闸通行费，选择适用简易计税方法的；
12. 一般纳税人提供人力资源外包服务，选择适用简易计税方法的；
13. 纳税人转让2016年4月30日前取得的土地使用权，选择适用简易计税方法的。

（二）征收率：3%

除上述适用5%征收率以外的纳税人选择简易计税方法发生的应税销售行为均为3%。

（三）征收率的特殊规定

1. 根据增值税法的有关规定，适用3%征收率的某些一般纳税人和小规模纳税人可以减按2%计征增值税。

（1）一般纳税人销售自己使用过的属于《增值税暂行条例》第十条规定不得抵扣且未抵扣进项税额的固定资产，按照简易办法依照3%征收率减按2%征收增值税，具体见表2-2和表2-3。

纳税人销售自己使用过的固定资产，适用简易办法依照3%征收率减按2%征收增值税政策的，可以放弃减税，按照简易办法依照3%征收率缴纳增值税，并可以开具增值税专用发票。“已使用过的固定资产”是指纳税人根据财务会计制度已经计提折旧的固定资产。

（2）小规模纳税人（除其他个人外，下同）销售自己使用过的固定资产，减按 2%征收率征收增值税。

（3）纳税人销售旧货已按照简易办法依照 3%征收率减按 2%征收增值税。

旧货是指进入二次流通的具有部分使用价值的货物（含旧汽车、旧摩托车和旧游艇），但不包括自己使用过的物品。

上述纳税人销售自己使用过的固定资产、物品和旧货适用按照简易办法依照 3%征收率减按 2%征收增值税的，按下列公式计算应纳税额：

应纳税额 = 含税销售额÷（1+3%）×2%

表 2-2　一般纳税人销售自己使用过的物品或旧货的税务处理归纳

<table>
<tr><th colspan="3">应税行为</th><th>税务处理</th></tr>
<tr><td rowspan="3">销售自己使用过的物品</td><td rowspan="2">固定资产（动产）</td><td>按规定不得抵扣未抵扣进项税额</td><td>应纳税额 = 含税销售额÷（1+3%）×2%</td></tr>
<tr><td>按规定可以抵扣进项税额</td><td rowspan="2">销项税额 = 含税销售额÷（1+13%或 9%）×13%或 9%</td></tr>
<tr><td colspan="2">固定资产以外的其他物品</td></tr>
<tr><td rowspan="2">销售旧货</td><td colspan="2">一般情况下的销售旧货</td><td>应纳税额 = 含税销售额÷（1+3%）×2%</td></tr>
<tr><td colspan="2">从事二手车经销的纳税人销售其收购的二手车</td><td>应纳税额=含税销售额÷（1+0.5%）×0.5%</td></tr>
</table>

表 2-3　小规模纳税人销售自己使用过的物品或旧货的税务处理归纳

<table>
<tr><th colspan="2">应税行为</th><th>税务处理</th></tr>
<tr><td colspan="2">个人销售自己使用过的物品或旧货</td><td>免征增值税</td></tr>
<tr><td rowspan="4">其他小规模纳税人</td><td>销售自己使用过的固定资产以外的其他物品</td><td>应纳税额 = 含税销售额÷（1+3%）×3%</td></tr>
<tr><td>销售自己使用过的固定资产（动产）</td><td>应纳税额 = 含税销售额÷（1+3%）×2%</td></tr>
<tr><td>一般情况下的旧货销售</td><td>应纳税额 = 含税销售额÷（1+3%）×2%</td></tr>
<tr><td>二手车经销商纳税人销售其收购的二手车</td><td>应纳税额=含税销售额÷（1+0.5%）×0.5%</td></tr>
</table>

2. 提供物业管理服务的纳税人向服务接受方收取的自来水水费，以扣除其对外支付的自来水水费后的余额为销售额，按照简易计税方法依 3%的征收率计算缴纳增值税。

3. 小规模纳税人提供劳务派遣服务可以按照“营改增通知”的有关规定，以取得的全部价款和价外费用为销售额，按照简易计税方法按 3%的征收率计算缴纳增值税；也可以选择差额纳税，以取得的全部价款和价外费用扣除代用工单位支付给劳务派遣员工的工资、福利和办理社会保险及住房公积金后的余额为销售额，按照简易计税方法按 5%的征收率计算缴纳增值税。

选择差额纳税的纳税人向用工单位收取用于支付给劳务派遣员工工资、福利和为其办理社会保险及住房公积金的费用，不得开具增值税专用发票，可以开具普通发票。

4. 非企业性单位中的一般纳税人提供的研发和技术服务、信息技术服务、鉴证咨询服务，以及销售技术、著作权等无形资产，可以选择简易计税方法按照3%征收率计算缴纳增值税。

5. 一般纳税人提供教育辅助服务可以选择简易计税方法按照3%征收率计算缴纳增值税。

6. 增值税一般纳税人生产销售和批发、零售抗癌药品，可选择按照简易办法依照3% 征收率计算缴纳增值税。抗癌药品是指经国家药品监督管理部门批准注册的抗癌制剂及原料药。抗癌药品范围实行动态调整，纳税人选择简易办法计算缴纳增值税后，36 个月内不得变更。

7. 自 2019 年 3 月 1 日起，增值税一般纳税人生产销售和批发、零售罕见病药品，可选择按照简易办法依照3%征收率计算缴纳增值税。上述纳税人选择简易办法计算缴纳增值税后，36 个月内不得变更。

三、兼营行为的税率适用

纳税人销售货物、加工修理修配劳务、服务、无形资产或者不动产适用不同税率或者征收率的，应当分别核算适用不同税率或者征收率的销售额，未分别核算销售额的，按照以下方法从高适用税率或者征收率。

1. 兼营不同税率的销售货物、加工修理修配劳务、服务、无形资产或者不动产的，从高适用税率；

2. 兼营不同征收率的销售货物、加工修理修配劳务、服务、无形资产或者不动产的，从高适用征收率；

3. 兼营不同税率和征收率的销售货物、加工修理修配劳务、服务、无形资产或者不动产的，从高适用税率。

第五节　计税方法

增值税的计税方法包括一般计税方法、简易计税方法和扣缴计税方法。

一、一般计税方法

一般纳税人发生应税销售行为适用一般计税方法计税。其计算公式为：

当期应纳增值税税额=当期销项税额-当期进项税额

二、简易计税方法

小规模纳税人发生应税销售行为适用简易计税方法计税。简易计税方法的公式为：

当期应纳增值税税额=当期销售额（不含增值税）×征收率

一般纳税人发生财政部和国家税务总局规定的特定应税销售行为，也可以选择适用简易计税方法计税，但是不得抵扣进项税额。除第四节“税率与征收率”中涉及的以外，还主要包括以下情况：

1. 县级及县级以下小型水力发电单位生产的自产电力。小型水力发电单位指各类投资主体建设的装机容量为5万千瓦以下（含5万千瓦）的小型水力发电单位。

2. 自产建筑用和生产建筑材料所用的砂、土、石料。

3. 以自己采掘的砂、土、石料或其他矿物连续生产的砖、瓦、石灰（不含黏土实心砖、瓦）。

4. 自己用微生物、微生物代谢产物、动物毒素、人或动物的血液或组织制成的生物制品。

5. 自产的自来水。

6. 自来水公司销售自来水。

7. 自产的商品混凝土（仅限于以水泥为原料生产的水泥混凝土）。

8. 单采血浆站销售非临床用人体血液。

9. 寄售商店代销寄售物品（包括居民个人寄售的物品在内）。

10. 典当业销售死当物品。

11. 药品经营企业销售生物制品。

12. 公共交通运输服务，包括轮客渡、公交客运、地铁、城市轻轨、出租车、长途客运、班车。

13. 经认定的动漫企业为开发动漫产品提供的动漫脚本编撰、形象设计、背景设计、动画设计、分镜、动画制作、摄制、描线、上色、画面合成、配音、配乐、音效合成、剪辑、字幕制作、压缩转码（面向网络动漫、手机动漫格式适配）服务，以及在境内转让动漫版权（包括动漫品牌、形象或者内容的授权及再授权）。

14. 电影放映服务、仓储服务、装卸搬运服务、收派服务和文化体育服务。

15. 向以纳入“营改增”试点之日前取得的有形动产为标的物提供的经营租赁服务。

16. 在纳入“营改增”试点之日前签订的尚未执行完毕的有形动产租赁合同。

17. 以清包工方式提供的建筑服务。以清包工方式提供建筑服务是指施工方不采购建筑工程所需的材料或只采购辅助材料，并收取人工费、管理费或者其他费用的建筑服务。

18. 为甲供工程提供的建筑服务。甲供工程是指全部或部分设备、材料、动力由工程发包方自行采购的建筑工程。

19. 销售2016年4月30日前取得的不动产。

20. 房地产开发企业销售自行开发的房地产老项目。房地产老项目是指：①《建筑工程施工许可证》注明的合同开工日期在2016年4月30日前的建筑工程项目；②未取得《建筑工程施工许可证》的，建筑工程承包合同注明的开工日期在2016年4月30日前的建筑工程项目。

21. 出租2016年4月30日前取得的不动产。

22. 提供非学历教育服务。

23. 一般纳税人收取试点前开工的一级公路、桥、闸通行费。

24. 一般纳税人提供人力资源外包服务。

25. 一般纳税人 2016 年 4 月 30 日前签订的不动产融资租赁合同，或以 2016 年 4 月 30 日前取得的不动产提供的融资租赁服务。

26. 纳税人转让 2016 年 4 月 30 日前取得的土地使用权。

27. 一般纳税人提供劳务派遣服务可以选择差额纳税，以取得的全部价款和价外费用扣除代用工单位支付劳务派遣员工的工资、福利和办理社会保险及住房公积金后的余额为销售额，按照简易计税方法依照 5%的征收率计算缴纳增值税。

28. 一般纳税人销售自产机器设备的同时提供安装服务，应分别核算机器设备和安装服务的销售额，安装服务可以按照甲供工程选择适用简易计税方法计税。

一般纳税人销售外购机器设备的同时提供安装服务，如果已经按照兼营的有关规定，分别核算机器设备和安装服务的销售额，安装服务可以按照甲供工程选择适用简易计税方法计税。

29. 房地产开发企业中的一般纳税人以围填海方式取得土地并开发的房地产项目，围填海工程《建筑工程施工许可证》或建筑工程承包合同注明的围填海开工日期在 2016 年 4 月 30 日前的，属于房地产老项目，可以选择适用简易计税方法按照 5%的征收率计算缴纳增值税。

一般纳税人发生财政部和国家税务总局规定的特定应税销售行为，一经选择适用简易计税方法计税，36 个月内不得变更。

三、扣缴计税方法

境外单位或者个人在境内发生应税行为，在境内未设有经营机构的，以购买方为增值税扣缴义务人。财政部和国家税务总局另有规定的除外。

扣缴义务人按照下列公式计算应扣缴税额：

应扣缴税额=接受方支付的价款÷（1+税率）×税率

第六节　一般计税方法应纳税额的计算

按照我国《增值税暂行条例》规定，增值税一般纳税人发生除适用简易计税办法外的应税行为，采用税款抵扣制度，其应纳税额计算公式如下：

应纳税额=当期销项税额-当期进项税额

一、销项税额

销项税额是指纳税人销售货物、提供加工修理修配劳务、销售服务、无形资产或者不动产按照销售额和增值税税率计算并收取的增值税额。销项税额的计算公式为：

销项税额=销售额×适用税率

销项税额是销售方向购买方收取的增值税；对于属于一般纳税人的销售方来讲在没有抵扣其进项税额前，销售方收取的销项税额还不是其应纳增值税税额。销项税额的计算取决于销售额和适用税率两个因素：销售额是指不含增值税的销售额；适用税率按一般纳税人适用的税率确定。其换算公式如下：

$$不含税销售额=\frac{含税销售额}{1+税率}$$

（一）一般销售方式下的销售额

正确计算应纳增值税额，需要首先准确核算作为增值税计税依据的销售额。销售额是指纳税人销售货物、提供应税劳务、销售服务、无形资产或者不动产向购买方收取的全部价款和价外费用，财政部和国家税务总局另有规定的除外。向购买方收取的全部价款和价外费用不包括收取的销项税额。

纳税人发生应税销售行为收取的全部价款和价外费用，具体包括以下内容：

1. 销售货物或提供应税劳务、服务等来自于购买方的全部价款。

2. 向购买方收取的各种价外费用。具体包括手续费、补贴、基金、集资费、返还利润、奖励费、违约金、延期付款利息、滞纳金、赔偿金、包装费、包装物租金、储备费、优质费、运输装卸费、代收款项、代垫款项及其他各种性质的价外收费。上述价外费用无论其会计制度如何核算，都应并入销售额计税。但上述价外费用不包括以下费用：

（1）受托加工应征消费税的货物，由受托方向委托方代收代缴的消费税。

【政策解疑】 代收代缴消费税只是受托方履行法定义务的一种行为，此项税金虽然构成委托加工货物售价的一部分，但它与受托方的加工业务及其收取的应税加工费无内在关联。

（2）同时符合以下两个条件的代垫运费：承运部门的运费发票开具给购买方，并且由纳税人将该项发票转交给购买方的。在这种情况下，纳税人仅仅是为购货人代办运输业务，而未从中收取额外费用。

（3）代为收取的政府性基金或行政事业性收费。

（4）销售货物的同时代办保险等而向购买方收取的保险费，以及向购买方收取的代购买方缴纳的车辆购置税、车辆牌照费。

3. 消费税税金。由于消费税属于价内税，因此，凡征收消费税的货物在计征增值税额时，其应税销售额应包括消费税税金。

【政策解疑】 税法规定，纳税人销售货物和提供应税劳务时向购买方收取的各种价外费用均要并入计税销售额计算征税，目的是防止纳税人以各种名目的收费减少计税销售额逃避纳税。同时应注意，根据国家税务总局规定，纳税人向购买方收取的价外费用和逾期包装物押金，应视为含税收入，在并入销售额征税时，应将其换算为不含税收入再并入销售额征税。

（二）特殊销售方式下的销售额

1. 折扣方式下的销售额

折扣销售是指销货方在销售货物或应税劳务时，因购货方购货数量较大等原因而给予购货方的价格优惠（如购买10件，销售价格折扣5%；购买20件，销售价格折扣10%等）。由于折扣是在实现销售时同时发生的，因此税法规定："纳税人采取折扣方式销售货物，如果销售额和折扣额在同一张发票上分别注明的，可按折扣后的余额作为销售额计算增值税；如果将折扣额另开发票，不论其在财务上如何处理，均不得从销售额中减除折扣额。"

【政策解疑】 对折扣销售之所以规定销售额与折扣额须在同一张发票上注明，是从保证增值税征税、扣税相一致的角度考虑的。如果允许折扣额另开销货发票则可能出现：对销售额开具一张销货发票，对折扣额再开一张退款红字发票，就可能造成销货方按减除折扣额后的销售额计算销项税额，而购货方却按未减除折扣额的销售额及其进项税额进行抵扣的问题。这极易造成增值税逃漏税发生，是税法所不允许的。

【特别提示】 折扣销售、销售折扣、销售折让的区分

（1）折扣销售不同于销售折扣。销售折扣是指销货方在销售货物或应税劳务后，为了鼓励购货方及早偿还货款而协议许诺给予购货方的一种折扣优待（如折扣条件为：2/10，1/20，n/30）。销售折扣发生在销货之后，是一种融资性质的理财费用，因此，销售折扣不得从销售额中减除。企业在确定销售额时应把折扣销售与销售折扣严格区分开。

（2）折扣销售不同于销售折让。销售折让是指货物销售后，由于其品种、质量等原因购货方未予退货，但销货方需给予购货方的一种价格折让。销售折让与销售折扣相比较，虽然都是在货物销售后发生的，但因为销售折让是由于货物的品种和质量引起销售额的减少，因此，对销售折让按折让后的货款为销售额。

（3）折扣销售仅限于货物价格的折扣，如果销货方将自产、委托加工和购买的货物用于实物折扣的，则该实物款额不能从货物销售额中减除，且该实物应按《增值税暂行条例》的"视同销售货物"中的"赠送他人"计算征收增值税。

（4）纳税人销售服务、无形资产或者不动产，将价款和折扣额在同一张发票上分别注明的，以折扣后的价款为销售额；未在同一张发票上分别注明的，以价款为销售额，不得扣减折扣额。

（5）纳税人销售服务、无形资产或者不动产，开具增值税专用发票后，发生开票有误或者销售折让、中止、退回等情形的，应当按照国家税务总局的规定开具红字增值税专用发票；未按照规定开具红字增值税专用发票的，不得扣减销项税额或者销售额。

【例2-1】 某书店批发图书一批，每册标价20元，共计1 000册，由于购买方购买数量多，按七折优惠价格成交，并将折扣部分与销售额同开在一张发票上。10日内付款2%折扣，购买方如期付款，计算其销项税额。

【例题解析】 应税销售额=20×70%×1 000÷（1+9%）=12 844.04（元）

销项税额=12 844.04×9%=1 155.96（元）

2. 采取以旧换新方式销售

以旧换新是指纳税人在销售自己的货物时，有偿收回旧货物的行为。

税务处理：采取以旧换新方式销售货物的，应按新货物的同期销售价格确定销售额，不得扣减旧货物的收购价格。

因为销售货物与收购货物为两种不同的业务活动，销售与收购不能相互抵减，实现增值税的严格管理征收。

【特别提示】 金银首饰以旧换新业务的特殊情况，对金银首饰以旧换新业务，可以按销售方实际收取的不含增值税的全部价款征收增值税。

【例 2-2】 某金店为中国人民银行批准的金银首饰经销单位、增值税一般纳税人，采取“以旧换新”方式销售 18K 纯金项链 1 条，新项链对外销售价格 5 000 元，旧项链作价 3 000 元，从消费者手中收取新旧差价款 2 000 元。计算其增值税销售额。

【例题解析】 以旧换新方式销售货物，其增值税销售额=（5 000−3 000）÷1.13=1 769.91（元）。

【例 2-3】 某企业为增值税一般纳税人，生产某种电机产品，本月采用以旧换新方式促销，销售该电机产品 620 台，每台旧电机产品作价 250 元，按照出厂价扣除旧货收购价实际取得不含税销售收入 791 000 元。计算其增值税销售额。

【例题解析】 销售额=791 000+620×250=946 000（元）

3. 采取还本销售方式销售

还本销售是指纳税人在销售货物后，到一定期限由销售方一次或分次退还给购货方全部或部分价款。这种方式实际上是一种筹资行为，是以货物换取资金的使用价值，到期还本不付息的方法。

税务处理：采取还本销售方式销售货物，其销售额就是货物的销售价格，不得从销售额中减除还本支出。

【例 2-4】 某乐器厂为增值税一般纳税人，本月采取“还本销售”方式销售乐器，开了普通发票 20 张，共收取货款 25 万元。企业扣除还本准备金后按规定 23 万元作为销售处理，计算其增值税销售额。

【例题解析】 销售额=25÷（1+13%）=22.12（万元）

4. 采取以物易物方式销售

以物易物是一种较为特殊的购销活动，是指购销双方不是以货币结算，而是以同等价款的应税行为相互结算，实现应税行为购销的一种方式。

税务处理：以物易物双方都应作购销处理，以各自发出的应税行为核算销售额并计算销项税额，以各自收到的货物、劳务、服务、无形资产、不动产按规定核算购货额并计算进项税额。

【特别提示】 以物易物活动中应分别开具合法的票据，如收到的货物不能取得相应的增值税专用发票或其他合法票据的，不能抵扣进项税额。

5. 包装物押金是否计入销售额

包装物是指纳税人包装本单位货物的各种物品。纳税人销售货物时另收取包装物押金，目的是促使购货方及早退回包装物以便周转使用。对包装物的押金是否计入货物销售额呢？根据税法规定，纳税人为销售货物而出租出借包装物收取的押金，单独记账核算的，时间在1年以内，又未逾期的，不并入销售额征税，但对因逾期未收回包装物不再退还的押金，应按所包装货物的适用税率计算销项税额。这其中，“逾期”是指按合同约定实际逾期或以1年为期限，对收取1年以上的押金，无论是否退还均并入销售额征税。当然，在将包装物押金并入销售额征税时，需要先将该押金换算为不含税价，再并入销售额按所包装货物的适用税率计算销项税额。对于个别包装物周转使用期限较长的，报经税务机关确定后，可适当放宽逾期期限。另外，包装物押金不应混同于包装物租金，包装物租金在销货时作为价外费用并入销售额计算销项税额。

【特别提示】从1995年6月1日起，对销售除啤酒、黄酒外的其他酒类产品而收取的包装物押金，无论是否返还及会计上如何核算，均应并入当期销售额征税。对销售啤酒、黄酒所收取的押金，按上述一般押金的规定处理。

【例2-5】　某酒厂为一般纳税人。本月向一小规模纳税人销售白酒，开具普通发票上注明金额93 600元；同时收取单独核算的包装物押金2 000元（尚未逾期），计算此业务的销售额。

【例题解析】　销售额=93 600÷（1+13%）+2 000÷（1+13%）=84 601.77（元）

6. 贷款服务

以提供贷款服务取得的全部利息及利息性质的收入为销售额。自2018年1月1日起，金融机构开展贴现、转贴现业务，以其实际持有票据期间取得的利息收入作为贷款服务销售额计算缴纳增值税。

7. 直接收费金融服务

以提供直接收费金融服务收取的手续费、佣金、酬金、管理费、服务费、经手费、开户费、过户费、结算费、转托管费等各类费用为销售额。

8. “营改增”试点

“营改增”试点纳税人销售电信服务时，附带赠送用户识别卡、电信终端等货物或者电信服务的，应将其取得的全部价款和价外费用进行分别核算，按各自适用的税率计算缴纳增值税。

（三）差额征收方式下的销售额

虽然营业税纳入了增值税的征收范围，但仍存在无法通过抵扣机制避免重复征税的情况存在，因此引入了差额征税的办法，解决纳税人税收负担增加问题。以下项目属于按差额确定销售额：

1. 金融商品转让的销售额。金融商品转让，按照卖出价扣除买入价后的余额为销售额。

2. 经纪代理服务的销售额。经纪代理服务以取得的全部价款和价外费用，扣除向委托方收取并代为支付的政府性基金或者行政事业性收费后的余额为销售额。向委托方收取的政府性基金或者行政事 业性收费，不得开具增值税专用发票。

3. 融资租赁和融资性售后回租业务的销售额。

（1）经人民银行、银监会或者商务部批准从事融资租赁业务的试点纳税人（包括经上述部门备案从事融资租赁业务的试点纳税人），提供融资租赁服务，以取得的全部价款和价外费用扣除支付的借款利息（包括外汇借款和人民币借款利息）、发行债券利息和车辆购置税后的余额为销售额。

（2）经人民银行、银监会或者商务部批准从事融资租赁业务的试点纳税人，提供融资性售后回租服务，以取得的全部价款和价外费用（不含本金）扣除对外支付的借款利息（包括外汇借款和人民币借款利息）、发行债券利息后的余额作为销售额。

4. 航空运输企业的销售额，不包括代收的机场建设费和代售其他航空运输企业客票而代收转付的价款。

5. 试点纳税人中的一般纳税人提供客运场站服务，以其取得的全部价款和价外费用扣除支付给承运方运费后的余额为销售额。

6. 试点纳税人提供旅游服务，可以选择以取得的全部价款和价外费用，扣除向旅游服务购买方收取并支付给其他单位或者个人的住宿费、餐饮费、交通费、签证费、门票费和支付给其他接团旅游企业的旅游费用后的余额为销售额。

7. 纳税人提供建筑服务适用简易计税方法的，以取得的全部价款和价外费用扣除支付的分包款后的余额为销售额。分包款是指支付给分包方的全部价款和价外费用。

8. 房地产开发企业中的一般纳税人销售其开发的房地产项目（选择简易计税方法的房地产老项目除外），以取得的全部价款和价外费用扣除受让土地时向政府部门支付的土地价款后的余额为销售额。“向政府部门支付的土地价款”包括土地受让人向政府部门支付的征地和拆迁补偿费用、土地前期开发费用和土地出让收益等。

9. 纳税人转让不动产缴纳增值税差额扣除的有关规定。

（1）纳税人转让不动产，按照有关规定差额缴纳增值税的，如因丢失等原因无法提供取得不动产时的发票，可向税务机关提供其他能证明契税计税金额的完税凭证等资料，进行差额扣除。

（2）纳税人以契税计税金额进行差额扣除的，按照下列公式计算增值税应纳税额：

增值税应纳税额=［全部交易价格（含增值税）÷（1+5%）−契税计税金额（不含增值税）］×5%

（3）纳税人同时保留取得不动产时的发票和其他能证明契税计税金额的完税凭证等资料的，应当凭发票进行差额扣除。

（四）核定销售额的情形

1. 纳税人销售货物价格明显偏低并无正当理由或者有视同销售货物行为而无销售额者，在计算时，其销售额要按照如下规定的顺序来确定：

（1）按纳税人最近时期同类货物的平均销售价格确定；

（2）按其他纳税人最近时期同类货物的平均销售价格确定；

（3）以上两种方法均不能确定其销售额的，可按组成计税价格确定销售额。其计算公式为：

① 若销售的货物不属于消费税应税消费品：

组成计税价格＝成本×（1+成本利润率）

② 若销售的货物属于消费税应税消费品：

组成计税价格的确定参见第三章消费税。

成本利润率由国家税务总局确定。

【例 2-6】　某服装厂为一般纳税人，将自产的 200 件新款服装作为福利发放给本企业职工，每件成本 40 元，无同类产品售价，计算其销售额。

【例题解析】　此行为视同销售行为，由于无同类产品价格，可按照组成计税价格计算征收增值税。

组成计税价格＝40×（1+10%）×200＝8 800（元）

应纳税额＝组成计税价格×税率＝8 800×13%＝1 144（元）

2. 纳税人销售服务、无形资产或者不动产价格明显偏低或者偏高且不具有合理商业目的的，或者发生视同销售服务、无形资产或者不动产行为而无销售额的，主管税务机关有权按照下列顺序确定销售额：

（1）按照纳税人最近时期销售同类服务、无形资产或者不动产的平均价格确定。

（2）按照其他纳税人最近时期销售同类服务、无形资产或者不动产的平均价格确定。

（3）按照组成计税价格确定。

组成计税价格＝成本×（1+成本利润率）

成本利润率由国家税务总局确定。

二、进项税额

进项税额是纳税人购进货物、劳务、服务、无形资产、不动产所支付或者负担的增值税。在销售过程中销售方收取的销项税额，就是购买方支付的进项税额。

纳税人购进项目与应税销售行为之间应具有配比性，当纳税人购进的货物、劳务、服务、无形资产、不动产行为用于简易计税方法计税项目、免税项目或用于集体福利、个人消费等情况时，其支付的进项税额就不能从销项税额中抵扣。因此增值税的进项税额可分为准予抵扣的进项税额和不予抵扣的进项税额。

（一）准予抵扣的进项税额

根据《增值税暂行条例》和“营改增通知”的规定，准予从销项税额中抵扣的进项税额限于下列增值税扣税凭证上注明的增值税税额和按规定的扣除率计算的进项税额。

1. 从销售方取得的增值税专用发票上注明的增值税税额。

2. 从海关取得的海关进口增值税专用缴款书上注明的增值税额。

【特别提示】 纳税人进口货物已缴纳了进口环节增值税的，不论其是否已经支付货款，其取得的海关完税凭证均可作为增值税进项税额抵扣凭证。对纳税人丢失的海关完税凭证的情况，纳税人应当凭海关出具的相关证明，向主管税务机关提出抵扣申请。主管税务机关受理申请后，应当进行审核，并将纳税人提供的海关完税凭证电子数据纳入稽核系统比对，稽核比对无误后，可予以抵扣进项税额。总而言之，进项税额必须有法定扣税凭证，没有从销售方或海关取得注明增值税税额的法定扣税凭证，就不能抵扣进项税额。

3. 从销售方取得的机动车销售统一发票上注明的增值税额。

“机动车销售统一发票”是增值税一般纳税人从事机动车零售业务开具的发票。

4. 自境外单位或者个人购进劳务、服务、无形资产或者境内的不动产，从税务机关或者扣缴义务人取得的代扣代缴税款的完税凭证上注明的增值税额。

5. 自 2019 年 4 月 1 日起，购进国内旅客运输服务，其进项税额允许从销项税额中抵扣。

6. 购进农产品的进项税额。

（1）纳税人购进农产品，取得一般纳税人开具的增值税专用发票或海关进口增值税专用缴款书的，以增值税专用发票或海关进口增值税专用缴款书上注明的增值税额为进项税额。

（2）从按照简易计税方法依照 3%征收率计算缴纳增值税的小规模纳税人取得增值税专用发票的，以增值税专用发票上注明的金额和 9%的扣除率计算进项税额。

（3）取得（开具）农产品销售发票或收购发票的，以农产品销售发票或收购发票上注明的农产品买价和 9%的扣除率计算进项税额。

（4）纳税人购进用于生产销售或委托加工 13%税率货物的农产品，按照 10%的扣除率计算进项税额。

（5）购进农产品进项税额的计算公式：

进项税额＝买价×扣除率

（6）纳税人从批发、零售环节购进适用免征增值税政策的蔬菜、部分鲜活肉蛋而取得的普通发票，不得作为计算抵扣进项税额的凭证。

（7）纳税人购进农产品既用于生产销售或委托受托加工 13%税率货物又用于生产销售其他货物服务的，应当分别核算用于生产销售或委托受托加工 13%税率货物和其他货物服务的农产品进项税额。未分别核算的，统一以增值税专用发票或海关进口增值税专用缴款书上注明的增值税额为进项税额，或以农产品收购发票或销售发票上注明的农产品买价和 9%的扣除率计算进项税额。

（8）对烟叶税纳税人按规定缴纳的烟叶税，准予并入烟叶产品的买价计算增值税的进项税额，并在计算缴纳增值税时予以抵扣。购进烟叶准予抵扣的增值税进项税额，按照收购烟叶实际支付的价款总额和烟叶税及法定扣除率计算。计算公式如下：

烟叶税应纳税额=收购烟叶实际支付的价款总额×税率（20%）

准予抵扣的进项税额=（收购烟叶实际支付的价款总额+烟叶税应纳税额）×扣除率

【特别提示】　上述购进农产品抵扣进项税额的办法，不适用于《农产品增值税进项税额核定扣除试点实施办法》中购进的农产品。

【例 2-7】　一般纳税人购进某农场自产玉米，收购凭证注明价款为 65 830 元，从某供销社（一般纳税人）购进玉米，增值税专用发票上注明销售额 300 000 元。

【例题解析】　进项税额=65 830×9%+300 000×9%=32 924. 7（元）

采购成本=65 830×（1−9%）+300 000=359 905. 3（元）

购进农产品进项税额的扣除标准如表 2-4 所示。

表 2-4　购进农产品进项税额的扣除标准

抵扣凭证	票据来源	进项税额		
		用于 13%货物	用于其他货物、服务	既用于 13%货物又用于其他货物、服务且未分别核算
增值税专用发票、海关进口增值税专用缴款书	一般纳税人	10%	9%	9%
	小规模纳税人/代开	10%	9%	3%
农产品收购凭证、销售发票	——	10%	9%	9%

【特别提示】　农产品加计扣除在购入当期，应遵从农产品抵扣的一般规定，按照 9%计算抵扣进项税额；用于生产或者委托加工 13%税率货物的农产品，生产领用时加计 1%扣除。

7. 增值税一般纳税人在资产重组过程中，将全部资产、负债和劳动力一并转让给其他增值税一般纳税人，并按程序办理注销税务登记的，其在办理注销登记前尚未抵扣的进项税额可结转至新纳税人处继续抵扣。

8. 收费公路通行费增值税抵扣规定。

纳税人支付的道路、桥、闸通行费，按照以下规定抵扣进项税额：

（1）纳税人支付的道路通行费，按照收费公路通行费增值税电子普通发票上注明的增值税额抵扣进项税额。

（2）纳税人支付的桥、闸通行费，暂凭取得的通行费发票上注明的收费金额按照下列公式计算可抵扣的进项税额：

桥、闸通行费可抵扣进项税额=桥、闸通行费发票上注明的金额÷（1+5%）×5%

（3）通行费是指有关单位依法或者依规设立并收取的过路、过桥和过闸费用。

9. 国内旅客运输服务进项税额的抵扣规定。

纳税人允许抵扣的国内旅客运输服务进项税额，是指纳税人2019年4月1日及以后实际发生，并取得合法有效增值税扣税凭证注明的或依据其计算的增值税税额。以增值税专用发票或增值税电子普通发票为增值税扣税凭证的，为2019年4月1日及以后开具的增值税专用发票或增值税电子普通发票。

纳税人未取得增值税专用发票的，暂按照以下规定确定进项税额：

（1）纳税人购进国内旅客运输服务，以取得的增值税电子普通发票上注明的税额为进项税额的，增值税电子普通发票上注明的购买方“名称”“纳税人识别号”等信息，应当与实际抵扣税款的纳税人一致，否则不予抵扣。

（2）取得注明旅客身份信息的航空运输电子客票行程单的，按照下列公式计算进项税额：

航空旅客运输进项税额=（票价+燃油附加费）÷（1+9%）×9%

（3）取得注明旅客身份信息的铁路车票的，按照下列公式计算的进项税额：

铁路旅客运输进项税额=票面金额÷（1+9%）×9%

（4）取得注明旅客身份信息的公路、水路等其他客票的，按照下列公式计算进项税额：

公路、水路等其他旅客运输进项税额=票面金额÷（1+3%）×3%

【特别提示】 2019年3月31日之前，购进的旅客运输服务，其进项税额不得从销项税额中抵扣；自2019年4月1日起，购进的旅客运输服务，其进项税额允许从销项税额中抵扣。

【特别提示】 国内旅客运输服务是指与本单位签订了劳动合同的员工，以及本单位作为用工单位接受的劳务派遣员工发生的国内旅客运输服务。

10. 自2018年1月1日起，纳税人租入固定资产、不动产，既用于一般计税方法计税项目，又用于简易计税方法计税项目、免征增值税项目、集体福利或者个人消费的，其进项税额准予从销项税额中全额抵扣。

11. 按照“营改增通知”规定不得抵扣且未抵扣进项税额的固定资产、无形资产、不动产，发生用途改变，用于允许抵扣进项税额的应税项目，可在用途改变的次月按照下列公式计算可以抵扣的进项税额：

可以抵扣的进项税额=固定资产、无形资产、不动产净值÷（1+适用税率）×适用税率

12. 提供保险服务的纳税人以实物赔付方式承担机动车辆保险责任的，自行向车辆修理劳务提供方购进的车辆修理劳务，其进项税额可以按规定从保险公司销项税额中抵扣。

【特别提示】 纳税人提供的其他财产保险服务，比照上述规定执行。

13. 原增值税一般纳税人从境外单位或者个人购进服务、无形资产或者不动产，按照规定应当扣缴增值税的，准予从销项税额中抵扣的进项税额为自税务机关或者扣缴义务人取得的解缴税款的完税凭证上注明的增值税额。

纳税人凭完税凭证抵扣进项税额的，应当具备书面合同、付款证明和境外单位的对账单或者发票。资料不全的，其进项税额不得从销项税额中抵扣。

14. 自2019年4月1日至2021年12月31日，允许生产、生活性服务业纳税人按照当期可抵扣进项税额加计10%，抵减应纳税额（加计抵减政策）。

（二）不得从销项税额中抵扣的进项税额

按《增值税暂行条例》规定，下列项目的进项税额不得从销项税额中抵扣：

1. 纳税人取得的增值税扣税凭证不符合法律、行政法规或者国家税务总局有关规定的，其进项税额不得从销项税额中抵扣。

2. 用于简易计税方法计税项目、免征增值税项目、集体福利或者个人消费的购进货物、劳务、服务、无形资产和不动产。

【特别提示】 涉及的固定资产、无形资产、不动产，仅指专用于上述项目的固定资产、无形资产（不包括其他权益性无形资产）、不动产。但是发生兼用于上述不允许抵扣项目情况的，该进项税额准予全部抵扣。另外纳税人购进其他权益性无形资产无论是专用于简易计税方法计税项目、免征增值税项目、集体福利或者个人消费，还是兼用于上述不允许抵扣项目，均可以抵扣进项税额。

【特别提示】 纳税人的交际应酬消费属于个人消费，即交际应酬消费不属于生产经营中的生产投入和支出。

3. 非正常损失的购进货物，以及相关的加工修理修配劳务和交通运输服务。

4. 非正常损失的在产品、产成品所耗用的购进货物（不包括固定资产）、加工修理修配劳务和交通运输服务。

5. 非正常损失的不动产，以及该不动产所耗用的购进货物、设计服务和建筑服务。

6. 非正常损失的不动产在建工程所耗用的购进货物、设计服务和建筑服务。

【政策解疑】 纳税人新建、改建、扩建、修缮、装饰不动产，均属于不动产在建工程；非正常损失是指因管理不善造成货物被盗、丢失、霉烂变质，以及因违反法律法规造成货物或者不动产被依法没收、销毁、拆除的情形。非正常损失的产生由纳税人自身原因造成，其损失由纳税人负担，因而不能抵扣进项税额。

7. 购进的贷款服务、餐饮服务、居民日常服务和娱乐服务。

8. 财政部和国家税务总局规定的其他情形。

9. 适用一般计税方法的纳税人，兼营简易计税方法计税项目、免征增值税项目而无法划分不得抵扣的进项税额，按照下列公式计算不得抵扣的进项税额：

不得抵扣的进项税额=当期无法划分的全部进项税额×（当期简易计税方法计税项目销售额+免征增值税项目销售额）÷当期全部销售额

10. 已抵扣进项税额的不动产，发生非正常损失，或者改变用途，专用于简易计税方法计税项目、免征增值税项目、集体福利或者个人消费的，按照下列公式计算不得抵扣的进项税额：

不得抵扣的进项税额=（已抵扣进项税额+待抵扣进项税额）×不动产净值率

不动产净值率=（不动产净值÷不动产原值）×100%

三、应纳税额的计算

在计算出销项税额和进项税额后即可计算出应纳税额，应纳税额为当期销项税额抵扣当期进项税额后的余额。基本计算公式为：

应纳税额=当期销项税额-当期进项税额

（一）计算应纳税额的时间界定

1. 计算销项税额的时间界定

销项税额的时间界定取决于增值税纳税义务发生时间，总的来讲是“发生应税销售行为的，为收讫销售款项或者取得索取销售款项凭据的当天；先开具发票的，为开具发票的当天。进口货物，为报关进口的当天”。就发生应税销售行为而言，确定其增值税纳税义务发生时间的总原则就是以“收讫销售款项、取得索取销售款项凭据或者发票开具时间”三者孰先（谁在前）的原则确定。不同应税销售行为的纳税义务具体参见本章第十一节。

2. 增值税扣税凭证抵扣期限的界定

增值税一般纳税人取得2017年1月1日以后开具的增值税专用发票、海关进口增值税专用缴款书、收费公路通行费增值税电子普通发票、机动车销售统一发票，取消认证确认、稽核比对、申报抵扣的期限。

【特别提示】纳税人在进行增值税纳税申报时，应通过增值税发票综合服务平台对上述扣税凭证信息进行用途确认。

（二）进项税额不足抵扣的处理

纳税人进项税额不足抵扣时，可采用以下两种办法处理。

1. 结转抵扣

由于增值税实行购进扣税法，有时企业当期购进的货物很多，在计算应纳税额时会出现当期销项税额小于当期进项税额不足抵扣的情况。根据税法规定，当期进项税额不足抵扣的部分可以结转下期继续抵扣。

2. 期末留抵税额退税

自2019年4月1日起，试行增值税期末留抵税额退税制度。

（1）同时符合以下条件的纳税人，可以向主管税务机关申请退还增量留抵税额：

① 自2019年4月税款所属期起，连续六个月（按季纳税的，连续两个季度）增量留

抵税额均大于零，且第六个月增量留抵税额不低于 50 万元；

② 纳税信用等级为 A 级或者 B 级；

③ 申请退税前 36 个月未发生骗取留抵退税、出口退税或虚开增值税专用发票情形的；

④ 申请退税前 36 个月未因偷税被税务机关处罚两次及以上的；

⑤ 自 2019 年 4 月 1 日起未享受即征即退、先征后返（退）政策的。

（2）增量留抵税额，是指与 2019 年 3 月底相比新增加的期末留抵税额。

（3）纳税人当期允许退还的增量留抵税额，按照以下公式计算：

允许退还的增量留抵税额=增量留抵税额×进项构成比例×60%

【特别提示】 进项构成比例为 2019 年 4 月至申请退税前一税款所属期内已抵扣的增值税专用发票（含税控机动车销售统一发票）、海关进口增值税专用缴款书、解缴税款完税凭证注明的增值税额占同期全部已抵扣进项税额的比重。

（4）纳税人应在增值税纳税申报期内，向主管税务机关申请退还留抵税额。

（5）纳税人出口货物劳务、发生跨境应税行为，适用免抵退税办法的，办理免抵退税后，仍符合本公告规定条件的，可以申请退还留抵税额；适用免退税办法的，相关进项税额不得用于退还留抵税额。

（6）纳税人取得退还的留抵税额后，应相应调减当期留抵税额。按照规定再次满足退税条件的，可以继续向主管税务机关申请退还留抵税额，但连续期间不得重复计算。

（7）部分先进制造业纳税人增量留抵税额退还政策。

自 2019 年 6 月 1 日起，同时符合以下条件的部分先进制造业纳税人，可以自 2019 年 7 月及以后纳税申报期向主管税务机关申请退还增量留抵税额：①增量留抵税额大于零；②纳税信用等级为 A 级或者 B 级；③申请退税前 36 个月未发生骗取留抵退税、出口退税或虚开增值税专用发票情形；④申请退税前 36 个月未因偷税被税务机关处罚两次及以上；⑤自 2019 年 4 月 1 日起未享受即征即退、先征后返（退）政策。

【特别提示】 部分先进制造业纳税人是指按照《国民经济行业分类》，生产并销售非金属矿物制品、通用设备、专用设备及计算机、通信和其他电子设备销售额占全部销售额的比重超过 50%的纳税人。销售额比重根据纳税人申请退税前连续 12 个月的销售额计算确定；申请退税前经营期不满 12 个月但满 3 个月的，按照实际经营期的销售额计算确定。

【特别提示】 增量留抵税额是指与 2019 年 3 月 31 日相比新增加的期末留抵税额。

部分先进制造业纳税人当期允许退还的增量留抵税额，按照以下公式计算：

允许退还的增量留抵税额=增量留抵税额×进项构成比例

【特别提示】 进项构成比例为 2019 年 4 月至申请退税前一税款所属期内已抵扣的增值税专用发票（含税控机动车销售统一发票）、海关进口增值税专用缴款书、解缴税款完税凭证注明的增值税额占同期全部已抵扣进项税额的比重。

（三）扣减当期进项税额的规定

已抵扣进项税额的购进货物、劳务、服务、不动产，事前未确定用于不得抵扣进项税额的项目，发生进项税额从销项税额中抵扣，已抵扣进项税额的购进货物、劳务、服务、不动产事后改变用途，用于不得抵扣进项税额项目，应当将该进项税额从当期进项税额中扣减，即进项税额转出；无法确定该进项税额的，按照当期实际成本计算应扣减的进项税额。“当期”指发生改变用途的当期，无须追溯。

实际成本=进价+运费+保险费+其他有关费用

【特别提示】 以上如果为国内购进货物，其实际成本仅包括进价和运费。

（四）销售折让、中止、退回的税务处理

纳税人适用一般计税方法计税的，因销售折让、中止或者退回而退还给购买方的增值税税额，应当从当期的销项税额中扣减；因销售折让、中止或者退回而收回的增值税税额，应当从当期的进项税额中扣减。

【特别提示】 增值税一般纳税人（销售方）因销售货物退回或者折让而退还给购买方的增值税税额，应从发生销售货物退回或者折让当期的销项税额中扣减。

（五）返还收入的税务处理

对商业企业向供货方收取的与商品销售量、销售额挂钩（如以一定比例、金额、数量计算）的各种返还收入，均应按照平销返利行为的有关规定冲减当期增值税进项税额。

当期应冲减进项税金=当期取得的返还资金÷（1+所购货物适用增值税税率）×所购货物适用增值税税率

（六）房地产企业销售自行开发房地产项目的处理

房地产开发企业中的一般纳税人销售自行开发的房地产项目，适用一般计税方法计税。自行开发包括：①依法取得土地使用权的土地上进行基础设施和房屋建设；②房地产开发企业以接盘等形式购入未完工的房地产项目继续开发后以自己的名义立项销售。

按照取得的全部价款和价外费用，扣除当期销售房地产项目对应的土地价款后的余额计算销售额。销售额的计算公式如下：

销售额=（全部价款和价外费用-当期允许扣除的土地价款）÷（1+9%）

当期允许扣除的土地价款=（当期销售房地产项目建筑面积÷房地产项目可供销售建筑面积）×支付的土地价款

【特别提示】 当期销售房地产项目建筑面积是指当期进行纳税申报的增值税销售额对应的建筑面积；房地产项目可供销售建筑面积，是指房地产项目可以出售的总建筑面积，不包括销售房地产项目时未单独作价结算的配套公共设施的建筑面积。

【特别提示】 支付的土地价款是指向政府、土地管理部门或受政府委托收取土地价

款的单位直接支付的土地价款；在计算销售额时从全部价款和价外费用中扣除土地价款，应当取得省级以上（含省级）财政部门监（印）制的财政票据。

一般纳税人销售自行开发的房地产老项目（《建筑工程施工许可证》注明的合同开工日期在2016年4月30日前的房地产项目），可以选择适用简易计税方法按照5%的征收率计税。一经选择简易计税方法计税的，36个月内不得变更为一般计税方法计税。

一般纳税人销售自行开发的房地产老项目适用简易计税方法计税的，以取得的全部价款和价外费用为销售额，不得扣除对应的土地价款。

【例2-8】 某房地产开发有限公司为增值税一般纳税人，2020年发生如下业务：

（1）3月通过出让方式从政府部门取得土地使用权，全部用于开发商品房，支付土地价款1 090万元，取得财政票据，交纳契税32.7万元；

（2）4月支付建筑设计院设计费212万元，取得专用发票，注明金额200万元、税额12万元；

（3）5月购买建筑材料2 260万元，取得专用发票，注明金额2 000万元、税额260万元；

（4）10月工程竣工，可供销售建筑面积合计1万平方米，支付建筑费1 030万元，取得专用发票，注明金额1 000万元、税额30万元；

（5）10月建筑面积10 000平方米商品房全部销售，交付购房者，销售单价每平方米0.872万元（含税），开具增值税普通发票。请计算该项目应纳增值税。

【例题解析】 销售额=（全部价款和价外费用-当期允许扣除的土地价款）÷(1+税率)

应纳税额=销售额×税率-进项税额

=(0.872×10 000-1 090)÷(1+9%)×9%-(12+260+30)

=388(万元)

（七）纳税人转让不动产的税务处理

根据《纳税人转让不动产增值税征收管理暂行办法》，该办法适用于纳税人转让自己以直接购买、接受捐赠、接受投资入股、自建以及抵债等各种形式取得的不动产。

【特别提示】 房地产开发企业销售自行开发的房地产项目不适用本办法。

1. 一般纳税人转让其取得、自建的不动产

（1）一般纳税人转让其2016年4月30日前取得（不含自建）的不动产，可以选择适用简易计税方法计税，以取得的全部价款和价外费用扣除不动产购置原价或者取得不动产时的作价后的余额为销售额，按照5%的征收率计算应纳税额；选择适用一般计税方法计税的，以取得的全部价款和价外费用为销售额计算应纳税额。纳税人应以取得的全部价款和价外费用扣除不动产购置原价或者取得不动产时的作价后的余额，按照5%的预征率预缴税款。

（2）一般纳税人转让其2016年4月30日前自建的不动产，可以选择适用简易计税方法计税，以取得的全部价款和价外费用为销售额，按照5%的征收率计算应纳税额；一般纳税人选择适用一般计税方法计税的，以取得的全部价款和价外费用为销售额计算应纳税额。纳税人应以取得的全部价款和价外费用，按照5%的预征率预缴税款。

（3）一般纳税人转让其2016年5月1日后取得（不含自建）的不动产，适用一般计税方法，以取得的全部价款和价外费用为销售额计算应纳税额。纳税人应以取得的全部价款和价外费用扣除不动产购置原价或者取得不动产时的作价后的余额，按照5%的预征率预缴税款。

（4）一般纳税人转让其2016年5月1日后自建的不动产，适用一般计税方法，以取得的全部价款和价外费用为销售额计算应纳税额。纳税人应以取得的全部价款和价外费用，按照5%的预征率预缴税款。

2. 小规模纳税人（不包括个人）转让其取得、自建的不动产

（1）小规模纳税人转让其取得（不含自建）的不动产，以取得的全部价款和价外费用扣除不动产购置原价或者取得不动产时的作价后的余额为销售额，按照5%的征收率计算应纳税额。

（2）小规模纳税人转让其自建的不动产，以取得的全部价款和价外费用为销售额，按照5%的征收率计算应纳税额。

3. 个人转让其购买的住房

（1）个人转让其购买的住房，按照有关规定全额缴纳增值税的，以取得的全部价款和价外费用为销售额，按照5%的征收率计算应纳税额。

（2）个人转让其购买的住房，按照有关规定差额缴纳增值税的，以取得的全部价款和价外费用扣除购买住房价款后的余额为销售额，按照5%的征收率计算应纳税额。

【特别提示】 个体工商户应按照本条规定的计税方法向住房所在地主管税务机关预缴税款，向机构所在地主管税务机关申报纳税；其他个人应按照本条规定的计税方法向住房所在地主管税务机关申报纳税。

4. 其他个人以外的纳税人转让其取得的不动产

其他个人以外的纳税人转让其取得的不动产，区分以下情形计算应向不动产所在地主管税务机关预缴的税款。

（1）以转让不动产取得的全部价款和价外费用作为预缴税款计算依据的，计算公式为：

应预缴税款=全部价款和价外费用÷（1+5%）×5%

（2）以转让不动产取得的全部价款和价外费用扣除不动产购置原价或者取得不动产时的作价后的余额作为预缴税款计算依据的，计算公式为：

应预缴税款=（全部价款和价外费用-不动产购置原价或者取得不动产时的作价）÷（1+5%）×5%

（八）纳税人提供不动产经营租赁服务的税务处理

根据《纳税人提供不动产经营租赁服务增值税征收管理暂行办法》规定，该办法适用纳税人以经营租赁方式出租其取得的不动产（以下简称出租不动产），取得的不动产包括以直接购买、接受捐赠、接受投资入股、自建以及抵债等各种形式取得的不动产。

【特别提示】 纳税人提供道路通行服务不适用本办法。

1. 一般纳税人出租不动产

（1）一般纳税人出租其2016年4月30日前取得的不动产，可以选择适用简易计税方法，按照5%的征收率计算应纳税额。

（2）一般纳税人出租其2016年5月1日后取得的不动产，适用一般计税方法计税，按照3%的预征率预缴税款。

【政策解疑】 不动产所在地与机构所在地不在同一县（市、区）的，纳税人向不动产所在地主管国税机关预缴税款，向机构所在地主管国税机关申报纳税；不动产所在地与机构所在地在同一县（市、区）的，纳税人向机构所在地主管国税机关申报纳税。

【特别提示】 一般纳税人出租其2016年4月30日前取得的不动产适用一般计税方法计税的，按照上述规定执行。

2. 小规模纳税人出租不动产

（1）单位和个体工商户出租不动产（不含个体工商户出租住房），按照5%的征收率计算应纳税额。个体工商户出租住房，按照5%的征收率减按1.5%计算应纳税额。

【政策解疑】 不动产所在地与机构所在地不在同一县（市、区）的，纳税人向不动产所在地主管国税机关预缴税款，向机构所在地主管国税机关申报纳税；不动产所在地与机构所在地在同一县（市、区）的，纳税人向机构所在地主管国税机关申报纳税。

（2）其他个人出租不动产（不含住房），按照5%的征收率计算应纳税额，向不动产所在地主管地税机关申报纳税。其他个人出租住房，按照5%的征收率减按1.5%计算应纳税额，向不动产所在地主管地税机关申报纳税。

3. 预缴税款的计算

（1）纳税人出租不动产适用一般计税方法计税的，按照以下公式计算应预缴税款：

应预缴税款=含税销售额÷（1+11%）×3%

（2）纳税人出租不动产适用简易计税方法计税的，除个人出租住房外，按照以下公式计算应预缴税款：

应预缴税款=含税销售额÷（1+5%）×5%

（3）个体工商户出租住房，按照以下公式计算应预缴税款：

应预缴税款=含税销售额÷（1+5%）×1.5%

（4）其他个人出租不动产，按照以下公式计算应纳税款：

① 出租住房：

应纳税款=含税销售额÷（1+5%）×1.5%

② 出租非住房：

应纳税款=含税销售额÷（1+5%）×5%

（九）纳税人跨县（市、区）提供建筑服务的税务处理

根据《纳税人跨县（市、区）提供建筑服务增值税征收管理暂行办法》规定，本办法适用于单位和个体工商户（以下简称纳税人）在其机构所在地以外的县（市、区）提供建筑服务的增值税征收管理。

【特别提示】 其他个人跨县（市、区）提供建筑服务，不适用本办法。

纳税人跨县（市、区）提供建筑服务，向建筑服务发生地主管税务机关预缴税款，向机构所在地主管税务机关申报纳税。

1．纳税人跨县（市、区）提供建筑服务，按照以下规定预缴税款

（1）一般纳税人跨县（市、区）提供建筑服务，适用一般计税方法计税的，以取得的全部价款和价外费用扣除支付的分包款后的余额，按照2%的预征率计算应预缴税款。

应预缴税款=（全部价款和价外费用-支付的分包款）÷（1+9%）×2%

（2）一般纳税人跨县（市、区）提供建筑服务，选择适用简易计税方法计税的，以取得的全部价款和价外费用扣除支付的分包款后的余额，按照3%的征收率计算应预缴税款。

应预缴税款=（全部价款和价外费用-支付的分包款）÷（1+3%）×3%

（3）小规模纳税人跨县（市、区）提供建筑服务，以取得的全部价款和价外费用扣除支付的分包款后的余额，按照3%的征收率计算应预缴税款。

应预缴税款=（全部价款和价外费用-支付的分包款）÷（1+3%）×3%

【特别提示】 纳税人取得的全部价款和价外费用扣除支付的分包款后的余额为负数的，可结转下次预缴税款时继续扣除；纳税人应按照工程项目分别计算应预缴税款，分别预缴。

2．征收管理

（1）纳税人按照上述规定从取得的全部价款和价外费用中扣除支付的分包款，应当取得符合法律、行政法规和国家税务总局规定的合法有效凭证，否则不得扣除。

（2）纳税人跨县（市、区）提供建筑服务，在向建筑服务发生地主管税务机关预缴税款时，需填报《增值税预缴税款表》，并出示建筑合同复印件、分包合同复印件和发票复印件。

（3）纳税人跨县（市、区）提供建筑服务，向建筑服务发生地主管税务机关预缴的增值税税款，可以在当期增值税应纳税额中抵减，抵减不完的，结转下期继续抵减。纳税人以预缴税款抵减应纳税额，应以完税凭证作为合法有效凭证。

（4）小规模纳税人跨县（市、区）提供建筑服务，不能自行开具增值税发票的，可向建筑服务发生地主管税务机关按照其取得的全部价款和价外费用申请代开增值税发票。

（5）对跨县（市、区）提供的建筑服务，纳税人应自行建立预缴税款台账，区分不同县（市、区）和项目逐笔登记全部收入、支付的分包款、已扣除的分包款、扣除分包款的发票号码、已预缴税款及预缴税款的完税凭证号码等相关内容，留存备查。

（6）纳税人跨县（市、区）提供建筑服务，应向建筑服务发生地主管税务机关预缴税款而自应当预缴之月起超过 6 个月没有预缴税款的，由机构所在地主管税务机关按照《中华人民共和国税收征收管理法》及相关规定进行处理。

【例 2-9】　某工业企业（一般纳税人）主要生产销售各种型号机械设备。2020 年 9 月份发生如下业务：

（1）本月发出 7 月份以预收货款方式销售给某机电设备销售公司的机械设备 3 台，每台不含税售价 30 000 元，另向购买方收取装卸费 3 510 元。

（2）企业采取分期收款方式销售给某单位大型机械设备 1 台，金额为 245 700 元。合同规定 9 月、10 月、11 月每月付款 81 900 元。

（3）当年 3 月底委托某商场代销 10 台小型机械设备，协议规定，商场按每台含税售价 25 000 元对外销售，并按该价格与企业结算。产品已发给商场，到本月止未收到代销清单。

（4）将本企业试制的机械设备 1 台转为自己使用，本月移送并开始安装。该设备账面成本为 35 000 元，无同类型产品销售价。

（5）外购原材料一批，增值税专用发票上注明的进项税额为 6 800 元，货款已经支付。

（6）进口原材料 1 批，关税完税价折合人民币 120 000 元，假设进口关税税率为 20%。另从报关地运到企业，支付运费 5 000 元，装卸费 500 元，取得运费发票。原材料已验收入库。

要求：计算 9 月份应纳增值税（假设该企业上期无留抵税款，成本利润率是 10%）。

【例题解析】

（1）销项税额=［3×30 000+3 510÷（1+13%）］×13%=12 062. 39（元）

对价外费用及一般纳税人给消费者、使用单位或小规模纳税人销售货物开具普通发票的情形，应注意换算成不含税销售额进行计算。

（2）销项税额=81 900÷（1+13%）×13%=9 422. 12（元）

应当注意无论购货方是否按合同约定的付款日期支付货款，销货方均需按合同约定的日期确定销项税额。

（3）销项税额=25 000÷（1+13%）×13%×10=28 761. 06（元）

对于发出代销商品超过 180 天仍未收到代销清单及货款的，视同销售实现，一律征收增值税，其纳税义务发生时间为发出代销商品满 180 天的当天。

（4）销项税额=35 000×（1+10%）×13%=5 005（元）

（5）企业购进货物取得专用发票，该笔进项税额 6 800 元可以抵扣。

（6）进口原材料缴纳的增值税=组成计税价格×税率=（关税完税价格+关税）×税率=［120 000+（120 000×20%）］×13%=18 720（元）

进口原料在报关进口时缴纳的增值税在本期可以作为进项税额抵扣。

运费进项税额=5 000+×9%=450（元）

装卸搬运服务属于“现代服务”，装卸费不能计入运费。

（7）本月应纳增值税额=销项税额-进项税额

=12 062. 39+9 422. 12+28 761. 06+5 005-6800-18 720-450

=29 280. 57（元）

第七节 简易计税办法应纳税额的计算

一、应纳税额的计算公式

简易计税方法既适用于小规模纳税人的应税行为，又适用于一般纳税人适用该计税方法的特定应税行为。纳税人发生应税销售行为适用简易计税办法的，按照销售额和征收率计算应纳税额，不得抵扣进项税额。

应纳税额计算公式如下：

应纳税额=销售额（不含增值税）×征收率

【特别提示】 此处销售额为向购买方收取的全部价款和价外费用，但不含按征收率收取的增值税税额。

二、含税销售额的换算

简易计税办法的销售额不含其应纳税额，纳税人采用销售额和应纳税额合并定价的，按照以下公式计算其销售额。

$$销售额=\frac{含税销售额}{1+征收率}$$

三、简易计税办法下应纳税额的计算

【例 2-10】 某超市为增值税小规模纳税人，2021 年 6 月零售粮食、食用植物油、各种蔬菜和水果取得收入 50 000 元，销售其他商品取得收入 24 000 元。计算该超市应纳增值税。

【例题解析】 销售额=（50 000+24 000）÷（1+3%）=71 844. 66（元）

应纳增值税=71 844. 66×3%=2 155. 34（元）

【例 2-11】 方圆建筑公司为增值税一般纳税人（机构所在地为 A 市）。本年 6 月 1 日以清包工方式到 B 市承接市政工程项目并将该项目中的部分施工项目分包给东川公司。6 月 30 日发包方按进度支付工程价款 400 万元。当月方圆公司购进建筑材料，取得增值税专用发票上注明的税额为 8 万元；6 月方圆公司支付给东川公司工程分包款 80 万元，东川公司开具给方圆公司增值税专用发票，税额为 6. 61 万元。对方圆建筑公司选择使用简易计税方法计算应纳税额，要求计算方圆建筑公司 6 月应纳增值税。

【例题解析】

（1）方圆公司6月在B市预缴增值税=（400−80）÷（1+3%）×3%=9.32（万元）

（2）方圆公司在机构所在地A市进行差额申报，预缴增值税从当期增值税应纳税额中抵减。

方圆公司6月在A市应纳增值税=9.32−9.32=0（万元）

【特别提示】　纳税人跨县（市、区）提供建筑服务，向建筑服务发生地主管国税机关预缴的增值税税款，可以在当期增值税应纳税额中抵减，抵减不完的，结转下期继续抵减。

第八节　进口环节增值税的计算

一、进口环节增值税的征收范围

1. 进口货物

申报进入中华人民共和国海关境内的货物，均应缴纳增值税。

确定一项货物是否属于进口货物，必须首先看其是否有报关进口手续。一般来说。境外产品要输入境内，都必须向我国海关申报进口，并办理有关报关手续。只要是报关进口的应税货物，除另有规定外，不区分货物进口方式、货物产地、货物用途，均要缴纳进口环节的增值税。

2. 跨境电商零售进口

跨境电子商务零售进口税收政策适用于从其他国家或地区进口的、《跨境电子商务零售进口商品清单》范围内的以下商品：

（1）所有通过与海关联网的电子商务交易平台交易，能够实现交易、支付、物流电子信息“三单”比对的跨境电子商务零售进口商品；

（2）未通过与海关联网的电子商务交易平台交易，但快递、邮政企业能够统一提供交易、支付、物流等电子信息，并承诺承担相应法律责任进境的跨境电子商务零售进口商品。

不属于跨境电子商务零售进口的个人物品及无法提供交易、支付、物流等电子信息的跨境电子商务零售进口商品，按现行规定执行。

二、进口环节增值税的纳税人

1. 进口货物的纳税人

进口货物的收货人（承受人）或办理报关手续的单位和个人，为进口货物增值税的纳税义务人。对于企业、单位和个人委托代理进口应征增值税的货物，以代理进口货物增值税完税凭证上纳税人为增值税纳税人。

2. 跨境电商零售进口的纳税人

跨境电子商务零售进口商品按照货物征收关税和进口环节增值税、消费税，购买跨境电子商务零售进口商品的个人作为纳税义务人，电子商务企业、电子商务交易平台企业或物流企业可作为代收代缴义务人。

三、进口环节增值税税率

进口环节（包括跨境电子商务零售进口商品）增值税税率与在国内销售同类货物的增值税税率一致。

【特别提示】 跨境电子商务零售进口商品的单次交易限值 5 000 元，年度交易限值 26 000 元以内的进口跨境电子商务零售进口商品，关税税率暂定为 0%。

四、进口货物应纳税额的计算

纳税人进口货物，按照组成计税价格和《条例》规定的税率计算应纳税额，不得抵扣任何税额。组成计税价格和应纳税额的计算公式是：

组成计税价格=关税完税价格+关税+消费税

或　组成计税价格=（关税完税价格+关税）÷（1−消费税税率）

应纳税额=组成计税价格×税率

1. 一般贸易下进口货物的关税完税价格以海关审定的成交价格为基础的到岸价格作为完税价格。所谓成交价格是一般贸易项下进口货物的买方为购买该项货物向卖方实际支付或应当支付的价格；到岸价格，包括货价加上货物运抵我国关境内输入地点起卸前的包装费、运费、保险费和其他劳务费等。

2. 纳税人进口货物取得的合法海关完税凭证是计算增值税进项税额的唯一依据，其价格差额部分以及从境外供应商取得的退还或返还的资金，不作为进项税额转出处理。

3. 跨境电子商务零售进口商品按照货物征收关税、进口环节增值税、消费税，以实际成交价格（含零售价格、运费、保险费）作为完税价格。

4. 跨境电子商务零售进口商品的单次交易限值为人民币 5 000 元，个人年度交易限值为人民币 26 000 元。在限值以内进口的跨境电子商务零售进口商品，关税税率暂设为 0%；进口环节增值税、消费税取消免征税额，暂按法定应纳税额的 70% 征收。完税价格超过 5 000 元单次交易限值但低于 26 000 元年度交易限值，且订单下仅一件商品时，可以自跨境电商零售渠道进口，按照货物税率全额征收关税和进口环节增值税、消费税，交易额计入年度交易总额；但年度交易总额超过年度交易限值的，应按一般贸易管理。

【例 2-12】 某具有进出口经营权的企业 2021 年 6 月进口一批设备，到岸价 50 万元（关税税率为 15%）；进口原材料一批，离岸价 35 万元，运抵我国的运费和保险费等共计 5 万元，该设备、原材料报关进口后缴纳了进口环节的增值税并取得海关开具的增值税进口专用缴款书；当月销售原材料一批，取得销售额 120 万元。计算企业当月应纳增值税额。

【例题解析】

（1）进口设备的关税 = 50×15% = 7.5（万元）

（2）进口原材料的关税 =（35+5）×15% = 6（万元）

（3）进口设备应纳增值税 =（50+7.5）×13% = 7.475（万元）

（4）进口原材料应纳增值税 =（35+5+6）×13% = 5.98（万元）

（5）销售货物应纳的增值税 = 120×13% -（7.475+5.98）= 2.145（万元）

【例 2-13】 2021 年 5 月，李女士通过电商平台进口一只口红，不含税价格 680 元。假设进口关税税率 10%，增值税税率 13%，消费税税率 15%，本次订单累计未超过 26 000 元年度限额。请计算该女士应纳进口税金。

【例题解析】 该订单单次限值和年度限值均不超，关税为 0%，增值税和消费税按应纳税额的 70%征收。

（1）关税 = 0（元）

（2）进口环节消费税 = 680/（1-15%）×15%×70% = 84（元）

（3）进口环节增值税 = 680/（1-15%）×13%×70% = 72.8（元）

【例 2-14】 2021 年 6 月，张女士通过电商平台进口高档手表一只，不含税价格 18 000 元。假设进口关税税率 10%，增值税税率 13%，消费税税率 10%，本次订单累计未超过 26 000 元年度限额。请计算该女士应纳进口税金。

【例题解析】 该订单超单次限值但未超年度限值，且订单下仅一件商品，全额征收关税和增值税、消费税。

（1）关税 = 18 000×10% = 1 800（元）

（2）进口环节消费税 =（18 000+1 800）/（1-10%）×10% = 2 200（元）

（3）进口环节增值税 =（18 000+1 800）/（1-10%）×13% = 2 860（元）

五、进口货物的税收管理

进口货物的增值税除另有规定外由海关代征。个人携带或者邮寄进境自用物品的增值税，连同关税一并计征。具体办法由国务院关税税则委员会会同有关部门制定。

进口货物增值税纳税义务发生时间为报关进口的当天，其纳税地点应当由进口人或其代理人向报关地海关申报纳税，其纳税期限应当自海关填发海关进口增值税专用缴款书之日起 15 日内缴纳税款。

跨境电子商务零售进口商品自海关放行之日起 30 日内退货的，可申请退税，并相应调整个人年度交易总额。

跨境电子商务零售进口商品购买人（订购人）的身份信息应进行认证；未进行认证的，购买人（订购人）身份信息应与付款人一致。

进口货物增值税的征收管理，依据《税收征收管理法》《海关法》《进出口关税条例》《进出口税则》的有关规定执行。

第九节 增值税的出口退（免）税

一、出口退（免）税的类型

出口退（免）税是对报关出口的货物、劳务和跨境应税行为退（免）已缴纳增值税和消费税的政策。我国出口退（免）税的类型包括以下三类。

1. 出口免税并退税

出口免税是指对货物、劳务和跨境应税行为在出口销售环节不征增值税、消费税；出口退税是指对货物、劳务和跨境应税行为在出口前实际承担的税收负担，按规定的退税率计算后予以退还。

2. 出口免税不退税

出口免税是指对货物、劳务和跨境应税行为在出口销售环节不征增值税、消费税；出口不退税是指适用这个政策的货物、劳务和跨境应税行为因在前一道生产、销售环节或进口环节是免税的，因此，出口时该货物的价格中本身就不含税，也无须退税。

3. 出口不免税不退税

出口不免税是指对国家限制或禁止出口的某些货物、劳务和跨境应税行为的出口环节视同内销环节，照常征税；出口不退税是指对这些货物、劳务和跨境应税行为出口不退还出口前其所负担的税款。

二、出口货物、劳务和跨境应税行为增值税退（免）税制度

（一）增值税退（免）税范围

对下列出口货物、劳务除适用增值税免税和征税服务以外，实行增值税退（免）税政策。

1. 出口企业出口货物。

2. 出口企业或其他单位视同出口货物。

（1）出口企业对外援助、对外承包、境外投资的出口货物。

（2）出口企业经海关报关进入国家批准的出口加工区、保税物流园区、保税港区、综合保税区、珠澳跨境工业区（珠海园区）、中哈霍尔果斯国际边境合作中心（中方配套区域）、保税物流中心（B 型）（以下统称特殊区域）并销售给特殊区域内单位或境外单位、个人的货物。

（3）免税品经营企业销售的货物。

（4）出口企业或其他单位销售给用于国际金融组织或外国政府贷款国际招标建设项目的中标机电产品。

（5）出口企业或其他单位销售给国际运输企业用于国际运输工具上的货物。

（6）出口企业或其他单位销售给特殊区域内生产企业生产耗用且不向海关报关而输入特殊区域的水（包括蒸汽）、电力、燃气。

3. 出口企业对外提供加工、修理修配劳务。

对外提供加工、修理修配劳务是指对进境复出口货物或从事国际运输的运输工具进行的加工、修理修配。

4. 出口融资租赁货物。

融资租赁企业、金融租赁公司及其设立的项目子公司（以下简称“融资租赁出租方”），以融资租赁方式租赁给境外承租方且租赁期在 5 年以上，报关离境的货物，试行增值税、消费税出口退税政策。融资租赁处理的货物范围包括飞机、飞机发动机、铁道机车、铁道客车车厢、船舶及其他货物。

（二）增值税退（免）税办法

适用增值税退（免）税政策的出口货物、劳务及应税行为实行增值税“免、抵、退”税办法或“免、退”税办法。

1.“免、抵、退”税办法

生产企业出口自产货物和视同自产货物及对外提供加工、修理修配劳务，以及列名生产企业出口非自产货物，实行“免、抵、退”税办法，免征增值税，相应的进项税额抵减应纳增值税税额（不包括适用增值税即征即退、先征后退政策的应纳增值税税额），未抵减完的部分予以退还。

境内的单位和个人提供适用增值税零税率的应税服务，如果属于适用增值税一般计税方法的，生产企业实行“免、抵、退”税办法；外贸企业自己开发的研发服务和设计服务出口，视同生产企业连同其出口货物统一实行“免、抵、退”税办法。

2.“免、退”税办法

不具有生产能力的出口企业（即外贸企业）或其他单位出口货物和劳务，实行“免、退”税办法，即免征增值税，相应的进项税额予以退还。

外贸企业外购研发服务和设计服务出口实行“免、退”税办法。

（三）增值税出口退税率

1. 出口退税率的一般规定

除财政部和国家税务总局根据国务院决定而明确的增值税出口退税率外，出口货物、服务和无形资产的退税率为其适用税率。

2. 出口退税率的特殊规定

（1）外贸企业购进按简易计税方法征税的出口货物、从简易计税方法纳税人处购进的出口货物，其退税率分别为简易计税方法实际执行的征收率、简易计税方法纳税人征收率。

（2）出口企业委托加工、修理修配货物，其加工、修理修配费用的退税率为出口货物的退税率。

（3）中标机电产品出口企业向海关报关进入特殊区域销售给特殊区域内生产企业生产耗用的列名原材料、输入特殊区域的水电气，其退税率为适用税率。

【特别提示】 适用不同退税率的货物、劳务及应税行为，应分开报关、核算并申报退（免）税，未分开报关、核算或划分不清的，从低适用退税率。

（四）增值税退（免）税的计税依据

1. 出口货物、劳务的增值税退（免）税的计税依据

出口货物、劳务的增值税退（免）税的计税依据按出口货物、劳务的出口发票（外销发票）、其他普通发票或购进出口货物、劳务的增值税专用发票、海关进口增值税专用缴款书确定。

（1）生产企业出口货物、劳务（进料加工复出口货物除外）增值税退（免）税的计税依据为出口货物、劳务的实际离岸价（FOB）。实际离岸价应以出口发票上的离岸价为准，主管税务机关有权予以核定。

（2）对进料加工出口货物，企业应以出口货物人民币离岸价扣除出口货物耗用的保税进口料件金额的余额为增值税退（免）税的计税依据。

（3）生产企业国内购进无进项税额且不计提进项税额的免税原材料加工后出口的货物的计税依据，按出口货物的离岸价（FOB）扣除出口货物所含的国内购进免税原材料的金额后确定。

（4）外贸企业出口货物（委托加工修理修配货物除外）增值税退（免）税的计税依据，为购进出口货物的增值税专用发票注明的金额或海关进口增值税专用缴款书注明的完税价格。

（5）外贸企业出口委托加工修理修配货物增值税退（免）税的计税依据，为加工修理修配费用增值税专用发票注明的金额。外贸企业应将加工修理修配使用的原材料（进料加工海关保税进口料件除外）作价销售给受托加工修理修配的生产企业，受托加工修理修配的生产企业应将原材料成本并入加工修理修配费用开具发票。

（6）出口进项税额未计算抵扣的已使用过的设备增值税退（免）税的计税依据，按下列公式确定：

退（免）税计税依据=增值税专用发票上的金额或海关进口增值税专用缴款书注明的完税价格×已使用过的设备固定资产净值÷已使用过的设备原值

已使用过的设备固定资产净值=已使用过的设备原值-已使用过的设备已提累计折旧

（7）输入特殊区域的水电气增值税退（免）税的计税依据，为作为购买方的特殊区域内生产企业购进水（包括蒸汽）、电力、燃气的增值税专用发票注明的金额。

（8）免税品经营企业销售的货物增值税退（免）税的计税依据，为购进货物的增值税专用发票注明的金额或海关进口增值税专用缴款书注明的完税价格。

（9）中标机电产品增值税退（免）税的计税依据。生产企业为销售机电产品的普通发票注明的金额；外贸企业为购进货物的增值税专用发票注明的金额或海关进口增值税专用缴款书注明的完税价格。

2．跨境应税行为的退（免）税计税依据

（1）实行“免、抵、退”税办法的退（免）税计税依据

① 以铁路运输方式载运旅客的，为按照铁路合作组织清算规则清算后的实际运输收入。

② 以铁路运输方式载运货物的，为按照铁路运输进款清算办法，对“发站”或“到站（局）”名称包含“境”字的货票上注明的运输费用及直接相关的国际联运杂费清算后的实际运输收入。

③ 以航空运输方式载运货物或旅客的，如果国际运输或港、澳、台地区运输各航段由多个承运人承运的，为中国航空结算有限责任公司清算后的实际收入；如果国际运输或港、澳、台地区运输各航段由一个承运人承运的，为提供航空运输服务取得的收入。

④ 其他实行“免、抵、退”税办法的增值税零税率应税行为，为提供增值税零税率应税行为取得的收入。

（2）实行“免、退”税办法的计税依据

实行免退税办法的退（免）税计税依据为购进应税服务的增值税专用发票或解缴税款的中华人民共和国税收缴款凭证上注明的金额。

实行“免、退”税办法的服务和无形资产，如果主管税务机关认定出口价格偏高的，有权按照核定的出口价格计算退（免）税，核定的出口价格低于外贸企业购进价格的，低于部分对应的进项税额不予退税，转入成本。

（五）增值税退（免）税的计算

1．“免、抵、退”税的计算

（1）计算当期应纳税额

当期应纳税额=当期内销货物销项税额-（当期进项税额-当期不得免征和抵扣税额）

其中：

当期不得免征和抵扣税额=出口货物离岸价×外汇人民币折合率×（出口货物适用税率-出口货物退税率）-当期不得免征和抵扣税额抵减额

上述公式中的“当期不得免征和抵扣税额抵减额”如下：

当期不得免征和抵扣税额抵减额=当期免税购进原材料价格×（出口货物适用税率-出口货物退税率）

（2）当期应退税额和免抵税额的计算

当期免抵退税额=当期出口货物离岸价×外汇人民币折合率×出口货物退税率-当期免抵退税抵减额

当期免抵退税额抵减额=当期免税购进原材料价格×出口货物退税率

（3）当期应退税额和当期免抵税额的计算

① 如当期期末留抵税额≤当期免抵退税额，则：

当期应退税额=当期期末留抵税额

当期免抵税额=当期免抵退税额-当期应退税额

② 如当期期末留抵税额>当期免抵退税额，则：

当期应退税额=当期免抵退税额

当期免抵税额=0

当期《增值税纳税申报表》中的“期末留抵税额”是计算确定当期应退税额和当期免抵退税额的重要依据，实际上当期期末留抵税额=-当期应纳税额。

（4）当期免税购进原材料价格包括当期国内购进的免税原材料和进料加工保税进口料件的价格，其中进料加工保税进口料件的价格为进料加工出口货物耗用的保税进口料件金额，其公式如下：

进料加工出口货物耗用的保税进口料件金额=进料加工出口货物人民币离岸价×进料加工计划分配率

进料加工计划分配率=计划进口总值÷计划出口总值×100%

【例 2-15】 2021 年 5 月，某有出口经营权的生产企业（一般纳税人）从国内购进生产用的原料，取得增值税专用发票上注明的价款为 368 000 元，取得的增值税专用发票注明运费 5 800 元；本月内销货物的销售额为 150 000 元，出口货物的离岸价格折合人民币为 348 600 元，题中的价格均为不含税价格，增值税税率为 13%，出口退税率 10%，计算该企业的增值税免抵退税额。

【例题解析】

① 当期免抵退税不得免征和抵扣税额=348 600×（13%-10%）= 10 458（元）

② 当期应纳税额=150 000×13%-（368 000×13%+5 800×9%-10 458）

=-18 404（元）

③ 出口货物免抵退税额=348 600×10%=34 860（元）

④ 当期期末留抵税额≤当期免抵退税额，则：

当期应退税额=当期期末留抵税额=18 404（元）

即当期应退税额=18 404（元）

⑤ 当期免抵税额=当期免抵退税额-当期应退税额=34 860-18 404=16 456（元）

【例 2-16】 某具有出口经营权的生产企业（一般纳税人）2021 年 6 月从国内购进生产用的原料，取得增值税专用发票上注明的价款为 368 000 元，取得的增值税专用发票注明运费 5 800 元；当月进料加工进口货物耗用的保税进口料件金额为 13 200 元；上期期末留抵税款 23 000 元；本月内销货物的销售额为 150 000 元，本月出口货物销售额折合人民币为 348 600 元，题中的价格均为不含税价格，增值税税率为 13%，出口退税率 10%，计算该企业的增值税免抵退税额。

【例题解析】

① 免抵退税不得免征和抵扣税额抵减额=13 200×（13%−10%）=396（元）

② 当期免抵退税不得免征和抵扣税额=348 600×（13%−10%）−396=10 062（元）

③ 当期应纳税额=150 000×13%−（368 000×13%+5 800×9%−9 930）−23 000=−41 800（元）

④ 免抵退税额抵减额=当期免税购进原材料价格×出口货物退税率

=13 200×10%=1 320（元）

⑤ 出口货物免抵退税额=348 600×10%−1 320=35 540（元）

⑥ 当期期末留抵税额>当期免抵退税额，则：

当期应退税额=当期免抵退税额

即当期应退税额=35 540（元）

⑦ 当期免抵税额=当期免抵退税额−当期应退税额

当期该企业免抵税额=35 540−35 540=0（元）

⑧ 期末留抵结转下期继续抵扣税额为（41 800−35 540）=6 260元。

2. “免、退”税的计算

（1）外贸企业出口委托加工修理修配货物以外的货物“免、退”税的计算

应退税额=增值税退（免）税计税依据×退税率

（2）外贸企业出口委托加工修理修配货物“免、退”税的计算

出口委托加工修理修配货物的征税应退税额=委托加工修理修配货物的增值税退（税）计税依据×退税率

（3）融资租赁出口货物退税的计算

融资租赁出租方将融资租赁出口货物租赁给境外承租方、将融资租赁海洋工程结构物租赁给海上石油天然气开采企业，向融资租赁出租方退还其购进租赁货物所含增值税。其计算公式如下：

增值税应退税额=购进融资租赁货物的增值税专用发票注明的金额或海关（进口增值税）专用缴款书注明的完税价格×融资租赁货物适用的增值税退税率

【例2-17】　某具有进出口经营权的外贸企业6月在境内收购一批货物出口至南美洲国家，收购货物取得增值税专用发票上注明的收购金额为1 200万元，增值税税额156万元，款项以银行存款支付。该批货物出口销售额折合人民币2 000万元，该货物适用的增值税税率为13%，出口退税率为10%，请计算该外贸企业应退税额。

【例题解析】

外贸企业出口货物适用“免、退”税办法，外贸企业出口货物（委托加工修理修配货物除外）增值税退（免）税的计税依据为购进出口货物的增值税专用发票注明的金额。

应退税额=增值税退（免）税计税依据×退税率

=1 200×10%

=120（万元）

第十节 增值税的税收优惠

一、法定免税项目

1. 农业生产者销售的自产农产品。

2. 避孕药品和用具。

3. 古旧图书。

4. 直接用于科学研究、科学试验和教学的进口仪器、设备。

5. 外国政府、国际组织无偿援助的进口物资和设备。

6. 由残疾人的组织直接进口供残疾人专用的物品。

7. 销售的自己使用过的物品。

8. 托儿所、幼儿园、养老机构、残疾人福利机构等机构提供的保育服务、教育服务、养老服务、育养服务、婚姻介绍服务、殡葬服务。

9. 残疾人员本人为社会提供的服务。

10. 医疗机构提供的医疗服务。

11. 从事学历教育的学校提供的教育服务及学生勤工俭学提供的服务。

12. 农业机耕、排灌、病虫害防治、植物保护、农牧保险及相关技术培训业务，家禽、牲畜、水生动物的配种和疾病防治。

13. 纪念馆、博物馆、文化馆、文物保护单位管理机构、美术馆、展览馆、书画院、图书馆在自己的场所提供文化体育服务取得的第一道门票收入；寺院、宫观、清真寺和教堂举办文化、宗教活动的门票收入。

二、专项优惠政策

1. 行政单位之外的其他单位收取的符合规定条件的政府性基金和行政事业性收费免征增值税。

2. 个人转让著作权免征增值税。

3. 个人销售自建自用住房免征增值税。

4. 福利彩票、体育彩票的发行收入免征增值税。

5. 台湾航运公司、航空公司从事海峡两岸海上直航、空中直航业务在大陆取得的运输收入免征增值税。

6. 下列金融商品转让收入免税。QFII 委托境内公司在我国从事证券买卖业务；香港市场投资者通过沪港通和深港通买卖上海证券交易所和深圳证券交易所上市 A 股，以及内地投资者通过沪港通买卖香港联交所上市股票；香港市场投资者（包括单位和个人）通过基金互认买卖内地基金份额；证券投资基金管理人运用基金买卖股票、债券；个人从事金融商品转让业务。

7. 被撤销金融机构以货物、不动产、无形资产、有价证券、票据等财产清偿债务免征增值税。

8. 保险公司开办的一年期以上人身保险产品取得的保费收入免征增值税。

9. 金融同业往来利息收入免征增值税。

10. 家政服务企业提供家政服务取得的收入免征增值税。

11. 军队空余房产租赁收入免征增值税。

12. 符合条件的合同能源管理服务免征增值税。

13. 将土地使用权转让给农业生产者用于农业生产免征增值税。

14. 涉及家庭财产分割的个人无偿转让不动产、土地使用权免征增值税。

15. 土地所有者出让土地使用权和土地使用者将土地使用权归还给土地所有者免征增值税。

16. 县级以上地方人民政府或自然资源行政主管部门出让、转让或收回自然资源使用权（不含土地使用权）免征增值税。

17. 纳税人提供的直接或者间接国际货物运输代理服务免征增值税。

18. 国家助学贷款、国债及地方政府债、人民银行对金融机构的贷款、住房公积金管理中心用住房公积金在指定的委托银行发放的个人住房贷款、外汇管理部门委托金融机构发放的外币贷款等利息收入免征增值税。

19. 同时符合规定条件的担保机构从事中小企业信用担保或者再担保业务取得的收入（不含信用评级、咨询、培训等收入）3 年内免征增值税。

20. 国家商品储备管理单位及其直属企业承担商品储备任务，从中央或者地方财政取得的利息补贴收入和价差补贴收入免征增值税。

21. 纳税人提供技术转让、技术开发和与之相关的技术咨询、技术服务收入免征增值税。

22. 政府举办的职业学校设立的主要为在校学生提供实习场所、并由学校出资自办由学校负责经营管理、经营收入归学校所有的企业，从事《销售服务、无形资产或者不动产注释》中“现代服务”（不含融资租赁服务、广告服务和其他现代服务）、“生活服务”（不含文化体育服务、其他生活服务和桑拿、氧吧）业务活动取得的收入免征增值税。

23. 各党派、共青团、工会、妇联、中科协、青联、台联、侨联收取党费、团费、会费，以及政府间国际组织收取会费，属于非经营活动，不征收增值税。

24. 青藏铁路公司提供的铁路运输服务免征增值税。

25. 中国邮政集团公司及其所属邮政企业提供的邮政普遍服务和邮政特殊服务，免征增值税。

26. 全国社会保障基金理事会、全国社会保障基金投资管理人运用全国社会保障基金买卖证券，投资基金、股票、债券取得的金融商品转让收入免征增值税。

27. 对社保基金会、社保基金投资管理人在运用社保基金投资过程中，提供贷款服务取得的全部利息及利息性质的收入和金融商品转让收入免征增值税。

28. 境外教育机构与境内从事学历教育的学校开展中外合作办学，提供学历教育服务取得的收入免征增值税。

29. 纳税人取得的财政补贴收入，与其销售货物、劳务、服务、无形资产、不动产的收入或者数量直接挂钩的，应按规定计算缴纳增值税。纳税人取得的其他情形的财政补贴收入，不属于增值税应税收入，不征收增值税。

30. 海南离岛免税店销售离岛免税商品免征增值税和消费税。

三、增值税即征即退政策

1. 增值税一般纳税人销售其自行开发生产的软件产品，按13%税率征收增值税后，对其增值税实际税负超过3%的部分实行即征即退政策。

增值税一般纳税人将进口软件产品进行本地化改造后对外销售，其销售的软件产品可享受上款规定的增值税即征即退政策。本地化改造是指对进口软件产品进行重新设计、改进、转换等，单纯对进口软件产品进行汉字化处理不包括在内。

2. 一般纳税人提供管道运输服务，对其增值税实际税负超过3%的部分实行增值税即征即退政策。

3. 经人民银行、银监会或者商务部批准从事融资租赁业务的试点纳税人中的一般纳税人，提供有形动产融资租赁服务和有形动产融资性售后回租服务，对其增值税实际税负超过3%的部分实行增值税即征即退政策。

4. 纳税人安置残疾人应享受增值税即征即退优惠政策：

（1）纳税人是指安置残疾人的单位和个体工商户。

（2）纳税人本期应退增值税额等于本期所含月份每月应退增值税额之和。

月应退增值税额=纳税人本月安置残疾人员人数×本月月最低工资标准的4倍

四、个人销售自购住房的征免政策

1. 个人将购买不足2年的住房对外销售的，按照5%的征收率全额缴纳增值税；个人将购买2年以上（含2年）的住房对外销售的，免征增值税。上述政策适用于北京市、上海市、广州市和深圳市之外的地区。

2. 个人将购买2年以上（含2年）的非普通住房对外销售的，以销售收入减去购买住房价款后的差额按照5%的征收率缴纳增值税；个人将购买2年以上（含2年）的普通住房对外销售的，免征增值税。上述政策仅适用于北京市、上海市、广州市和深圳市。

五、起征点的规定

增值税的起征点仅适用于个人，包括按小规模纳税人纳税的个体工商户和其他个人。增值税的起征点幅度如下：

1. 按期纳税的，起征点为月销售额5 000元~20 000元（含）。

2. 按次纳税的，起征点为每次（日）销售额300元~5 000元（含）。

3. 小规模纳税人免税政策。

小规模纳税人发生增值税应税销售行为，合计月销售额未超过15万元（以1个季度为1个纳税期的，季度销售额未超过45万元，下同）的，免征增值税。

小规模纳税人发生增值税应税销售行为，合计月销售额超过15万元，但扣除本期发生的销售不动产的销售额后未超过15万元的，其销售货物、劳务、服务、无形资产取得的销售额免征增值税。

【例2-18】 某小规模纳税人2021年4~6月的销售额分别是11万元、16万元和17万元。请问纳税人在按月纳税和按季度纳税情况下如何适用免税政策？

【例题解析】

（1）纳税人按月纳税：5月和6月的销售额均超过了月销售额15万元的免税标准，需要缴纳增值税，只有4月的11万元能够享受免税政策。

（2）纳税人按季纳税：2021年2季度销售额合计44万元，未超过季度销售额45万元的免税标准，因此，44万元全部能够享受免税政策。

第十一节 增值税的征收管理

一、纳税义务发生时间

（一）一般规定

1. 纳税人发生销售货物或者加工、修理修配劳务，销售服务、无形资产、不动产的应税销售行为，先开具增值税发票的，为开具发票的当天。

2. 纳税人进口货物，其纳税义务发生时间为报关进口的当天。

3. 增值税扣缴义务发生时间为纳税人增值税纳税义务发生的当天。

（二）具体规定

具体来讲，增值税的纳税义务发生时间包括但不限于以下时点：

1. 纳税人采取直接收款方式销售货物，不论货物是否发出，均为收到销售款或者取得索取销售款凭据的当天。

2. 纳税人采取赊销方式销售货物，签订了书面合同的，为书面合同约定的收款日期的当天；无书面合同的或者书面合同没有约定收款日期的，为货物发出的当天。

3. 纳税人采取分期收款方式销售货物，签订了书面合同的，为书面合同约定的收款日期的当天；无书面合同的或者书面合同没有约定收款日期的，为货物发出的当天。

4. 纳税人采取预收货款方式销售货物（特定货物除外），为货物发出的当天。

5. 纳税人采取预收货款方式，生产销售生产工期超过 12 个月的大型机械设备、船舶、飞机等特定货物，为收到预收款或者书面合同约定的收款日期的当天。

6. 纳税人委托其他纳税人代销货物，为收到代销单位的代销清单或者收到全部或者部分货款的当天。未收到代销清单及货款的，为发出代销货物满 180 天的当天。

7. 纳税人销售服务、无形资产或者不动产，签订了书面合同并确定了付款日期的，为书面合同确定的付款日期的当天；签订了书面合同但未确定付款日期的，为服务、无形资产转让完成的当天或者不动产权属变更的当天；未签订书面合同的，为服务、无形资产转让完成的当天或者不动产权属变更的当天。

8. 纳税人销售（有形动产和不动产）租赁服务采取预收款方式的，为收到预收款的当天。

9. 纳税人销售建筑服务，被工程发包方从应支付的工程款中扣押的质押金、保证金，未开具发票的，以纳税人实际收到质押金、保证金的当天为纳税义务发生时间。

10. 纳税人从事金融商品转让的，为金融商品所有权转移的当天。

11. 纳税人发生以下视同销售的情形，为服务、无形资产转让完成的当天或者不动产权属变更的当天。

二、纳税期限

增值税的纳税期限分为 1 日、3 日、5 日、10 日、15 日、1 个月或者 1 个季度。纳税人的纳税期限，由主管税务机关根据纳税人应纳税额的大小分别核定。不能按期纳税的，可以按次纳税。纳税人以 1 个月或者 1 个季度为 1 个纳税期的，自期满之日起 15 日内申报纳税；以 1 日、3 日、5 日、10 日或者 15 日为 1 个纳税期的，自期满之日起 5 日内预缴税款，于次月 1 日起 15 日内申报纳税并结清上月应纳税款。

按固定期限纳税的小规模纳税人可以自行选择以 1 个月或 1 个季度为纳税期限，纳税期限一经选择，一个会计年度内不得变更。

扣缴义务人解缴税款的期限与前述纳税人纳税期限一致。

进口货物的纳税人自海关填发进口增值税专用缴款书之日起 15 日内缴纳税款。

三、纳税地点

1. 固定业户应向其机构所在地主管税务机关申报纳税。总机构和分支机构不在同一县（市）的，应分别向各自所在地主管税务机关申报纳税。经财政部和国家税务总局或其授权的财政和税务机关批准，可以由总机构汇总向总机构所在地主管税务机关申报纳税。

2. 固定业户到外县（市）销售货物或者劳务应向其机构所在地主管税务机关申请开具外出经营活动税收管理证明，向其机构所在地主管税务机关申报纳税。未持有机构所在地主管税务机关核发的外出经营活动税收管理证明，到外县（市）销售货物或者应税劳务的，应向销售地主管税务机关申报纳税；未向销售地主管税务机关申报纳税的，其机构所在地主管税务机关补征税款。

3. 非固定业户销售货物或者应税劳务，其应纳税款向销售地主管税务机关申报缴纳。到外县（市）销售未向销售地主管税务机关申报纳税的，由其机构的所在地主管税务机关补征税款。

4. 进口货物的应纳税款，应当向报关地海关申报缴纳。

5. 扣缴义务人应当向其机构所在地或者居住地的主管税务机关申报缴纳其扣缴的税款。

四、纳税申报

根据《国家税务总局关于简并税费申报有关事项的公告国家税务总局公告》（2021年第9号）规定：自2021年5月1日起，海南、陕西、大连和厦门开展增值税、消费税分别与城市维护建设税、教育费附加、地方教育附加申报表整合试点，启用《增值税及附加税费申报表（一般纳税人适用）》（见表2-5）、《增值税及附加税费申报表（小规模纳税人适用）》（见表2-6）、《增值税及附加税费预缴表》及其附列资料和《消费税及附加税费申报表》（见表3-4）。

表2-5 增值税及附加税费申报表

（一般纳税人适用）

根据国家税收法律法规及增值税相关规定制定本表。纳税人不论有无销售额，均应按税务机关核定的纳税期限填写本表，并向当地税务机关申报。

税款所属时间：自　　年　月　日至　　年　月　日　填表日期：　　年　月　日

金额单位：元（列至角分）

纳税人识别号（统一社会信用代码）：□□□□□□□□□□□□□□□□□□□□□□□□□□

所属行业：

纳税人名称：		法定代表人姓名		注册地址	生产经营地址	
开户银行及账号		登记注册类型			电话号码	
项目		栏次	一般项目		即征即退项目	
			本月数	本年累计	本月数	本年累计
销售额	（一）按适用税率计税销售额	1				
	其中：应税货物销售额	2				
	应税劳务销售额	3				
	纳税检查调整的销售额	4				
	（二）按简易办法计税销售额	5				
	其中：纳税检查调整的销售额	6				
	（三）免、抵、退办法出口销售额	7			—	—
	（四）免税销售额	8			—	—
	其中：免税货物销售额	9			—	—
	免税劳务销售额	10			—	—

续表

税款计算	销项税额	11				
	进项税额	12				
	上期留抵税额	13				——
	进项税额转出	14				
	免、抵、退应退税额	15			——	——
	按适用税率计算的纳税检查应补缴税额	16			——	——
	应抵扣税额合计	17=12+13-14-15+16		——		——
	实际抵扣税额	18（如 17<11，则为 17，否则为 11）				
	应纳税额	19=11-18				
	期末留抵税额	20=17-18				——
	简易计税办法计算的应纳税额	21				
	按简易计税办法计算的纳税检查应补缴税额	22			——	——
	应纳税额减征额	23				
	应纳税额合计	24=19+21-23				
税款缴纳	期初未缴税额（多缴为负数）	25				
	实收出口开具专用缴款书退税额	26			——	——
	本期已缴税额	27=28+29+30+31				
	① 分次预缴税额	28		——		——
	② 出口开具专用缴款书预缴税额	29		——	——	——
	③ 本期缴纳上期应纳税额	30				
	④ 本期缴纳欠缴税额	31				
	期末未缴税额（多缴为负数）	32=24+25+26-27				
	其中：欠缴税额（≥0）	33=25+26-27		——		——
	本期应补（退）税额	34=24-28-29		——		——
	即征即退实际退税额	35	——	——		
	期初未缴查补税额	36			——	——
	本期入库查补税额	37			——	——
	期末未缴查补税额	38=16+22+36-37			——	——
附加税费	城市维护建设税本期应补（退）税额	39			——	——
	教育费附加本期应补（退）费额	40			——	——
	地方教育附加本期应补（退）费额	41			——	——

续表

声明：此表是根据国家税收法律法规及相关规定填写的，本人（单位）对填报内容（及附带资料）的真实性、可靠性、完整性负责。 纳税人（签章）：　年　月　日	
经办人： 经办人身份证号 代理机构签章： 代理机构统一社会信用代码：	受理人： 受理税务机关（章）：　受理日期：　年　月　日

表 2-6　增值税及附加税费申报表

（小规模纳税人适用）

纳税人识别号（统一社会信用代码）：□□□□□□□□□□□□□□□□□□□□

纳税人名称：　　金额单位：元（列至角分）

税款所属期：　年　月　日至　年　月　日　　填表日期：　年　月　日

	项目	栏次	本期数		本年累计	
			货物及劳务	服务、不动产和无形资产	货物及劳务	服务、不动产和无形资产
一、计税依据	（一）应征增值税不含税销售额（3%征收率）	1				
	增值税专用发票不含税销售额	2				
	其他增值税发票不含税销售额	3				
	（二）应征增值税不含税销售额（5%征收率）	4	——		——	
	增值税专用发票不含税销售额	5	——		——	
	其他增值税发票不含税销售额	6	——		——	
	（三）销售使用过的固定资产不含税销售额	7（7≥8）		——		——
	其中：其他增值税发票不含税销售额	8		——		——
	（四）免税销售额	9=10+11+12				
	其中：小微企业免税销售额	10				
	未达起征点销售额	11				
	其他免税销售额	12				
	（五）出口免税销售额	13（13≥14）				
	其中：其他增值税发票不含税销售额	14				

续表

二、税款计算	本期应纳税额	15				
	本期应纳税额减征额	16				
	本期免税额	17				
	其中：小微企业免税额	18				
	未达起征点免税额	19				
	应纳税额合计	20=15-16				
	本期预缴税额	21			——	——
	本期应补（退）税额	22=20-21			——	——
三、附加税	城市维护建设税本期应补（退）税额	23				
	教育费附加本期应补（退）费额	24				
	地方教育附加本期应补（退）费额	25				
声明：此表是根据国家税收法律法规及相关规定填写的，本人（单位）对填报内容（及附带资料）的真实性、可靠性、完整性负责。 纳税人（签章）： 年　月　日						
经办人： 经办人身份证号： 代理机构签章： 代理机构统一社会信用代码：			受理人： 受理税务机关（章）： 受理日期：　年　月　日			

名词与术语

混合销售行为　一般计税办法　简易计税办法　进项税额　出口退税

简答题

1. 增值税有哪些特点？
2. 增值税的征税范围包括哪些项目？
3. 一般计税办法和简易计税办法纳税人如何界定？
4. 增值税以物易物业务下如何确定其销售额？
5. 目前哪些情况可以采用差额征税政策？
6. 进项税额的抵扣时间如何确定？

7. 增值税专用发票开具后发生退货或销售折让如何处理?

计算分析题

1. 万德食品加工厂是增值税一般纳税义务人，2020 年 12 月发生如下经济业务：

（1）从农民手中收购小麦 20 万公斤，开具的经税务机关批准使用的收购凭证上注明买价为 100 万元，另支付运费 2 万元，取得运输部门开出的增值税发票。

（2）从小规模纳税人购进其他材料一批，取得税务机关代开的增值税专用发票，发票中注明的销售额为 40 万元。货款已付，有关单据已经认证。

（3）销售自制的面粉一批，开具增值税专用发票，发票中注明的销售额为 100 万元，货已发出并办妥银行托收手续。

（4）销售给小规模纳税人方便面一批，开出的普通发票中注明的销售额为 50 万元，该企业另外支付运输费用 1 万元，取得运输部门开出的增值税发票。

（5）该公司期初留抵的进项税额为 1 万元。

要求：计算该企业本期应该缴纳的增值税。

2. 某市手机生产企业为增值税一般纳税人，2020 年 3 月发生以下业务：

（1）向某卖场销售手机 100 台，每台售价 2 500 元（不含增值税，下同），另外每台手机收取 10 元优质费，因商场当月付清全部货款，厂家给予了 5%的销售折扣，并开具了红字专用发票。

（2）向外地分支机构发货 100 台，每台销价 2 500 元用于销售，并支付发货运费 30 000 元，运输单位开具的货票上注明运费 20 000 元，建设基金 5 000 元，装卸费 3 000 元，保险费 2 000 元。

（3）采取以旧换新销售新型手机 150 台，每台售价 3 000 元，收回旧手机已入库，每台折价 50 元。

（4）从仓库领取新型手机 5 台给本厂管理部门使用。

（5）购进生产用原材料一批，取得防伪税控系统开具的增值税专用发票上注明的销售金额 150 000 元，货物已入库。

（6）购进设备一台，取得防伪税控系统开具的增值税专用发票上注明的金额 10 000 元，货物已入库。

（7）从外省购进手机专用部件一批，取得防伪税控系统开具的增值税专用发票上注明的销售额 250 000 元，货物已入库。

（8）取得运输单位开具的运输货票上注明运输费金额 23 000 元。

要求：计算当月应纳增值税额。

3. 某电脑生产企业（增值税一般纳税人）2020 年 4 月份经营业务如下：

（1）销售电脑 9 000 台，每台出厂价 5 000 元。另外 1 000 台按 9 折折价销售，折扣价在同一张发票上开具。

（2）800 台因在 10 日内一次性付款，给予销售折扣 2%；150 台采用以旧换新方式销售，每台旧电脑作价 300 元。

（3）发货给外省市分支机构 500 台。

（4）销售电脑收取运输装卸费 10 万元，其中 3 万元为代垫运费，由运输公司开具运输发票给购货方，另外 7 万元由本企业开普通发票收取。

（5）本企业生产用于职工福利 10 台，捐赠给运动会 20 台。

（6）本月生产一批新型号电脑 1 000 台，每台成本价 4 000 元（无同类产品市场价格），全部售给本企业职工，取得不含税销售额 350 万元。

（7）本月还发生已经到期无法退还的包装物押金 10 万元。

（8）用本企业电脑 1 200 台与另一电脑元器件生产企业采取以物易物方式交换元器件，双方均未开增值税专用发票。

（9）委托电脑商店代销电脑 2 000 台，收到电脑商店代销清单 1 500 台，按每台 4 800 元结算，另支付每台代销手续费 500 元。

（10）购入材料 2 500 万元，已付款并验收入库。

（11）购入配件 400 万元，已付款但还未验收入库。

（12）购买原材料发生运输装卸费 2 万元，其中运输费 1.5 万元，装卸费 0.2 万元、保险费 0.1 万元、建设基金 0.2 万。

（13）购买配件发生运输费 1 万元。

（14）直接组织收购旧电脑，支付收购金额 40 万元。

（15）购买钢材用于基建工程，取得的专用发票注明价款为 90 万元。

（16）本月发生以前月份入库的库存材料非正常损失，金额 30 万元，分摊运输费用 5 000 元。

要求：计算该企业应纳增值税。

4. 某化工生产企业为一般纳税人，兼营出口业务与内销业务。

（1）2020 年 9 月份业务如下：国内购进原材料，取得防伪税控系统增值税专用发票上注明价款 100 万元，当月验收入库；内销货物不含税收入 50 万元，出口货物离岸价格 180 万元，支付销货运费 2 万元，取得运输企业开具的普通发票；另有上期留抵税额 6 万元。

（2）2020 年 10 月份业务如下：国内采购原料，取得防伪税控系统增值税专用发票上注明价款 100 万元，货已入库；进料加工免税进口料件到岸价格 40 万元，海关实征关税 10 万元；内销货物不含税收入 80 万元，出口货物离岸价 120 万元。

要求：计算该企业 2020 年 9 月份和 10 月份出口退税额和免抵税额。（增值税税率为 13%，出口退税率 10%）

5. 甲生产企业为增值税一般纳税人，具有进出口经营权，本年 5 月发生以下业务：进口货物海关审定的关税完税价格为 500 万元，关税税率为 10%，海关代征了进口环节增值税。进料加工免税进口料件一批，海关暂免征税，予以放行，组成计税价格为 100 万元，从国内市场购进材料支付的价款为 1 400 万元（不含增值税），取得的增值税专用发票上注明的增值税税额为 182 万元。外销进料加工货物的离岸价为 1 000 万元。内销货物的销售额为 1 200 万元（不含税）。该企业适用免抵退税办法，上期留抵税额为 60 万元。上述货物内销时均适用 13%的增值税税率，出口退税率为 10%。

要求：(1) 计算当期免抵退税不得免征和抵扣税额；

(2) 计算当期应纳税额；

(3) 计算当期免抵退税额；

(4) 计算当期应退税额、当期免抵税额及当期期末留抵税额。

第三章 消费税

3

本章导读

我国对商品征税实行消费税和增值税结合模式，既发挥市场对资源基础配置功能，利用增值税中性税减少税收对经济的干预，又运用非中性消费税来弥补市场缺陷。我国消费税以2008年11月国务院颁布的《中华人民共和国消费税暂行条例》和2008年12月财政部、国家税务总局颁布的《中华人民共和国消费税暂行条例实施细则》为基本规范。

学习目的与要求

本章主要介绍消费税征收范围、税率结构特点，应税消费品销售、进口应纳税额计算和出口应退税额计算，以及消费税纳税时间、纳税地点等。通过本章的学习，掌握消费税的征收范围、税率的适用、销售额的确定，熟练判定纳税人发生的各种行为是否需要缴纳消费税及如何计算消费税应纳税额。本章的重难点集中在消费税应纳税额的确定、自产自用和委托加工应税消费品的税务处理、出口应税消费品退税。

第一节 消费税概述

一、消费税的概念

消费税是对我国境内从事生产、委托加工和进口应税消费品的单位和个人，就其销售额或销售数量征收的一种税。消费税属于流转税的范畴。消费税法是指国家制定的用以调整消费税征收与缴纳之间权利与义务关系的法律规范。

二、消费税的特点

我国现行消费税作为对消费品或消费行为征收的一种税，具有以下特征：

（一）征税范围的选择性

消费税制是选择部分消费品或消费行为，采取列举品目的方式课征，具有选择性。从国际上看，大多是在对全部产品征收增值税的基础上，再选择部分消费品征收消费税。目前我国只选择了 15 类产品征收消费税，主要集中在特殊消费品、奢侈品、高能耗消费品、不可再生资源等领域。对这类消费品征税既具有引导生产结构、调节消费的作用，又具有一定财政意义。随着我国经济建设的不断发展，居民收入的不断增长，消费档次不断提高，消费税的征税范围也将做出调整。

（二）征收环节的单一性

一般流转税征收环节具有较大的选择余地，我国现行增值税在货物生产、批发、零售、劳务、服务、进口等多环节课征，而消费税实行单一环节课征，即在消费品从生产、流通到消费的全过程中只选择在某一特定环节征收一次。消费税负担的最终归宿虽然是消费者，但是为了加强税源控制，防止税款流失，我国消费税的纳税环节主要确定在生产环节、委托加工环节或进口环节，个别消费品确定在零售环节。

（三）税率的差别性

消费税对不同类别的应税消费品分别设计了不同税率和税额，有高有低，差别很大。比例税率从 1%~56%不等，定额税率从 1.2~250 元不等。这样设计具有灵活性，便于税收更好地发挥调节消费，从而影响消费结构及消费方向的作用。

（四）税负的转嫁性

消费税是对应税消费品的流转额征收，其税负通过转嫁最终转嫁给消费者，由最终的消费环节承担税负。

三、消费税的作用

（一）增加财政收入

列入征税范围的消费品消费数量都比较大，从而使消费税的税源充足而且集中，同时消费税的平均税率比较高，这些都使消费税在保证财政收入上具有重要的意义，是财政收入的一项稳定来源。

（二）体现国家的经济政策，控制超前发展

消费是社会再生产过程中生产、分配、交换、消费四个环节中的最后一个环节。只有适度的消费才会促进生产的发展。消费超前或滞后都会对社会再生产产生逆反效应。国家为了调节消费，可以通过各种手段。税收调节是必不可少的一个重要手段。

（三）调节社会消费总量和消费结构

国家对某些高档消费品开征消费税，使消费者在自己可支配的货币收入量既定的条件下，减少购买商品的数量。从而达到对超前消费需求的限制作用，是国家有效控制社会消费总量的手段。另外，对某些商品征收消费税，在一定程度上促进消费者改变消费心理，减少消费者对某些商品的需求欲望和购买意向，促进消费结构合理化。

（四）削弱和缓解贫富悬殊和分配不均的矛盾

随着我国经济的发展变化及其他各种因素的影响，我国居民收入水平的差距越来越大，收入上的差距必然导致消费上的差距，对高收入者除了利用个人所得税调节外，在他们进行高消费时通过征收消费税也可以调节其收入，因为消费税的征税目标直接对准高收入阶层，是向富人征收的一种税。因此开征消费税可以在一定程度上削弱和缓解贫富悬殊以及社会分配不公的矛盾。

第二节　消费税纳税人、征收范围、税目及税率

一、消费税纳税人

根据我国《消费税暂行条例》规定：消费税纳税人为在中华人民共和国境内从事生产、委托加工和进口应税消费品的单位和个人。单位是指企业、行政单位、事业单位、军事单位、社会团体及其他单位；个人是指个体工商户及其他个人。在中华人民共和国境内是指生产、委托加工和进口属于应当征收消费税的消费品（以下简称应税消费品）的起运地或所在地在境内。

二、征收范围

消费税的征收范围为在中华人民共和国境内生产、委托加工和进口条例规定的消费品。我国现行消费税征收范围主要是根据我国目前经济发展水平和居民消费水平，以及国家的消费政策、产业政策和财政政策需要，并借鉴国外课征消费税的经验和做法确定的，只选择了极少数消费品征收消费税。列入消费税征收范围的消费品为应税消费品，目前有以下四类：

① 一些过度消费会对人类健康、社会秩序、生态环境等方面造成危害的特殊消费品。如烟、酒、鞭炮、焰火等。

② 奢侈品和非生活必需品。如游艇、贵重首饰和珠宝玉石等。

③ 高能耗和高档消费品。如小汽车、摩托车等。

④ 不可再生并在使用过程中会造成环境污染的资源产品。如汽油、电池、涂料等。

消费税的征收范围今后还要根据经济情况和消费结构的变化作适当调整。

三、税目

消费税税目共有15个，具体包括以下内容：

（一）烟

凡是以烟叶为原料加工生产的产品，不论使用何种辅料，均属于本税目的征收范围，包括卷烟（进口卷烟、白包卷烟、手工卷烟和未经国务院批准纳入计划的企业及个人生产的卷烟）、雪茄烟和烟丝。

在“烟”税目下分“卷烟”等子目，“卷烟”又分“甲类卷烟”和“乙类卷烟”。其中，甲类卷烟是指每标准条（200支，下同）调拨价格在70元（不含增值税）以上（含70元）的卷烟；乙类卷烟是指每标准条调拨价格在70元（不含增值税）以下的卷烟。

（二）酒

酒是酒精度在1度以上的各种酒类饮料，包括白酒、黄酒、啤酒和其他酒。

啤酒每吨出厂价（含包装物及包装物押金）在3 000元（含3 000元，不含增值税）以上的是甲类啤酒，每吨出厂价（含包装物及包装物押金）在3 000元（不含增值税）以下的是乙类啤酒。包装物押金不包括重复使用的塑料周转箱的押金。对饮食业、商业、娱乐业举办的啤酒屋（啤酒坊）利用啤酒生产设备生产的啤酒，应当征收消费税。果啤属于啤酒，按啤酒征收消费税。

配制酒（露酒）是指以发酵酒、蒸馏酒或食用酒精为酒基，加入可食用或药食两用的辅料或食品添加剂，进行调配、混合或再加工制成的并改变了其原酒基风格的饮料酒。具体规定如下：

1. 以蒸馏酒或食用酒精为酒基，具有国家相关部门批准的国食健字或卫食健字文号并且酒精度低于38度（含）的配制酒，按消费税税目税率表“其他酒”10%适用税率征收消费税。

2. 以发酵酒为酒基，酒精度低于20度（含）的配制酒，按消费税税目税率表“其他酒”10%适用税率征收消费税。

3. 其他配制酒，按消费税税目税率表“白酒”适用税率征收消费税。

葡萄酒消费税适用“酒”税目下设的“其他酒”子目。葡萄酒是指以葡萄为原料，经破碎（压榨）、发酵而成的酒精度在1度（含）以上的葡萄原酒和成品酒（不含以葡萄为原料的蒸馏酒）。

（三）高档化妆品

自2016年10月1日起，本税目调整为包括高档美容、修饰类化妆品、高档护肤类化妆品和成套化妆品。

高档美容、修饰类化妆品和高档护肤类化妆品是指生产（进口）环节销售（完税）。[价格（不含增值税）在10元/毫升（克）或15元/片（张）及以上的美容、修饰类化妆品和护肤类化妆品。]

美容、修饰类化妆品是指香水、香水精、香粉、口红、指甲油、胭脂、眉笔、唇笔、蓝眼油、眼睫毛及成套化妆品。

舞台、戏剧、影视演员化妆用的上妆油、卸妆油、油彩不属于本税目的征收范围。

高档护肤类化妆品征收范围另行制定。

（四）贵重首饰及珠宝玉石

该税目包括以金、银、白金、宝石、珍珠、钻石、翡翠、珊瑚、玛瑙等高档原料，以及其他金属、人造宝石等制作的各种纯金银首饰及镶嵌首饰和经采掘、打磨、加工的各种珠宝玉石。对出国人员免税商店销售的金银首饰征收消费税。

（五）鞭炮、焰火

该税目包括：各种鞭炮、焰火。体育上用的发令纸、鞭炮药引线不按本税目征收。

（六）成品油

本税目包括汽油、柴油、石脑油、溶剂油、航空煤油、润滑油、燃料油7个子目；航空煤油暂缓征收。

1. 汽油

包括汽油、甲醇汽油、乙醇汽油。

2. 柴油

包括柴油、生物柴油。

经国务院批准，从2009年1月1日起，对同时符合下列条件的纯生物柴油免征消费税：

（1）生产原料中废弃的动物油和植物油用量所占比重不低于70%。

（2）生产的纯生物柴油符合国家《柴油机燃料调合生物柴油（BD100）》标准。

3. 石脑油

石脑油又叫化工轻油，是以原油或其他原料加工生产的用于化工原料的轻质油。

石脑油的征收范围包括除汽油、柴油、航空煤油、溶剂油以外的各种轻质油。非标汽油、重整生成油、拔头油、戊烷原料油、轻裂解料（减压柴油 VGO 和常压柴油 AGO）、重裂解料、加氢裂化尾油、芳经抽余油均属轻质油，属于石脑油征收范围。

4. 溶剂油

溶剂油是用原油或其他原料加工生产的用于涂料、油漆、食用油、印刷油墨、皮革、农药、橡胶、化妆品生产和机械清洗、胶粘行业的轻质油。

橡胶填充油、溶剂油原料属于溶剂油征收范围。

5. 航空煤油

航空煤油也叫喷气燃料，是用原油或其他原料加工生产的用作喷气发动机和喷气推进系统燃料的各种轻质油。航空煤油的消费税暂缓征收。

6. 润滑油

润滑油的征收范围包括矿物性润滑油、矿物性润滑油基础油、植物性润滑油、动物性润滑油和化工原料合成润滑油。以植物性、动物性和矿物性基础油（或矿物性润滑油）混合掺配而成的“混合性”润滑油，不论矿物性基础油（或矿物性润滑油）所占比例高低，均属润滑油的征收范围。

另外，用原油或其他原料加工生产的用于内燃机、机械加工过程的润滑产品均属于润滑油征税范围。润滑脂是润滑产品，生产、加工润滑脂应当征收消费税。变压器油、导热类油等绝缘油类产品不属于润滑油，不征收消费税。

7. 燃料油

燃料油也称重油、渣油，是用原油或其他原料加工生产，主要用作电厂发电、锅炉用燃料、加热炉燃料、冶金和其他工业炉燃料。腊油、船用重油、常压重油、减压重油、180CTS 燃料油、7 号燃料油、糠酸油、工业燃料、4~6 号燃料油等油品的主要用途是作为燃料燃烧，属于燃料油征收范围。

根据财税〔2013〕105 号文，纳税人利用废矿物油为原料生产的润滑油基础油、汽油、柴油等工业油料免征消费税。但应同时符合下列条件：

（1）纳税人必须取得省级以上（含省级）环境保护部门颁发的《危险废物（综合）经营许可证》，且该证件上核准生产经营范围应包括“利用”或“综合经营”字样。

（2）生产原料中废矿物油重量必须占到90%以上。产成品中必须包括润滑油基础油，且每吨废矿物油生产的润滑油基础油应不少于0.65 吨。

（3）利用废矿物油生产的产品与利用其他原料生产的产品应分别核算。

财税〔2018〕144 号将该政策实施期限延长至2023 年10 月31 日。

（七）汽车

汽车是指由动力驱动，具有4个或4个以上车轮的非轨道承载的车辆。本税目征收范围包括：

1. 乘用车：含驾驶员座位在内最多不超过9个座位（含）的。在设计和技术特性上用于载运乘客和货物的各类乘用车。用排气量小于1.5升（含）的乘用车底盘（车架）改装、改制的车辆属于乘用车征收范围。

2. 中轻型商用客车：含驾驶员座位在内的座位数在10~23座（含）的，在设计和技术特性上用于载运乘客和货物的各类中轻型商用客车。用排气量大于1.5升的乘用车底盘（车架）或用中轻型商用客车底盘（车架）改装、改制的车辆属于中轻型商用客车征收范围。

3. 超豪华小汽车：每辆零售价格130万元（不含增值税）及以上的乘用车和中轻型商用客车。

含驾驶员人数（额定载客）为区间值的（如8~10人、17~26人）小汽车，按其区间值下限人数确定征收范围。

电动汽车不属于本税目征收范围。沙滩车、雪地车、卡丁车、高尔夫车不属于消费税征收范围，不征收消费税。车身长度大于7米（含），并且座位在10~23座（含）以下的商用客车，不属于中型商用客车征税范围，不征收消费税。

（八）摩托车

包括轻便摩托车和摩托车两种。气缸容量250毫升（不含）以下的小排量摩托车不征收消费税。

（九）高尔夫球及球具

本税目征收范围包括高尔夫球、高尔夫球杆、高尔夫球包（袋）。高尔夫球杆的杆头、杆身和握把属于本税目的征收范围。

高尔夫球及球具是指从事高尔夫球运动所需的各种专用装备，包括高尔夫球、高尔夫球杆及高尔夫球包（袋）等。

高尔夫球是指重量不超过45.93克、直径不超过42.67毫米的高尔夫球运动比赛、练习用球；高尔夫球杆是指被设计用来打高尔夫球的工具，由杆头、杆身和握把三部分组成；高尔夫球包（袋）是指专用于盛装高尔夫球及球杆的包（袋）。

（十）高档手表

高档手表是指销售价格（不含增值税）每只在10 000元（含）以上的各类手表。

本税目征收范围包括符合以上标准的各类手表。

（十一）游艇

游艇是指长度大于8米小于90米，船体由玻璃钢、钢、铝合金、塑料等多种材料制作，可以在水上移动的水上浮载体。按照动力划分，游艇分为无动力艇、帆艇和机动艇。

本税目征收范围包括艇身长度大于8米（含）小于90米（含），内置发动机，可以在水上移动，一般为私人或团体购置，主要用于水上运动和休闲娱乐等非谋利活动的各类机动艇。

（十二）木制一次性筷子

本税目征收范围包括各种规格的木制一次性筷子。

木制一次性筷子，又称卫生筷子，是指以木材为原料经过锯段、浸泡、旋切、刨切、烘干、筛选、打磨、倒角、包装等环节加工而成的各类一次性使用的筷子。未经打磨、倒角的木制一次性筷子属于本税目征税范围。

（十三）实木地板

本税目征收范围包括各类规格的实木地板、实木指接地板、实木复合地板及用于装饰墙壁、天棚的侧端面为榫、槽的实木装饰板。未经涂饰的素板属于本税目征税范围。

实木地板是指以木材为原料，经锯割、干燥、刨光、截断、开榫、涂漆等工序加工而成的块状或条状的地面装饰材料。实木地板按生产工艺不同，可分为独板（块）实木地板、实木指接地板、实木复合地板三类；按表面处理状态不同，可分为未涂饰地板（白坯板、素板）和漆饰地板两类。

（十四）电池

本税目范围包括：原电池、蓄电池、燃料电池、太阳能电池和其他电池。

电池是一种将化学能、光能等直接转换为电能的装置，一般由电极、电解质、容器、极端组成，通常还有隔离层组成的基本功能单元，以及用一个或多个基本功能单元装配成的电池组。

自2015年2月1日起对电池（铅蓄电池除外）征收消费税；对无汞原电池、金属氢化物镍蓄电池（又称“氢镍蓄电池”或“镍氢蓄电池”）、锂原电池、锂离子蓄电池、太阳能电池、燃料电池、全钒液流电池免征消费税。2015年12月31日前对铅蓄电池缓征消费税；自2016年1月1日起，对铅蓄电池按4%税率征收消费税。

（十五）涂料

涂料是指涂于物体表面能形成具有保护、装饰或特殊性能的固态涂膜的一类液体或固体材料之总称。

自2015年2月1日起对涂料征收消费税，施工状态下挥发性有机物（VOC）含量低于420克/升（含）的涂料免征消费税。

四、税率

（一）税目税率表

消费税的税率采用比例税率和定额税率的形式，根据应税消费品的具体情况确定相应的税率或单位税额。详见表3-1。

表3-1 消费税税目税率（税额）表

应税消费品	比例税率	定额税率
一、烟		
1. 卷烟		
（1）工业		
①甲类卷烟	56%	30元/万支
②乙类卷烟	36%	30元/万支
（2）商业批发	11%	50元/万支
2. 雪茄烟	36%	
3. 烟丝	30%	
二、酒		
1. 白酒	20%	0.5元/500克（毫升）
2. 黄酒		240元/吨
3. 啤酒		
（1）甲类啤酒（出厂价格3 000元（不含增值税）/吨以上（含3 000）元））		250元/吨
（2）乙类啤酒（出厂价格3 000元（不含增值税）/吨以下）		220元/吨
4. 其他酒	10%	
三、高档化妆品	15%	
四、贵重首饰及珠宝玉石		
1. 金银首饰、铂金首饰和钻石及钻石饰品	5%	
2. 其他贵重首饰和珠宝玉石	10%	
五、鞭炮、焰火	15%	
六、成品油		
1. 汽油		1.52元/升

续表

应税消费品	比例税率	定额税率
2. 柴油		1.20 元/升
3. 航空煤油		1.20 元/升
4. 石脑油		1.52 元/升
5. 溶剂油		1.52 元/升
6. 润滑油		1.52 元/升
7. 燃料油		1.20 元/升
七、摩托车		
1. 气缸容量（排气量，下同）= 250 毫升	3%	
2. 气缸容量>250 毫升	10%	
八、小汽车		
1. 乘用车		
（1）气缸容量（排气量，下同）≤1. 0 升	1%	
（2）1. 0 升<气缸容量≤1. 5 升	3%	
（3）1. 5 升<气缸容量≤2. 0 升	5%	
（4）2. 0 升<气缸容量≤2. 5 升	9%	
（5）2. 5 升<气缸容量≤3. 0 升	12%	
（6）3. 0 升<气缸容量≤4. 0 升	25%	
（7）气缸容量>4. 0 升	40%	
2. 中轻型商用客车	5%	
3. 超豪华小汽车	10%	
九、高尔夫球及球具	10%	
十、高档手表	20%	
十一、游艇	10%	
十二、木制一次性筷子	5%	
十三、实木地板	5%	
十四、电池	4%	
十五、涂料	4%	

（二）税率的适用

1. 对兼营不同税率的应税消费品适用税目、税率的规定

对纳税人兼营不同税率的应税消费品，应当分别核算其销售额或销售数量。未分别核算销售额或销售数量的，或者将不同税率的应税消费品组成成套消费品销售的，从高适用税率征收。

2. 对卷烟适用税目、税率的具体规定

对白包卷烟、手工卷烟、自产自用没有同牌号规格调拨价格的卷烟、委托加工没有同牌号规格调拨价格的卷烟、未经国务院批准纳入计划的企业和个人生产的卷烟，除按定额税率征收外，一律按56%的比例税率征收。

第三节　应纳税额的计算

消费税的税率形式决定了消费税应纳税额的计算有三种形式：从价定率计征、从量定额计征和从复合计征计算。

一、从价定率计征

在从价定率的形式下：应纳税额=应税消费品的销售额×适用税率

（一）应税消费品的销售额

应税消费品的销售额是纳税人销售应税消费品向购买方收取的全部价款和价外费用。价外费用指向购买方收取的手续费、补贴、基金、集资费、返还利润、奖励费、违约金、滞纳金、延期付款利息、赔偿金、代收款项、代垫款项、包装费、包装物租金、储备费、优质费、运输装卸费及其他各种性质的价外收费。但不包括下列项目：

（1）同时符合以下条件的代垫运输费用：

① 承运部门的运输费用发票开具给购买方的；

② 纳税人将该项发票转交给购买方的。

（2）同时符合以下条件代为收取的政府性基金或者行政事业性收费：

① 由国务院或者财政部批准设立的政府性基金，由国务院或者省级人民政府及其财政、价格主管部门批准设立的行政事业性收费；

② 收取时开具省级以上财政部门印制的财政票据；

③ 所收款项全额上缴财政。

其他价外费用，无论是否属于纳税人的收入，均应并入销售额计算征税。

1. 应税销售额

应税销售额不包括应向购货方收取的增值税税款。如果纳税人应税消费品的销售额中未扣除增值税税款或者因不得开具增值税专用发票而发生价款和增值税税款合并收取的，在计算消费税时，应将含增值税的销售额换算为不含增值税税款的销售额。其换算公式为：

应税消费品的销售额=含增值税的销售额÷（1+增值税税率或者征收率）

2. 包装物的涉税规定

（1）无论包装物是否单独计价，也不论在财务上如何核算，均应并入应税消费品的销售额中征收消费税。

（2）包装物不作价随同产品销售，而是收取押金，此项押金则不应并入应税消费品销售额中征税。但对逾期未收回的包装物不再退还的和已收取一年以上的押金，应并入应税消费品的销售额，按照应税消费品的适用税率征收消费税。

（3）对既作价随同应税消费品销售的，又另外收取押金的包装物押金，凡纳税人在规定的期限内不予退还的，均应并入应税消费品的销售额，按照应税消费品的适用税率征收消费税。

（4）对销售啤酒、黄酒外的其他酒类产品而收取的包装物押金，无论是否返还以及会计上如何核算，均应并入当期销售额征税。

（二）应纳税额的计算

应纳税额计算公式：应纳税额=应税消费品的销售额×适用税率

【例 3-1】 某酒厂为一般纳税人，本月销售果酒（其他酒）1 000 公斤，价税合计收取 690 000 元；同时收取单独核算的包装物押金 2 000 元。计算其应纳消费税。

【例题解析】

销售额=（690 000+2 000）÷（1+13%）=612 389. 38（元）

应纳税额=612 389. 38×10%=61 238. 94（元）

二、从量定额计征

在从量定额的形式下：应纳税额=应税销售品的销售数量×定额税率

（一）销售数量的确定

1. 销售应税消费品的，为应税消费品的销售数量。
2. 自产自用应税消费品的，为应税消费品的移送使用数量。
3. 委托加工应税消费品的，为纳税人收回的应税消费品数量。
4. 进口的应税消费品，为海关核定的应税消费品进口征税数量。

（二）计量单位的换算（见表 3-2）

表 3-2 计量单位的换算

序号	名称	换算标准
1	啤酒	1 吨＝988 升
2	黄酒	1 吨＝962 升
3	汽油	1 吨＝1388 升
4	柴油	1 吨＝1176 升
5	航空煤油	1 吨＝1246 升
6	石脑油	1 吨＝1385 升
7	溶剂油	1 吨＝1282 升
8	润滑油	1 吨＝1126 升
9	燃料油	1 吨＝1015 升

（三）应纳税额的计算

应纳税额＝应税销售品的销售数量×定额税率

【例 3-2】 某石化公司 2021 年 6 月销售汽油 1 000 吨，销售柴油 600 吨；另外向本公司在建工程车辆用提供汽油 20 吨，计算其应纳消费税。

【例题解析】

应纳税额＝1 000×1 388×1. 52+600×1 176×1. 2+20×1 388×1. 52

＝2 998 675. 20（元）

三、复合计征

在从价从量复合计征的形式下：

应纳税额＝应税销售品的销售额×税率+应税销售品的销售数量×定额税率

现行消费税的征税范围中，只有卷烟及白酒采用复合计征方法。

（一）卷烟最低计税价格的核定

自 2012 年 1 月 1 日起，卷烟消费税最低计税价格核定范围为卷烟生产企业在生产环节销售的所有牌号、规格的卷烟。计税价格由国家税务总局按照卷烟批发环节销售价格扣除卷烟批发环节批发毛利核定并发布。计税价格的核定公式如下：

某牌号、规格卷烟计税价格＝批发环节销售价格×（1−适用批发毛利率）

卷烟批发环节销售价格，按照税务机关采集的所有卷烟批发企业在价格采集期内销售的该牌号、规格卷烟的数量、销售额进行加权平均计算。其计算公式如下：

$$批发环节销售价格=\frac{\sum 该牌号规格卷烟各采集点的销售额}{\sum 该牌号规格卷烟各采集点的销售数量}$$

实际销售价格高于核定计税价格的卷烟，按实际销售价格征收消费税；反之，按计税价格征税。

（二）白酒最低计税价格的核定

自2009年8月1日起，对白酒消费税实行最低计税价格核定管理办法。白酒生产企业销售给销售单位的白酒，生产企业消费税计税价格低于销售单位对外销售价格（不含增值税，下同）70%以下的，税务机关应核定消费税最低计税价格。

根据《国家税务总局关于部分白酒消费税计税价格及相关管理事项的通知》（国税函〔2009〕416号），国家税务总局选择核定消费税计税价格的白酒，核定比例统一确定为60%。纳税人应按下列公式计算白酒消费税计税价格：

当月该品牌、规格白酒消费税计税价格=该品牌、规格白酒销售单位上月平均销售价格×核定比例

已核定最低计税价格的白酒，生产企业实际销售价格高于消费税最低计税价格的，按实际销售价格申报纳税；实际销售价格低于消费税最低计税价格的，按最低计税价格申报纳税。

【例3-3】 某白酒企业为增值税一般纳税人，2021年6月销售白酒30万斤，取得含税销售额20 340万元，计算其应纳消费税。

【例题解析】

应纳税额=20 340÷（1+13%）×20%+30×0.5

=3 615（万元）

四、计税依据的特殊规定

（一）非独立核算门市部销售的自产应税消费品

纳税人通过自设非独立核算门市部销售的自产应税消费品，应当按照门市部对外销售额或者销售数量征收消费税。

（二）用于换取生产资料和消费资料、投资入股和抵偿债务等方面的应税消费品

纳税人用于换取生产资料和消费资料、投资入股和抵偿债务等方面的应税消费品，应当以纳税人同类应税消费品的最高销售价格作为计税依据计算消费税。

（三）白酒生产企业向商业销售单位收取的“品牌使用费”

白酒生产企业向商业销售单位收取的“品牌使用费”是随着应税白酒的销售而向购

货方收取的，属于应税白酒销售价款的组成部分，因此，不论企业采取何种方式或以何种名义收取价款，均应并入白酒的销售额中缴纳消费税。

（四）金银首饰销售额的确定

对既销售金银首饰，又销售非金银首饰的生产、经营单位，应将两类商品划分清楚，分别核算销售额。凡划分不清楚或不能分别核算的，在生产环节销售的，一律从高适用税率征收消费税；在零售环节销售的，一律按金银首饰征收消费税。金银首饰与其他产品组成成套消费品销售的，应按销售额全额征收消费税。

金银首饰连同包装物销售的，无论包装是否单独计价，也无论会计上如何核算，均应并入金银首饰的销售额，计征消费税；带料加工的金银首饰，应按受托方销售同类金银首饰的销售价格确定计税依据征收消费税。没有同类金银首饰销售价格的，按照组成计税价格计算纳税；纳税人采用以旧换新（含翻新改制）方式销售的金银首饰，应按实际收取的不含增值税的全部价款确定计税依据征收消费税。

五、进口应税消费品应纳税额的计算

进口的应税消费品，于报关进口时缴纳消费税，进口应税消费品的消费税由海关代征；纳税人应自海关填写进口消费税专用缴款书之日起 15 日内缴纳税款。

（一）实行从价定率办法应纳税额的计算

$$组成计税价格=\frac{关税完税价格+关税}{1-消费税税率}$$

应纳税额=组成计税价格×消费税税率

关税完税价格是指海关核定的关税计税价格。

【例 3-4】　某外贸公司 3 月从国外进口一批应税消费品，已知该批应税消费品的关税完税价格为 90 万元，按规定应缴纳关税 18 万元，假定进口的应税消费品的消费税税率为 10%。进口环节应缴纳的消费税为：

【例题解析】　（1）组成计税价格=（90+18）÷（1−10%）=120（万元）

（2）应纳消费税税额=120×10%=12（万元）

（二）实行从量定额办法应纳税额的计算

应纳税额=应税消费品数量×定额税率

（三）实行从价定率和从量定额混合征收办法应纳税额的计算

应纳税额=组成计税价格×消费税税率+进口数量×定额税率

$$组成计税价格=\frac{关税完税价格+关税+进口数量×定额税率}{1-消费税比例税率}$$

【例 3-5】 2021 年 6 月某商贸公司进口 60 000 千克白酒，关税完税价格为 1 800 万元，报关进口时缴纳关税 360 万元，请计算该批进口白酒应纳进口环节消费税和增值税。

【例题解析】

（1）组成计税价格＝（1 800+360+6×2×0. 5）÷（1−20%）＝2 707. 50（万元）

（2）应纳税额＝2 707. 50×20%+6×2×0. 5

＝547. 50（万元）

六、外购应税消费品已纳税额的扣除

（一）外购应税消费品连续生产应税消费品

由于某些应税消费品是用外购已缴纳消费税的应税消费品连续生产出来的，在对这些连续生产出来的应税消费品计算征税时，税法规定应按当期生产领用数量计算准予扣除外购的应税消费品已纳的消费税税款。

1. 扣除范围

（1）外购已税烟丝为原料生产的卷烟；

（2）外购已税高档化妆品为原料生产的高档化妆品；

（3）外购已税珠宝玉石为原料生产的贵重首饰及珠宝玉石；

（4）外购已税鞭炮焰火为原料生产的鞭炮、焰火；

（5）外购已税杆头、杆身和握把为原料生产的高尔夫球杆；

（6）外购已税木制一次性筷子为原料生产的木制一次性筷子；

（7）外购已税实木地板为原料生产的实木地板；

（8）外购已税汽油、柴油、石脑油、燃料油、润滑油为原料生产的应税成品油。

2. 计算方法

当期准予扣除的外购应税消费品已纳税款＝当期准予扣除的外购应税消费品买价（数量）×外购应税消费品适用税率（单位税额）

当期准予扣除的外购应税消费品买价（数量）＝期初库存的外购应税消费品的买价（数量）+当期购进的应税消费品的买价（数量）−期末库存的外购应税消费品的买价（数量）

【政策解疑】 纳税人用外购已纳税珠宝玉石生产的改在零售环节征收消费税的金银首饰，在计税时一律不得扣除外购已纳税珠宝玉石已纳税款。

【政策解疑】 自 2015 年 5 月 1 日起，从葡萄酒生产企业购进、进口葡萄酒连续生产应税葡萄酒的，准予从葡萄酒消费税应纳税额中扣除所耗用应税葡萄酒已纳消费税税款。如本期消费税应纳税额不足抵扣的，余额留待下期抵扣。

【例 3-6】 苏南某实木地板厂 2021 年 5 月份外购未经涂饰的素板加工生产实木地板。期初库存外购素板账面价值 40 万元，本期购入素板金额 120 万元，期末库存素板账面价值 20 万元。该企业长期从某增值税一般纳税人处购入素板并取得增值税专用发票。5

月份实木地板销售金额为 1 200 万元，计算当月应纳消费税。

【例题解析】 当月准予扣除的外购素板买价＝40+120−20＝140（万元）

当月准予扣除的外购素板已纳消费税＝140×5%＝7（万元）

当月应纳消费税＝200×5%−7＝3（万元）

（二）外购应税消费品后销售

对购进应税消费品后再销售的工业企业，凡不能构成最终消费品直接进入消费品市场，而需进一步生产加工、包装、贴标的或者组合的珠宝玉石、化妆品、酒、鞭炮焰火等，应当征收消费税，同时允许扣除上述外购应税消费品的已纳税款。

第四节 几种特殊业务消费税应纳税额的计算

一、自产自用应税消费品

所谓自产自用，就是纳税人生产应税消费品后，不是用于直接对外销售，而是用于自己连续生产应税消费品，或用于其他方面。

（一）用于连续生产应税消费品

所谓自产自用，是指纳税人生产应税消费品后，不是用于直接对外销售，而是用于自己连续生产应税消费品，或用于其他方面。如果纳税人用于连续生产应税消费品，在自产自用环节不缴纳消费税。

例如，卷烟厂生产出烟丝，烟丝已是应税消费品，卷烟厂再用生产出的烟丝连续生产卷烟，用于连续生产卷烟的烟丝就不缴纳消费税。只对生产的卷烟征收消费税。当然，生产出的烟丝如果是直接销售，则要缴纳消费税。税法规定对自产自用的应税消费品，用于连续生产应税消费品的不征税，体现了税不重征的原则。

（二）用于其他方面的规定

纳税人生产应税消费品后，凡用于其他方面的，于移送使用时纳税。用于其他方面包括用于本企业连续生产非应税消费品、在建工程、管理部门、非生产机构、提供劳务、馈赠、赞助、集资、广告、样品、职工福利、奖励等方面。

1. “用于生产非应税消费品”是指把自产的应税消费品用于生产消费税税目税率表所列 15 类产品以外的产品。

2. “用于在建工程”是指把自产的应税消费品用于本单位的各项建设工程。例如，石化工厂把自己生产的柴油用于本厂基建工程的车辆、设备使用。

3. “用于管理部门、非生产机构”是指把自己生产的应税消费品用于与本单位有隶属关系的管理部门或非生产机构。例如，汽车制造厂把生产出的小汽车提供给上级主管部门使用。

4. “用于馈赠、赞助、集资、广告、样品、职工福利、奖励”是指把自己生产的应税消费品无偿赠送给他人或以资金的形式投资于外单位或作为商品广告、经销样品或以福利、奖励的形式发给职工。例如，化妆品厂把自己生产的化妆品赠送或赞助给广告代言人；烟厂把生产的香烟以福利的形式发给职工等。

总之，企业自产的应税消费品虽然没有用于销售或连续生产应税消费品，但只要是用于税法所规定的范围的都要视同销售。

（三）组成计税价格及应纳税额的计算

纳税人自产自用的应税消费品，凡用于其他方面，应当纳税。

1. 有类消费品销售价格的情况

纳税人自产自用的应税消费品，凡用于其他方面，有同类消费品销售价格的，按照纳税人生产的同类消费品的销售价格计算纳税。

同类消费品的销售价格是指纳税人当月销售的同类消费品的销售价格，如果当月同类消费品各期销售价格高低不同，应按销售数量加权平均计算。但销售的应税消费品有下列情况之一的，不得列入加权平均计算：销售价格明显偏低又无正当理由的；无销售价格的如果当月无销售或者当月未完结，应按照同类消费品上月或最近月份的销售价格计算纳税。

2. 没有类消费品销售价格的情况

纳税人自产自用的应税消费品，凡用于其他方面，没有同类消费品销售价格的，按照组成计税价格计算纳税。

（1）从价定率下的组成计税价格

组成计税价格=成本+利润+消费税税额

=成本×（1+成本利润率）+消费税税额

=成本×（1+成本利润率）÷（1-消费税比例税率）

（2）从量定额下的组成计税价格

组成计税价格=成本+利润+消费税税额

=成本×（1+成本利润率）+消费税税额

=成本×（1+成本利润率）+应税数量×消费税定额税率

（3）复合计征下的组成计税价格

组成计税价格=成本+利润+消费税税额=成本×（1+成本利润率）+消费税税额

=［成本×（1+成本利润率）+课税数量×消费税定额税率］÷（1-消费税比例税率）

【政策解疑】 上述公式中所谓“成本”是指应税消费品的产品生产成本；“利润”是指根据应税消费品的全国平均成本利润率计算的利润。

应税消费品全国平均成本利润率由国家税务总局确定，见表 3-3。

表 3-3　应税消费品全国平均成本利润率表

税目	平均成本利润率	税目	平均成本利润率
1. 甲类卷烟	10%	11. 摩托车	6%
2. 乙类卷烟	5%	12. 高尔夫球及球具	10%
3. 雪茄烟	5%	13. 高档手表	20%
4. 烟丝	5%	14. 游艇	10%
5. 粮食白酒	10%	15. 木制一次性筷子	5%
6. 薯类白酒	5%	16. 实木地板	5%
7. 其他酒	5%	17. 乘用车	8%
8. 高档化妆品	5%	18. 中轻型商用客车	5%
9. 鞭炮、焰火	5%	19. 涂料	7%
10. 贵重首饰及珠宝玉石	6%	20. 电池	4%

【例 3-7】　某珠宝公司将一批自产珠宝玉石用作职工奖励，珠宝玉石的成本 918 000 元，该珠宝玉石无同类产品市场销售价格，已知其成本利润率为 6%，消费税税率为 10%。计算该批珠宝玉石应缴纳的消费税税额。

【例题解析】

（1）组成计税价格 = 成本×（1+成本利润率）÷（1−消费税税率）

= 918 000×（1+6%）÷（1−10%）

= 1 081 200（元）

（2）应纳税额 = 1 081 200×10% = 108 120（元）

二、委托加工应税消费品应纳税额的计算

（一）委托加工应税消费品的确定

委托加工的应税消费品是指由委托方提供原料和主要材料，受托方只收取加工费和代垫部分辅助材料加工的应税消费品。对于由受托方提供原材料生产的应税消费品，或者受托方先将原材料卖给委托方，然后再接受加工的应税消费品，以及由受托方以委托方名义购进原材料生产的应税消费品，不论纳税人在财务上是否作销售处理，都不得作为委托加工应税消费品，而应当按照销售自制应税消费品缴纳消费税。

1. 委托加工的条件

（1）委托方提供原料和主要材料；

（2）受托方只收取加工费和代垫部分辅助材料；无论是委托方还是受托方，凡不符合规定条件的，都不能按委托加工应税消费品进行税务处理。

2. 不符合委托加工应税消费品限定条件的处理

不符合委托加工应税消费品限定条件的，不论纳税人在财务上是否作销售处理，都不得作为委托加工应税消费品，而应当按照销售自制应税消费品由受托方缴纳消费税。

（二）代收代缴税款的规定

对于确实属于委托方提供原料和主要材料，受托方只收取加工费和代垫部分辅助材料加工的应税消费品，税法规定由受托方在向委托方交货时代收代缴消费税。如果受托方对委托加工的应税消费品未代收代缴或少代收代缴消费税，就要按照《税收征收管理法》的规定，承担代收代缴的法律责任。

为加强对受托方代收代缴税款的征收管理，加强税源控制。对纳税人委托个人（含个体工商户）加工的应税消费品，由委托方收回后在委托方所在地缴纳消费税。对于受托方没有按规定代收代缴税款的，委托方要补缴税款，对受托方不再重复补税，但要对受托方处以应代收代缴税款50%以上3倍以下的罚款。对委托方补征税款的计税依据是：如果在检查时，收回的应税消费品已经直接销售的，按销售额计税；收回的应税消费品尚未销售或不能直接销售的（如收回后用于连续生产等），按组成计税价格计税。

（三）组成计税价格及应纳税额的计算

委托加工的应税消费品，按照受托方的同类消费品的销售价格计算纳税。同类消费品的销售价格是指受托方（即代收代缴义务人）当月销售的同类消费品的销售价格。如果当月同类消费品各期销售价格高低不同，应按销售数量加权平均计算。但销售的应税消费品有下列情况之一的，不得列入加权平均计算：

（1）销售价格明显偏低又无正当理由的；

（2）无销售价格的。如果当月无销售或者当月未完结，应按照同类消费品上月或最近月份的销售价格计算纳税。没有同类消费品销售价格的按照组成计税价格计算纳税。组成计税价格的计算公式为：

① 从价定率下的组成计税价格计算公式：

组成计税价格=（材料成本+加工费）÷（1-比例税率）

② 实行复合计税下的组成计税价格计算公式：

组成计税价格=（材料成本+加工费+委托加工数量×定额税率）÷（1-比例税率）

【政策解疑】 “材料成本”是指委托方所提供加工材料的实际成本。委托加工应税消费品的纳税人，必须在委托加工合同上如实注明（或以其他方式提供）材料成本，凡未提供材料成本的与受托方所在地主管税务机关有权核定其材料成本；“加工费”是指受托方加工应税消费品向委托方所收取的全部费用（包括代垫辅助材料的实际成本，不包括增值税税金）。受托方必须如实提供向委托方收取的全部费用，这样才能保证组成计税价格及代收代缴消费税准确地计算出来，使受托方按加工费正确计算其应纳的增值税。

【例 3-7】 某电商平台委托一家化妆品生产企业加工高档化妆品，电商平台共提供原材料 800 万元，支付不含增值税的加工费 50 万元，该批高档化妆品全部收回。化妆品生产企业无同类产品市场销售价格，消费税税率为 15%。计算化妆品生产企业代收代缴的消费税。

【例题解析】

（1）组成计税价格 =（材料成本+加工费）÷（1−比例税率）

= （800+50）÷（1−15%）

=1 000（万元）

（2）代收代缴的消费税 = 1 000×15% = 150（万元）

（四）委托加工收回的应税消费品已纳税款的扣除

委托方收回货物后用于连续生产应税消费品的，其已纳税款准予按照规定从连续生产的应税消费品应纳消费税税额中抵扣，因为委托加工的应税消费品已由受托方代收代缴消费税。

【政策解疑】 委托加工的应税消费品收回后直接出售的，不再缴纳消费税。委托方以高于受托方的计税价格出售的不属于直接出售，需按照规定申报缴纳消费税，在计税时准予扣除受托方已代收代缴的消费税。

下列连续生产的应税消费品准予从应纳消费税税额中按当期生产领用数量计算扣除委托加工收回的应税消费品已纳消费税税款。

（1）以委托加工收回的已纳税烟丝为原料生产的卷烟；

（2）以委托加工收回的已纳税高档化妆品为原料生产的高档化妆品；

（3）以委托加工收回的已纳税珠宝玉石为原料生产的贵重首饰及珠宝玉石；

（4）以委托加工收回的已纳税鞭炮、焰火为原料生产的鞭炮、焰火；

（5）以委托加工收回的已纳税杆头、杆身和握把为原料生产的高尔夫球杆；

（6）以委托加工收回的已纳税木制一次性筷子为原料生产的木制一次性筷子；

（7）以委托加工收回的已纳税实木地板为原料生产的实木地板；

（8）以委托加工收回的已纳税汽油、柴油、石脑油、燃料油、润滑油为原料生产的应税成品油。

上述 8 种情况中的当期准予扣除委托加工收回的应税消费品已纳消费税税款的计算公式如下。

当期准予扣除的委托加工应税消费品已纳税款 = 期初库存的委托加工应税消费品已纳税款+当期收回的委托加工应税消费品已纳税款−期末库存的委托加工应税消费品已纳税款

【政策解疑】 纳税人用委托加工收回的已纳税珠宝玉石生产的改在零售环节征收消

费税的金银首饰，在计税时一律不得扣除委托加工收回的珠宝玉石的已纳消费税税款。

【例 3-8】 甲化妆品企业为增值税一般纳税人，2021 年 6 月发生以下业务：委托乙化妆品厂（一般纳税人）加工 A 高档化妆品，向乙化妆品厂提供价值 500 000 元的材料，支付加工费 60 000 元，A 高档化妆品收回后，加工成成套化妆品出售取得销售收入 1 600 000 元。计算乙化妆品厂代收代缴的消费税和甲化妆品企业应纳消费税（乙化妆品厂无 A 高档化妆品同类销售价格）。

【例题解析】 由于受托方无同类应税消费品销售价格，按组成计税价格计税；委托方收回化妆品后用于连续生产成套化妆品，其已纳税款准予按照规定从连续生产的应税消费品应纳消费税税额中抵扣。

乙化妆品厂应代收代缴的消费税 =（500 000+60 000）÷（1−15%）×15%

=98 823. 53（元）

甲化妆品企业应纳消费税 = 1 600 000×15%−98 823. 53

= 141 176. 47（元）

三、卷烟批发环节应纳税额的计算

为完善香烟产品消费税制度，2009 年 5 月 1 日起，在卷烟批发环节加征批发环节消费税。

以在境内从事卷烟批发业务的单位和个人为纳税人；纳税人销售给纳税人以外的单位和个人的卷烟于销售时纳税。纳税人之间销售的卷烟不缴纳消费税；适用税率为从价税税率 11%，从量税税率 0. 005 元/支。

纳税人应将卷烟销售额与其他商品销售额分开核算，未分开核算的，一并征收消费税；纳税人兼营卷烟批发和零售业务的，应当分别核算批发和零售环节的销售额、销售数量；未分别核算批发和零售环节销售额、销售数量的，按照全部销售额、销售数量计征批发环节消费税；卷烟消费税在生产和批发两个环节征收后，批发企业在计算纳税时不得扣除已含的生产环节的消费税税款。

四、超豪华小汽车零售环节应纳税额的计算

2016 年 12 月 1 日起，“小汽车”税目下增设“超豪华小汽车”子税目。

（1）征收范围为每辆零售价格 130 万元（不含增值税）及以上的乘用车和中轻型商用客车，即乘用车和中轻型商用客车子税目中的超豪华小汽车。对超豪华小汽车，在生产（进口）环节按现行税率征收消费税基础上，在零售环节加征消费税，税率为 10%。

（2）将超豪华小汽车销售给消费者的单位和个人为超豪华小汽车零售环节纳税人。

（3）超豪华小汽车零售环节消费税应纳税额计算公式：

应纳税额 = 零售环节销售额（不含增值税）×零售环节税率

（4）国内汽车生产企业直接销售给消费者的超豪华小汽车，消费税税率按照生产环节税率和零售环节税率加总计算。消费税应纳税额计算公式：

应纳税额=销售额（不含增值税）×（生产环节税率+零售环节税率）

五、出口应税消费品退（免）税的计算

出口应税消费品退（免）消费税在政策上分为以下三种情况：

（一）出口免税并退税

有出口经营权的外贸企业购进应税消费品直接出口，以及外贸企业受其他外贸企业委托代理出口应税消费品。

【政策解疑】 外贸企业只有受其他外贸企业委托，代理出口应税消费品才可办理退税；外贸企业受其他企业（主要是非生产性的商贸企业）委托，代理出口应税消费品是不予退（免）税的。

消费税应退税额=从价定率计征消费税的退税计税依据×比例税率+从量定额计征消费税的退税计税依据×定额税率

【政策解疑】 出口货物的消费税应退税额的计税依据，按购进出口货物的消费税专用缴款书和海关进口消费税专用缴款书确定。属于从价定率计征消费税的，为已征且未在内销应税消费品应纳税额中抵扣的购进出口货物金额；属于从量定额计征消费税的，为已征且未在内销应税消费品应纳税额中抵扣的购进出口货物数量；属于复合计征消费税的，按从价定率和从量定额的计税依据分别确定。

（二）出口免税不退税

有出口经营权的生产性企业自营出口或委托外贸企业代理出口自产的应税消费品，依据其实际出口数量免征消费税，不予办理退还消费税。

【政策解疑】 免征消费税是指对生产性企业按其实际出口数量免征生产环节的消费税，不予办理退还消费税。因已免征生产环节的消费税，该应税消费品出口时，不含有消费税，所以无须再办理退还消费税。

（三）出口不免税也不退税

除生产企业、外贸企业外的其他企业。

【政策解疑】 以上其他企业具体是指一般商贸企业，这类企业委托外贸企业代理出口应税消费品一律不予退（免）税。

出口的应税消费品办理退税后，发生退关或者国外退货进口时予以免税的，报关出口者必须及时向其所在地主管税务机关申报补缴已退的消费税税款。

第五节 征收管理

一、消费税的纳税环节

1. 纳税人生产的应税消费品由生产者于销售时在销售环节纳税。

2. 纳税人生产的应税消费品用于其他方面的，应当于移送使用时纳税。

3. 委托加工的应税消费品由受托方在向委托方交货时代收代缴税款。委托加工收回后用于连续生产应税消费品，符合条件的，加工环节缴纳的消费税准予扣除。

4. 进口的应税消费品由进口报关者于报关进口时纳税。

5. 金银首饰在零售环节纳税。

6. 卷烟的批发在批发环节纳税。

二、消费税纳税义务发生时间

（一）纳税人销售应税消费品的纳税义务发生时间。

1. 纳税人采取赊销和分期收款结算方式的，其纳税义务的发生时间为销售合同规定的收款日期的当天。

2. 纳税人采取预收货款结算方式的，其纳税义务的发生时间为发出应税消费品的当天。

3. 纳税人采取托收承付和委托银行收款方式销售的应税消费品，其纳税义务的发生时间为发出应税消费品并办妥托收手续的当天。

4. 纳税人采取其他结算方式的，其纳税义务的发生时间为收讫销售款或者取得索取销售款的凭据的当天。

（二）纳税人自产自用的应税消费品，其纳税义务的发生时间为移送使用的当天。

（三）纳税人委托加工的应税消费品，其纳税义务的发生时间为纳税人提货的当天。

（四）纳税人进口的应税消费品，其纳税义务的发生时间为报关进口的当天。

三、消费税纳税期限

按照《消费税暂行条例》规定，消费税的纳税期限分别为 1 日、3 日、5 日、10 日、15 日、1 个月或 1 个季度。纳税人的具体纳税期限由主管税务机关根据纳税人应纳税额的大小分别核定；不能按照固定期限纳税的，可以按次纳税。

纳税人以 1 个月或 1 个季度为一期纳税的自期满之日起 15 日内申报纳税；以 1 日、3 日、5 日、10 日或者 15 日为一期纳税的，自期满之日起 5 日内预缴税款，于次月 1 日起至 15 日内申报纳税并结清上月应纳税款。

纳税人进口应税消费品，应当自海关填发进口消费税专用缴款书之日起 15 日内缴纳税款。

如果纳税人不能按照规定的纳税期限依法纳税，将按《税收征收管理法》的有关规定处理。

四、消费税的纳税地点

1. 纳税人销售的应税消费品及自产自用的应税消费品，除国家另有规定的外，应当向纳税人核算地主管税务机关申报纳税。

2. 委托加工的应税消费品，除受托方为个体经营者外，由受托方向所在地主管税务机关代收代缴消费税税款。

3. 进口的应税消费品由进口人或者其代理人向报关地海关申报纳税。

4. 纳税人到外县（市）销售或委托外县（市）代销自产应税消费品的，于应税消费品销售后，回纳税人核算地或所在地缴纳消费税。

5. 纳税人的总机构与分支机构不在同一县（市）的，应在生产应税消费品的分支机构所在地缴纳消费税。但经国家税务总局及所属省国家税务局批准，纳税人分支机构应纳消费税税款也可由总机构汇总向总机构所在地主管税务机关缴纳。根据国家税务总局颁发的《消费税若干具体问题的规定》，对纳税人的总机构与分支机构不在同一省、自治区、直辖市的。如须改由总机构汇总在总机构所在地纳税的，须经国家税务总局批准；对纳税人的总机构与分支机构在同一省（自治区、直辖市）内，而不在同一县（市）的，如须改由总机构汇总在总机构所在地纳税的，须经省级国家税务局批准。

6. 纳税人销售的应税消费品，如因质量等原因由购买者退回时，经所在地主管税务机关审核批准后，可退还已征收的消费税税款，但不能自行直接抵减应纳税款。

五、消费税纳税申报表的填写

根据《国家税务总局关于简并税费申报有关事项的公告国家税务总局公告》（2021年第9号）规定：自2021年5月1日起，海南、陕西、大连和厦门开展增值税、消费税分别与城市维护建设税、教育费附加、地方教育附加申报表整合试点，启用《增值税及附加税费申报表（一般纳税人适用）》（见表2-5）、《增值税及附加税费申报表（小规模纳税人适用）》（见表2-6）、《增值税及附加税费预缴表》及其附列资料和《消费税及附加税费申报表》（见表3-4）。

表 3-4　消费税及附加税费申报表

税款所属期：自　　年　月　日至　　年　月　日

纳税人识别号（统一社会信用代码）：□□□□□□□□□□□□□□□□□□□□

纳税人名称：　　　　　　　　　　　　　　　　金额单位：人民币元（列至角分）

项目 应税消费品名称	适用税率		计量单位	本期销售数量	本期销售额	本期应纳税额
	定额税率	比例税率				
	1	2	3	4	5	6=1×4+2×5
合计	——	——	——	——	——	

	栏次	本期税费额
本期减（免）税额	7	
期初留抵税额	8	
本期准予扣除税额	9	
本期应扣除税额	10=8+9	
本期实际扣除税额	11［10<（6-7），则为 10，否则为 6-7］	
期末留抵税额	12=10-11	
本期预缴税额	13	
本期应补（退）税额	14=6-7-11-13	
城市维护建设税本期应补（退）税额	15	
教育费附加本期应补（退）费额	16	
地方教育附加本期应补（退）费额	17	

声明：此表是根据国家税收法律法规及相关规定填写的，本人（单位）对填报内容（及附带资料）的真实性、可靠性、完整性负责。 纳税人（签章）：年月日	
经办人： 经办人身份证号： 代理机构签章： 代理机构统一社会信用代码：	受理人： 受理税务机关（章）： 受理日期：　　年　月　日

名词与术语

应税消费品　从价定率　从量定额　委托加工

简答题

1. 我国消费税的特点是什么?

2. 消费税具体包括哪些应税消费品?

3. 利用外购已税消费品连续生产应税消费品，在对连续生产出的应税消费品征税时，应采取什么办法避免重复征税?

4. 委托加工烟丝的委托方和受托方双方应纳哪种流转税，并说明计税依据的确定方法。

5. 自产自用应税消费品如何纳税?

6. 消费税的纳税地点如何确定?

计算分析题

1. 某企业为增值税一般纳税人，2020 年 3 月经营状况如下:

（1）生产食用酒精一批，将其中的 50%用于销售，开具的增值税专用发票注明金额 10 万元、税额 1.3 万元。

（2）将剩余的 50%食用酒精作为酒基，加入可食用的辅料及添加剂调制成 35 度的调制酒，当月全部销售，开具增值税专用发票注明金额 20 万元、税额 2.6 万元。

（3）酿制葡萄酒一批，将 20%的葡萄酒用于生产酒心巧克力，采用赊销方式销售，不含税总价为 20 万元，货已交付，合同约定 4 月 30 日付款。

（4）将剩余 80%的葡萄酒装瓶对外销售，开具的增值税专用发票注明金额 40 万元、税额 5.2 万元。

企业当期可抵扣的进项税额为 8 万元；消费税税率为 10%。

要求:

（1）分项计算应缴纳的消费税;

（2）计算 3 月应缴纳的增值税。

2. 某卷烟厂 5 月份发生以下经济业务。

（1）通过交易市场销售甲类卷烟 1 000 箱，每标准箱实际售价 14 500 元，国家调拨价 15 500 元。另外有 50 箱作为礼品赠送给协作单位。

（2）当月移送到本市非独立核算门市部 200 箱，门市部实际销售 150 箱，每箱售价 16 000 元（不含增值税），国家核定价 14 000 元。

（3）同期购入香精 10 万元，卷烟纸 12 万元，包装箱 8 万元，烟丝期初库存买价 30

万元，本期购入买价 150 万元，期末库存买价 50 万元。

（4）另外，从农业生产者购入烟叶 50 万元，委托 B 卷烟厂加工成烟丝，支付加工费 25 万元，无同类商品价格。收回烟丝的 50%按成本加价 10%用于对外销售，余下 50%直接用于加工成卷烟出售。

（5）采购和销售发生的运输费 3 万元。

要求：计算 A、B 卷烟厂应纳消费税。

3. 某 A 酒生产企业 2020 年 6 月发生以下业务。

（1）从农业生产者购入粮食 15 吨，每吨收购价 1.5 万元，共计支付收购价款 30 万元。企业将收购的粮食委托 B 酒厂生产加工成白酒，酒厂在加工过程中代垫辅料款 1 万元，收取加工费 3.75 万元（含代垫辅料款）。加工的白酒计 30 吨，当地无同类市场价格。A 酒厂将收回的白酒出售，取得不含税销售额 60 万元。

（2）外购已经征过消费税的粮食白酒 20 万元，加工成药酒出售，药酒销售额 30 万元，销售粮食白酒收取包装物押金 1 万元。

（3）销售啤酒 100 吨，每吨销售价 0.32 万元，销售额 32 万元。购入啤酒生产原料 15 万元，支付给运输单位的购货运输费用 2.25 万元。

要求：

（1）计算 B 酒厂应代收代缴消费税和应纳增值税；

（2）计算 A 酒厂应纳消费税、增值税。

4. 某外贸单位本月进口卷烟 1 500 箱，海关审定的完税价格为 7 500 万元（关税税率为 30%。进口雪茄烟，海关审定完税价格为 1 250 万元（关税税率为 30%）。进口化妆品完税价格 4 200 万元（关税税率为 35%）。向国内某单位售出卷烟 85 箱，价税合计收入 595 万元，售出化妆品价税合计收入 3 100 万元。购进烟丝出口，取得专用发票上注明价款 158 万元，出口离岸价为 230 万元。

要求：

（1）计算进口环节由海关代征的消费税；

（2）计算内销环节的消费税；

（3）计算出口环节应缴或应退的消费税。

第四章 关税

4

本章导读

关税是对进口商品征税，通过征收关税提高进口商品成本，起到保护国家主权和经济权益的重要作用。我国现行的关税制度由以2017年11月修订的《海关法》和2017年3月修订的《进出口税则》《进出口关税条例》《关于入境旅客行李和个人邮递物品征收进口税办法》等法律组成。

学习目的与要求

本章主要研究分析我国关税特点、关税分类方法，纳税人、征收范围、税率结构等税收要素，关税完税价格、应纳税额计算方法，关税减免税优惠、征收管理规定等问题。重难点集中在完税价格的确定、减免税和关税的征收管理几个方面。通过本章的学习，学生要了解关税的纳税对象及纳税人，熟练掌握关税完税价格、应纳税额的计算和关税的征收管理。

第一节 关税概述

一、关税的起源

关税是一个历史悠久的税种。早在古罗马、古希腊时代就已开征关税。我国早在西周时期就出现了“关市之赋”“关市之征”。随着我国对外贸易的大规模发展，关税也有了较大发展。唐朝时在广州设立了市舶司，以船舶运货物入中国境内者，须在市舶司处登记，然后由市舶司课征关税。市舶司是我国海关设置的最早形式。到宋、元时期，政府鼓励海上通商，海上对外贸易更加发达，在管理上仿唐朝，设置市舶司。公元1293年，元朝颁布了《市舶抽分则例》，比较详细地规定了输出入货物的征税、船舶监管、走私违章处理等管理办法。这是我国古代最完备的一部海关法规，也标志着市舶制度的成熟。新中国成立后，于1949年10月成立海关总署，负责统一管理全国海关。

二、关税的概念

关税是海关根据国家有关法律，以进出境的货物和物品为征收对象征收的一种商品税。

1. 关税一般由海关征收。

2. 关税的征收对象为货物和物品。

3. 关税的征收范围为进出境的货物和物品。所谓“境”是指关境，关境与国境是两个概念，它们既有联系，又不完全相同。

【特别提示】 关境又称“海关境域”“关税领域”，是国家《海关法》全面实施的领域。国境指一个主权国家行使行政权力的领域范围。通常情况下，一国关境与国境是一致的，包括国家全部的领土、领海、领空。但当某一国家在国境内设立了自由港、自由贸易区等，这些区域就进出口关税而言处在关境之外，此时该国家的国境大于关境；当几个国家结成关税同盟，形成统一的关境，此时关境大于国境。

三、关税的特点

1. 关税是在进出口环节征收

关税与国内流转税的课征方法（从价或从量）和课征标准（商品的销售量或价格）相同，所不同的是课征环节。国内流转税，如增值税是在生产、批发、零售等环节课征，关税则是在货物或物品进出口环节课征。我国的关税也是以进出口为征税环节，货物或物品进出关境按照统一实施的关税税则征收一次关税以后，就可以在整个关境内流通，不再另行征收关税。

2. 关税是对进出关境的货物或物品征税

货物是指贸易性的进出口商品，物品是指非贸易性的行李、邮件和个人自用的商品。关税的课税对象是进出关境的货物或物品，这同以商品销售收入和营业收入为课征对象的国内流转税是不同的。

3. 关税是国家执行对外经济政策的重要手段

关税不仅是国家取得财政收入的重要手段，而且是国家贯彻对外经济政策和实现政治经济目的的重要工具。世界各国为保护本国经济的发展，普遍实行保护关税政策，对进口稀缺的原材料、技术设备和出口制成品减免关税，对出口原材料和进口制成品课征一般关税或提高关税。我国在 2001 年加入 WTO 以后，降低关税，逐步适应自由贸易的需要。

四、关税的分类

（一）按征收目的划分

按征收目的划分，可把关税分为财政关税、保护关税和混合关税。

凡是征收关税的主要目的是为增加财政收入的，为财政关税。凡是征收关税的主要目的是保护国内经济的，为保护关税。既有财政性质又有保护性质的关税为混合关税。财政关税在各国历史上曾占有重要地位，占财政收入的较大比重。在现代，财政关税的地位大为削弱，但在某些发展中国家，关税仍占财政收入的重要地位。保护关税通过对进口商品征高关税，来保护国内新兴产业不受外来竞争的威胁，或扩大国内市场和国际市场的占有率。保护关税税率越高，越能达到保护目的，但易造成关税壁垒。因此，在实际生活中，实行混合关税的国家最多。

（二）按征税货物的流向划分

按征税货物的流向划分，可把关税分为进口税、出口税和过境税。

1. 进口税。进口税是对进口货物或物品征收的关税。进口关税是各国政府保护国内市场、增加财政收入的重要工具之一。

2. 出口税。出口税是对出口货物或物品征收的关税。在现代经济社会中，多数国家一般不征出口税，以增强本国商品在国际市场上的竞争力。

3. 过境税。过境税是对通过本国境内的外国商品征收的关税。目前，为吸引过境交易，大多数国家不征过境税，仅收取少量的行政费用或服务费用。

（三）按征税性质划分

关税按征税性质不同，可分为普通关税、优惠关税和差别关税。

1. 普通关税

普通关税（也称一般关税）是对与本国没有签订贸易或经济互惠等友好协定的国家原产地的货物征收的非优惠性关税。普通关税与优惠关税的税率差异较大。

2. 优惠关税

优惠关税指对特定国家输入的商品以低于普通关税税率征收的关税，以示友好。优惠关税又可分为特定优惠关税、普遍优惠关税、最惠国待遇三种。

（1）特定优惠关税（特惠关税）。特惠关税是指某一国家对另一国家或某些国家对另外一些国家的进口商品给予特定优惠关税待遇，其他国家不得享受的一种关税制度。特惠关税的优惠对象不受最惠国待遇原则制约，其他国家不得根据最惠国待遇原则要求享受这种优惠待遇。目前，国际上最著名的特惠关税协定是《洛美协定》，它是欧盟向参加《洛美协定》的90多个发展中国家单方面提供的特惠关税，也是南北合作范例。

（2）普遍优惠关税（普惠关税）。普惠关税是指发达国家对发展中国家或地区输入的商品，特别是制成品和半制成品，普遍给予优惠的关税制度。普惠关税有普遍性、非歧视性和非互惠性三项基本原则。

（3）最惠国待遇。最惠国待遇是指缔约国一方现在或将来给予任何第三国的一切优惠待遇，同样也适用于对方。最惠国待遇是国际贸易协定中的一项重要内容，适用范围很广。需要注意的是，优惠是相对于一般关税税率而言的，因此最惠国待遇往往不是最优惠税率，在最惠国待遇之外，还有更低的税率。

3. 差别关税

差别关税是指对特定国家输入的商品以高于一般关税税率征收的关税，以示报复、惩罚。差别关税又分加重关税、反补贴关税、反倾销关税和报复关税。

（1）加重关税。加重关税是指由于某种原因，对某国商品或某种商品的输入，加重征收关税。典型的加重关税有国籍加重税和间接输入货物加重税。

（2）反补贴关税。反补贴关税是对接受任何补贴或津贴的外国进口货物所附加征收的一种关税，是差别关税的重要形式之一。其目的在于防止外国商品凭借出口补贴而得到的价格优势，与本国商品争夺本国市场。值得注意的是，目前各国所采用的出口退税，属于退还国内税，不属于补贴。

（3）反倾销关税。是对外国的倾销商品，在征收正常进口关税的同时，附加征收的一种关税。它是差别关税的又一重要形式。如果某国将产品以低于生产成本的价格向其他国家推销，就有可能构成倾销，进口国就可以对倾销产品征收数量不超过倾销差价的反倾销税。

（4）报复关税。指针对某一国家对本国出口商品的不公正、不平等待遇，对该国输入本国的商品加重征收的关税。目前，报复关税是“贸易战”的手段之一。

五、关税的征税对象

关税的征税对象是进出境的货物和物品。“货物”指贸易性商品；“物品”包括入境旅客随身携带的行李和物品、个人邮递物品、各种运转工具上的服务人员携带进口的自用物品、馈赠物品及其他方式进入国境的个人物品。

六、纳税人

进口货物的收货人、出口货物的发货人、进出境物品的所有人是关税的纳税义务人。进出口货物的收、发货人是依法取得对外贸易经营权，并进口或者出口货物的法人或者其他社会团体。进出境物品的所有人包括该物品的所有人和推定为所有人的人。一般情况下，对于携带进境的物品，推定其携带人为所有人；对分离运输的行李，推定相应的进出境旅客为所有人；对以邮递方式进境的物品，推定其收件人为所有人；以邮递或其他运输方式出境的物品，推定其寄件人或托运人为所有人。

第二节 进出口税则

一、进出口税则

海关进出口税则（Customs Tariff）也称关税税则。它是一国海关据以对进出口商品计征关税的规章和对进、出口的应税与免税商品加以系统分类的一类表。其实质是关税税目税率表。进出口税则以税率表为主体，通常还包括实施税则的法令、使用税则的有关说明和附录等。《海关进出口税则》是我国海关凭以征收关税的法律依据，也是我国关税政策的具体体现。我国现行税则包括《进出口关税条例》《税率适用说明》《海关进口税则》《海关出口税则》及《进口商品从量税、复合税、滑准税税目税率表》《进口商品关税配额税目税率表》《进口商品税则暂定税率表》《出口商品税则暂定税率表》《非全税目信息技术产品税率表》等附录。

商品分类目录和税率是进出口税则的两项主要内容。税则商品分类目录是把种类繁多的商品加以综合，按照其不同特点分门别类简化成数量有限的商品类目。分别编号按序排列，称为税则号列并逐号列出该号中应列入的商品名称。所有商品分为 21 类、97 章，章下再分为目和子目。商品分类的原则即归类规则，包括归类总规则和各类、章、目的具体注释。税率栏是按商品分类目录逐项订出的税率栏目。我国现行进口税则为四栏税率，出口税则为一栏税率。1992 年，我国开始实施以《商品名称及编码协调制度》（简称 HS）为基础的进出口税则。

二、进口关税税率

我国加入 WTO 之后，进口税则设有最惠国税率、协定税率、特惠税率、普通税率、关税配额税率等税率。对进口货物在一定期限内可以实行暂定税率。暂定税率是在海关进出口税则规定的进口优惠税率和出口税率的基础上，对进口的某些重要的工农业生产原材料和机电产品关键部件（但只限于从与中国订有关税互惠协议的国家和地区进口的货物）及出口的部分资源性产品实施的更为优惠的关税税率。这种税率一般按照年度制订，并且随时可以根据需要恢复按照法定税率征税。

（一）进口货物税率形式

1. 最惠国税率

最惠国税率适用原产于与我国共同适用最惠国待遇条款的 WTO 成员国或地区的进口货物，或原产于与我国签订有相互给予最惠国待遇条款的双边贸易协定的国家或地区的进口货物，以及原产于我国境内的进口货物。

2. 协定税率

协定税率适用原产于我国参加的含有关税优惠条款的区域性贸易协定有关缔约方的进口货物。目前对原产于韩国、东盟、智利、瑞士、新西兰、冰岛等国的进口商品实行协定税率。

3. 特惠税率

特惠税率适用原产于与我国签订有特殊优惠关税协定的国家或地区的进口货物，目前对原产于《亚太贸易协定》中 2 个最不发达国家、东南亚国家联盟 3 个最不发达国家及阿富汗伊斯兰共和国等 43 个最不发达国家的进口商品实行特惠税率。

4. 普通税率

普通税率适用于原产于上述国家或地区以外的其他国家或地区的进口货物以及原产地不明的进口货物。按照普通税率征税的进口货物，经国务院关税税则委员会特别批准，可以适用最惠国税率。

适用最惠国税率、协定税率、特惠税率的国家或者地区名单，由国务院关税税则委员会决定。

（二）进口货物税率适用原则

1. 当最惠国税率低于或等于协定税率时，协定有规定的，按相关协定的规定执行；协定无规定的，二者从低适用。适用最惠国税率的进口货物有暂定税率的，应当适用暂定税率；适用协定税率、特惠税率的进口货物有暂定税率的，应当从低适用税率；适用普通税率的进口货物，不适用暂定税率。

2. 实行关税配额管理的进口货物，关税配额内的，适用关税配额税率；关税配额外的，按其适用税率的规定执行。

（三）进境物品税率

准许应税进口的旅客行李物品、个人邮递物品及其他个人自用的物品，除另有规定外，均由海关按照《入境旅客行李物品和个人邮递物品进口税税率表》征收进口税。进口税包括关税、进口环节增值税和消费税。2019 年 4 月 9 日，经国务院批准对进境物品进口税税目税率表进行调整。调整后的进境物品进口税税率表如表 4-1 所示。

表 4-1 进境物品进口税税率表

税目序号	物品名称	税率
1	书报、刊物、教育用影视资料；计算机、视频摄录一体机、数字照相机等信息技术产品；食品、饮料；金银；家具；玩具，游戏品、节日或其他娱乐用品和药品	13%
2	运动用品（不含高尔夫球及球具）、钓鱼用品；纺织品及其制成品；电视摄像机及其他电器用具；自行车；税目 1、3 中未包含的其他商品	20%
3	烟、酒；贵重首饰及珠宝玉石；高尔夫球及球具；高档手表；高档化妆品	50%

【特别提示】 对国家规定减按 3%征收进口环节增值税的进口抗癌药品，按照货物税率征税；税目 3 所列商品的具体范围与消费税征收范围一致。

三、出口关税税率

我国出口税则为一栏税率，即出口税率。国家仅对少数资源性产品及易于竞相杀价、盲目进口、需要规范出口秩序的半制成品征收出口关税。自 2021 年 1 月 1 日起继续对铬铁等 107 项商品征收出口关税，适用出口税率或出口暂定税率，征收商品范围和税率维持不变。适用出口税率的出口货物有暂定税率的，应当适用暂定税率。

四、税率的适用

我国《进出口关税条例》规定，进出口货物应当依照税则规定的归类原则归入合适的税号，并按照适用的税率征税。其中：

1. 进出口货物应当按照纳税义务人申报进口或者出口之日实施的税率征税。

2. 进口货物到达前，经海关核准先行申报的，应当按照装载此货物的运输工具申报进境之日实施的税率征税。

3. 进口转关运输货物应当适用指运地海关接受该货物申报进口之日实施的税率；货物运抵指运地前，经海关核准先行申报的，应当适用装载该货物的运输工具抵达指运地之日实施的税率。

4. 出口转关运输货物应当适用启运地海关接受该货物申报出口之日实施的税率。

5. 经海关批准，实行集中申报的进出口货物，应当适用每次货物进出口时海关接受该货物申报之日实施的税率。

6. 因超过规定期限未申报而由海关依法变卖的进口货物，其税款计征应当适用装载该货物的运输工具申报进境之日实施的税率。

7. 因纳税义务人违反规定需要追征税款的进出口货物，应当适用违反规定的行为发生之日实施的税率；行为发生之日不能确定的，适用海关发现该行为之日实施的税率。

8. 已申报进境并放行的保税货物、减免税货物、租赁货物或者已申报进出境并放行的暂时进出境货物，有下列情形之一需缴纳税款的，应当适用海关接受纳税义务人再次填写报关单申报办理纳税及有关手续之日实施的税率：

（1）保税货物经批准不复运出境的；

（2）保税仓储货物转入国内市场销售的；

（3）减免税货物经批准转让或者移作他用的；

（4）可暂不缴纳税款的暂时进出境货物，经批准不复运出境或者进境的；

（5）租赁进口货物，分期缴纳税款的。

9. 补征和退还进出口货物关税，应当按照前述规定确定适用的税率。

第三节 关税完税价格

依据《海关法》，进出口货物的完税价格由海关以该货物的成交价格为基础审查确定，成交价格不能确定时，完税价格由海关依法估定。完税价格按照一般货物进口、特殊货物进口、出口货物及进境物品等情形分别确定。

一、一般进口货物的完税价格

（一）以成交价格为基础确定

进口货物的完税价格包括货物的货价、货物运抵我国境内输入地点起卸前的运输及其相关费用、保险费。进口货物的实付或者应付价格中，应当计入完税价格，如买方负担的除购货佣金以外的佣金和经纪费、包装材料、包装劳务费用、容器费用等其他经济利益。

（二）进口货物的海关估价确定

进口货物的价格不符合成交价格条件或者成交价格不能确定的，海关应当依次以相同或类似货物成交价格方法、倒扣价格方法、计算价格方法及其他合理方法确定的价格为基础，估定完税价格。适用其他合理方法时应根据《海关审定进出口货物完税价格办法》规定的估价原则，以境内获得的数据资料为基础估定完税价格，不得使用以下价格：

（1）境内生产的货物在境内的销售价格；

（2）可供选择的价格中较高的价格；

（3）货物在出口地市场的销售价格；

（4）以计算价格方法规定的有关各项之外的价值或者费用计算的价格；

（5）出口到第三国或者地区的货物的销售价格；

（6）最低限价或武断虚构的价格。

二、特殊进口货物的完税价格

（一）运往境外修理的货物

运往境外修理的机械器具、运输工具或其他货物，出境时已向海关报明，并在海关规定期限内复运进境的，应当以海关审定的境外修理费和料件费为完税价格。

【例 4-1】 某企业向海关报关后将一台价值 65 万元的机械运往境外修理，机械修复后准时复运进境。假设该机械的关税税率为 5%，支付的修理费和料件费为 35 万元，并且该机械复运进境的运输及其相关费用为 3 万元、保险费为 2 万元。

【例题解析】 应纳关税 = 35×5% = 1.75（万元）

（二）运往境外加工的货物

运往境外加工的货物，出境时已向海关报明，并在海关规定期限内复运进境的，应当以海关审定的境外加工费和料件费，以及该货物复运进境的运输及其相关费用、保险费估定完税价格。

【例 4-2】 某企业向海关报明后将一批货物运往境外加工，准时复运进境。假设该货物的关税税率为 5%，支付的外加工费和料件费为 35 万元，并且该机械复运进境的运输及其相关费用为 3 万元、保险费为 2 万元。

【例题解析】 应纳关税 =（35+3+2）×5% = 2（万元）

（三）暂时进境货物

对于经海关批准的暂时进境的货物，应当按照一般进口货物估价办法的规定，估定完税价格。

（四）租赁方式进口货物

租赁方式进口的货物中，以租金方式对外支付的租赁货物，在租赁期间以海关审定的租金作为完税价格；留购的租赁货物，以海关审定的留购价格作为完税价格；承租人申请一次性缴纳税款的，可以选择按照一般进口货物估价办法的规定估定完税价格或者按照海关审查确定的租金总额作为完税价格。

（五）留购的进口货样等

对于境内留购的进口货样、展览品和广告陈列品，以海关审定的留购价格作为完税价格。

（六）予以补税的减免税货物

减税或免税进口的货物需予补税时，应当以海关审定的该货物原进口时的价格，扣除折旧部分价值作为完税价格，计算公式为：

完税价格=海关审定的该货物原进口时的价格×［1-申请补税时实际已使用的时间（月）÷（监管年限×12）］

【例 4-3】 某公司因特定用途进口一项设备，到岸价格为 80 万元，该设备适用的进口关税税率为 50%。经公司申请、海关批准，该设备进口时免纳进口关税，条件是设备的使用需受海关监管，监管期限为 5 年。公司使用 2 年后经海关批准移作他用。计算公司应补缴的进口关税。

【例题解析】 应纳进口关税=80×［1-2×12÷（5×12）］×50%=24（万元）

（七）以其他方式进口的货物

以易货贸易、寄售、捐赠、赠送等其他方式进口的货物，应当按照一般进口货物估价办法的规定，估定完税价格。

三、出口货物的完税价格

（一）以成交价格为基础的完税价格

出口货物的完税价格由海关以该货物向境外销售的成交价格为基础审查确定，并应包括货物运至我国境内输出地点装载前的运输及其相关费用、保险费，但其中包含的出口关税税额应当扣除。

出口货物的成交价格是指该货物出口销售到我国境外时买方向卖方实付或应付的价格。出口货物的成交价格中含有支付给境外的佣金的，如果单独列明应当扣除。

（二）出口货物海关估价方法

出口货物的成交价格不能确定时，完税价格由海关依次使用下列方法估定：

1. 同时或大约同时向同一国家或地区出口的相同货物的成交价格；
2. 同时或大约同时向同一国家或地区出口的类似货物的成交价格；
3. 根据境内生产相同或类似货物的成本、利润和一般费用、境内发生的运输及其相关费用、保险费计算所得的价格；
4. 按照合理方法估定的价格。

第四节 应纳税额的计算

一、从价计征应纳税额的计算

关税税额=应税进（出）口货物数量×单位完税价格×税率

二、从量计征应纳税额的计算

关税税额=应税进（出）口货物数量×单位货物税额

三、复合计征应纳税额的计算

关税税额=应税进（出）口货物数量×单位货物税额+应税进（出）口货物数量×单位完税价格×税率

四、滑准税应纳税额的计算

关税税额=应税进（出）口货物数量×单位完税价格×滑准税税率

【政策解疑】　滑准税是指关税的税率随着进口商品价格的变动而反方向变动的一种税率形式，即价格越高，税率越低，税率为比例税率。因此，实行滑准税率，进口商品应纳关税税额的计算方法与从价税的计算方法相同。

【例 4-4】　某企业为增值税一般纳税人，2021 年 6 月从国外进口一批材料，货价 80 万元，买方支付购货佣金 2 万元，运抵我国输入地点起卸前运费及保险费 5 万元；从国外进口一台设备，货价 10 万元，境外运费和保险费 2 万元，与设备有关的软件特许权使用费 3 万元；企业缴纳进口环节相关税金后海关放行。材料关税税率 20%，设备关税税率 10%。要求计算该企业应纳进口环节关税。

【例题解析】　按规定，买方支付的购货佣金 2 万元不计入关税完税价内。

应纳关税=（80+5）×20%+（10+2+3）×10%

=18. 5（万元）

五、跨境电子商务零售进口税收政策

自 2016 年 4 月 8 日起，跨境电子商务零售进口商品按照货物征收关税和进口环节增值税、消费税，购买跨境电子商务零售进口商品的个人作为纳税义务人，实际交易价格（包括货物零售价格、运费和保险费）作为完税价格，电子商务企业、电子商务交易平台企业或物流企业可作为代收代缴义务人。

（1）纳税人与扣缴义务人。

（2）完税价格。实际交易价格（包括货物零售价格、运费和保险费）。

（3）计征限额。自 2019 年 1 月 1 日起，跨境电子商务零售进口商品的单次交易限值为人民币 5 000 元，个人年度交易限值为人民币 26 000 元。

① 限值以内：关税税率暂设为 0%；进口环节增值税、消费税暂按法定应纳税额的 70%征收。

② 自 2019 年 1 月 1 日起，完税价格超过 5 000 元单次交易限值但低于 26 000 元年度交易限值，且订单下仅一件商品时，可以自跨境电商零售渠道进口，按照货物税率全额征收关税和进口环节增值税、消费税，交易额计入年度交易总额，但年度交易总额超过

年度交易限值的，应按一般贸易管理。

③ 已经购买的电商进口商品属于消费者个人使用的最终商品，不得进入国内市场再次销售；原则上不允许网购保税进口商品在海关特殊监管区域外开展“网购保税+线下自提”模式。

六、海南离岛旅客免税购物政策

自 2020 年 7 月 1 日起，我国实行海南离岛旅客免税购物政策。

（一）离岛免税政策的含义

离岛免税政策是指对乘飞机、火车、轮船离岛（不包括离境）旅客实行限值、限量、限品种免进口税购物，在实施离岛免税政策的免税商店（以下称离岛免税店）内或经批准的网上销售窗口付款，在机场、火车站、港口码头指定区域提货离岛的税收优惠政策。离岛免税政策免税税种为关税、进口环节增值税和消费税。

（二）免税额度

离岛旅客每年每人免税购物额度为 10 万元人民币，不限次数。免税商品种类及每次购买数量限制，按照《财政部 海关总署 税务总局关于海南离岛旅客免税购物政策的公告》附件执行。超出免税限额、限量的部分，照章征收进境物品进口税。旅客购物后乘飞机、火车、轮船离岛记为 1 次免税购物。已经购买的离岛免税商品属于消费者个人使用的最终商品，不得进入国内市场再次销售。

第五节 关税减免

关税减免是对某些纳税人和征税对象给予鼓励和照顾的一种特殊调节手段。根据《海关法》规定，除法定减免税外的其他减免税均由国务院决定。减征关税以最惠国税率或者普通税率为基准。

一、法定减免税

（一）下列进出口货物，免征关税

（1）关税税额在人民币 50 元以下的一票货物，可免征关税；

（2）无商业价值的广告品和货样，可免征关税；

（3）外国政府、国际组织无偿赠送的物资，可免征关税；

（4）进出境运输工具装载的途中必需的燃料、物料和饮食用品，可予免税；

（5）在海关放行前损失的货物，可免征关税；

（6）在海关放行前遭受损坏的货物，可以根据海关认定的受损程度减征关税；

（7）我国缔结或者参加的国际条约规定减征、免征关税的货物、物品，按照规定予以减免关税；

（8）法律规定减征、免征关税的其他货物、物品。

（二）下列进出口货物，可以暂不缴纳关税

（1）在展览会、交易会、会议及类似活动中展示或者使用的货物；

（2）文化、体育交流活动中使用的表演、比赛用品；

（3）进行新闻报道或者摄制电影、电视节目使用的仪器、设备及用品；

（4）开展科研、教学、医疗活动使用的仪器、设备及用品；

（5）在第1项至第4项所列活动中使用的交通工具及特种车辆；

（6）货样；

（7）供安装、调试、检测设备时使用的仪器、工具；

（8）盛装货物的容器；

（9）其他用于非商业目的的货物。

二、特定减免税

特定减免税也称政策性减免税。在法定减免税之外，国家按照国际通行规则和我国实际情况，制定发布的有关进出口货物减免关税的政策，称为特定或政策性减免税。特定减免税货物一般有地区、企业和用途的限制，海关需要进行后续管理，也需要进行减免税统计。

（1）科教用品。对科学研究机构和学校，以科学研究和教学为目的，在合理数量范围内进口国内不能生产或者性能不能满足需要的科学研究和教学用品，免征进口关税和进口环节增值税、消费税。

（2）慈善捐赠物资。对境外自然人、法人或者其他组织等境外捐赠人，无偿向国务院有关部门和各省、自治区、直辖市人民政府、中国红十字会总会、中华全国妇女联合会、中国残疾人联合会、中华慈善总会、中国初级卫生保健基金会、中国宋庆龄基金会和中国癌症基金会，以及经民政部或省级民政部门登记注册且被评定为5A级的以人道救助和发展慈善事业为宗旨的社会团体或基金会等受赠人捐赠的直接用于慈善事业的物资，免征进口关税和进口环节增值税。

【政策解疑】 慈善事业是指非营利的慈善救助等社会慈善和福利事业，包括以捐赠财产方式自愿开展的扶贫济困、扶助老幼病残等困难群体，促进教育、科学、文化、卫生、体育等事业发展，防治污染和其他公害，保护和改善环境等慈善活动。

（3）残疾人专用品。为支持残疾人的康复工作，对规定的残疾人个人专用品，免征进口关税和进口环节增值税、消费税；对康复、福利机构、假肢厂和荣誉军人康复医院进口国内不能生产的、该规定明确的残疾人专用品，免征进口关税和进口环节增值税。

（4）重大技术装备。为继续支持我国重大技术装备制造业发展，自2020年1月8日起，对符合规定的企业和核电项目业主，为生产国家支持发展的重大技术装备和产品，在享受政策期限内申报进口当年度适用的《重大技术装备和产品进口关键零部件、原材料商品目录》中相应的执行年限内的商品，免征关税和进口环节增值税。

三、临时减免

临时减免是指在以上两项减免税以外，由国务院运用“一案一批”原则，针对某个纳税人、某类商品、某个项目或某批货物的特殊情况，特别照顾，临时给予的减免。

第六节 关税的征收管理

一、关税缴纳

进口货物自运输工具申报进境之日起14日内，出口货物在货物运抵海关监管区后、装货的24小时以前，应该由进出口货物的纳税义务人向货物进出境地海关申报，并填发税款缴款书。纳税义务人或其代理人应在海关填发税款缴款书之日起15日内，向指定银行缴纳税款。关税纳税义务人因不可抗力或国家税收政策调整的情形下，不能按期缴纳税款的，经海关总署批准，可以延期缴纳税款，但最长不得超过6个月。

二、关税的强制执行

纳税义务人未在关税缴纳期限内缴纳税款，即构成关税滞纳。为保证海关征收关税决定的有效执行和国家财政收入的及时入库，《海关法》赋予海关对滞纳关税的纳税义务人强制执行的权利，强制措施包括征收关税滞纳金和强制征收。

（一）征收关税滞纳金

滞纳金自关税缴纳期限届满滞纳之日起，至纳税义务人缴纳关税之日止，按滞纳税款万分之五的比例按日征收，周末或法定节假日不予扣除。具体计算公式为：

关税滞纳金金额=滞纳关税税额×滞纳金征收比率×滞纳天数

【例4-5】 某公司进口货物一批，CIF成交价为人民币600万元，含单独计价并经海关审核属实的进口后装配调试费30万元，该货物关税税率10%，海关填发税款缴款书日期为2021年1月10日，该货物于当年1月25日缴纳税款。则该公司应缴纳的关税滞纳金多少元?

【例题解析】

（1）关税完税价格=600−30=570（万元）

（2）应纳关税 $=570\times10\%=57$（万元）

（3）应纳滞纳金 $=57$ 万元 $\times0.5‰\times1=285$（元）

纳税人应当自海关填发税款缴款书之日起 15 日内完税，该公司应于 1 月 24 日前纳税，该公司 25 日纳税滞纳 1 天。

（二）强制征收

如纳税义务人自海关填发缴款书之日起 3 个月仍未缴纳税款，经海关关长批准，海关可以采取强制扣缴、变价抵缴等强制措施。强制扣缴即海关从纳税义务人在开户银行或者其他金融机构的存款中直接扣缴税款。变价抵缴即海关将应税货物依法变卖，以变卖所得抵缴税款。

三、关税退还

关税退还是关税纳税义务人按海关核定的税额缴纳关税后，因某种原因的出现，海关将实际征收多于应当征收的税额退还给原纳税义务人的一种行政行为。根据《海关法》规定，海关多征的税款，海关发现后应当立即退还；进出口货物的纳税义务人可以自缴纳税款之日起 1 年内，向海关申请退税并加算银行同期活期存款利息，逾期不予受理。

四、关税补征和追征

补征和追征是海关在关税纳税义务人按海关核定的税额缴纳关税后，发现实际征收税额少于应当征收的税额（称为短征关税）时，责令纳税义务人补缴所差税款的一种行政行为。

海关法根据短征关税的原因，将海关征收原短征关税的行为分为补征和追征两种。由于纳税人违反海关规定造成短征关税的，称为追征；非因纳税人违反海关规定造成短征关税的，称为补征。

进出境货物和物品放行后，海关发现少征或者漏征税款，应当自缴纳税款或者货物、物品放行之日起 1 年内，向纳税义务人补征；因纳税义务人违反规定而造成的少征或者漏征的税款，自纳税义务人应缴纳税款之日起 3 年以内可以追征，并从缴纳税款之日起按日加收少征或者漏征税款万分之五的滞纳金。

名词与术语

关税配额　关税完税价格　滑准税　跨境电子商务

简答题

1. 什么是关税？

2. 我国的跨境电子商务零售进口税收政策如何规定的?
3. 海南离岛旅客免税购物政策怎样规定的?
4. 关税有哪些减免措施?

计算分析题

1. 上海某化工厂为增值税一般纳税人，2020 年 1 月份从美国进口一批原材料，价格折合人民币 1 000 万元，化工厂支付购货佣金 10 万元，运抵青岛港口起卸前运费及保险费为 20 万元，化工厂缴纳了进口环节的相关税费后海关放行。已知关税税率为 20%，计算该化工厂进口环节应缴纳的税金。

2. 某外贸公司 2020 年 6 月进口一批消费品，实际成交价格（货价）350 万元，未含从境外起运地至境内口岸运费 35 万元，保险费无法确定。另外从甲企业购进应纳消费税的 A 产品一批，取得的增值税专用发票上注明价款 1 000 万元、增值税款 130 万元，该产品现全部出口。从内地口岸运到出境口岸运费 5 万元，出境口岸成交价格 1 500 万元（含单独列明的支付给国外的佣金 7 万元）。已知：消费税税率 30%，进口关税率 20%，增值税退税率 10%，出口关税税率 40%。计算 6 月该外贸公司在进出口环节各项税款和应退税款。

3. 2020 年 5 月某进出口公司从境外 A 国进口一批化妆品，支付该批货物货款 500 万元，运抵我国关境内输入地点起卸前的运输费 8 万元、保险费 4 万元、包装费 1 万元，支付购货佣金 3.5 万元、采购代理人劳务费 5 万元、经纪费 3 万元、特许权使用费 2 万元、货物运抵境内输入地点之后的运输费用 6 万元，取得运输企业开具的增值税专用发票。海关核定该批货物适用的进口关税税率为 20%，消费税税率 15%。计算该进出口公司进口环节应纳的税金。

第五章 资源税

5

本章导读

资源税是对各种自然资源开发、使用所征收的一种特别税类。我国现行的资源税包括资源税、城镇土地使用税和土地增值税，其中资源税是对矿产资源征税，而土地使用税和土地增值税是对土地资源征税。

学习目的与要求

本章主要研究资源税、城镇土地使用税、土地增值税的纳税人、征税对象、税率结构、应纳税额计算、征收管理等问题。重点内容为各税种的应纳税额的准确计算。

第一节 资源税概述

资源税法是指国家制定的用以调整资源税征收与缴纳之间权利及义务关系的法律规范。现行资源税的基本规范是2019年8月26日第十三届全国人民代表大会常务委员会第十二次会议通过的《中华人民共和国资源税法》（以下简称《资源税法》），该法于2020年9月1日起施行。

一、纳税义务人

资源税的纳税义务人是指在中华人民共和国领域和中华人民共和国管辖的其他海域开发应税资源的单位和个人，为资源税的纳税人，应当依照《资源税法》和《资源税税目税率表》的规定缴纳资源税。

纳税人以应税产品用于非货币性资产交换、捐赠、偿债、赞助、集资、投资、广告、样品、职工福利、利润分配或者连续生产非应税产品等应当缴纳资源税。

纳税人开采和生产应税产品自用于连续生产应税产品的，不缴纳资源税。

资源税规定仅对在中国境内开采或生产应税产品的单位和个人征收，因此，进口的矿产品和盐不征收资源税。由于对进口应税产品不征收资源税，对出口应税产品也不免征或退还已纳资源税。

二、税目和税率

（一）税目

资源税税目包括5大类，在5个税目下面又设有若干个子目。《资源税法》所列的税目有164个，涵盖了所有已经发现的矿种和盐。

1. 能源矿产

（1）原油。开采的天然原油征税；不包括人造石油。

（2）天然气、页岩气、天然气水合物。

（3）煤炭，包括原煤和以未税原煤加工的洗选煤。

（4）煤成（层）气。

（5）铀、钍。

（6）油页岩、油砂、天然沥青、石煤。

（7）地热。

2. 金属矿产

（1）黑色金属。包括铁、锰、铬、钒、钛。

（2）有色金属。包括铜、铅、锌、锡、镍、锑、镁、钴、铋、汞；铝土矿；钨；钼；

金、银；铂、钯、钌、锇、铱、铑；轻稀土；中重稀土；铍、锂、锆、锶、铷、铯、铌、钽、锗、镓、铟、铊、铪、铼、镉、硒、碲。

3. 非金属矿产

（1）矿物类。包括高岭土；石灰岩；磷；石墨；萤石、硫铁矿、自然硫；天然石英砂、脉石英、粉石英、水晶、工业用金刚石、冰洲石、蓝晶石、硅线石、长石、滑石、刚玉、菱镁矿、颜料矿物、天然碱、芒硝、纳硝石、明矾石、砷、硼、碘、溴、膨润土、硅藻土、陶瓷土、耐火粘土、铁钒土、凹凸棒石粘土、海泡石粘土、伊利石粘土、累托石粘土；叶蜡石、硅灰石、透辉石、珍珠岩、云母、沸石、重晶石、毒重石、方解石、蛭石、透闪石、工业用电气石、白垩、石棉、蓝石棉、红柱石、石榴子石、石膏；其他粘土（铸型用粘土、砖瓦用粘土、陶粒用粘土、水泥配料用粘土、水泥配料用红土、水泥配料用黄土、水泥配料用泥岩、保温材料用粘土）。

（2）岩石类。包括大理岩、花岗岩、白云岩、石英岩、砂岩、辉绿岩、安山岩、闪长岩、板岩、玄武岩、片麻岩、角闪岩、页岩、浮石、凝灰岩、黑耀岩、霞石正长岩、蛇纹岩、麦饭石、泥灰岩、含钾岩石、含钾砂页岩、天然油石、橄榄岩、松脂岩、粗面岩、辉长岩、辉石岩、正长岩、火山灰、火山渣、泥炭；砂石（天然砂、卵石、机制砂石）。

（3）宝玉石类。包括宝石、玉石、宝石级金刚石、玛瑙、黄玉、碧玺。

4. 水气矿产

（1）二氧化碳气、硫化氢气、氦气、氡气。

（2）矿泉水。

5. 盐

（1）钠盐、钾盐、镁盐、锂盐。

（2）天然卤水。

（3）海盐。

上述各税目征税时有的对原矿征税，有的对选矿征税，具体适用的征税对象按照《税目税率表》的规定执行，主要包括以下三类：① 按原矿征税。② 按选矿征税。③ 按原矿或者选矿征税。

（二）税率

资源税按照原矿、选矿分别设定税率。《税目税率表》中规定实行幅度税率的，其具体适用税率由省、自治区、直辖市人民政府统筹考虑该应税资源的品位、开采条件以及对生态环境的影响等情况，在税目税率表规定的税率幅度内提出，报同级人民代表大会常务委员会决定，并报全国人民代表大会常务委员会和国务院备案。《税目税率表》中规定征税对象为原矿或者选矿的，应当分别确定具体适用税率（见表 5-1）。

表 5-1 资源税税目税率表

税目			征税对象	税率
能源矿产	原油		原矿	6%
	天然气、页岩气、天然气水合物		原矿	6%
	煤		原矿/选矿	2%~10%
	煤成（层）气		原矿	1%~2%
	铀、钍		原矿	4%
	油页岩、油砂、天然沥青、石煤		原矿/选矿	1%~4%
	地热		原矿	1%~20%或者每立方米 1~30 元
金属矿产	黑色金属	铁、锰	原矿/选矿	1%~9%
	有色金属	铜、铅、锌、锡、镍等	原矿/选矿	2%~10%
		铝土矿	原矿/选矿	2%~9%
		钨	选矿	6.5%
		铜	选矿	8%
		金、银	原矿/选矿	2%~6%
		铂、钯、钌、锇、铱、铑	原矿/选矿	5%~10%
		轻稀土	选矿	7%~12%
		中重稀土	选矿	20%
		铍、锂、锆等	原矿/选矿	2%~10%
非金属矿产	矿物类	高岭土	原矿/选矿	1%~6%
		石灰岩	原矿/选矿	1%~6%或者每吨（或者每立方米）1~10 元
		磷	原矿/选矿	3%~8%
		石墨	原矿/选矿	3%~12%
		萤石、硫铁矿、自然硫	原矿/选矿	1%~8%
		天然石英砂等	原矿/选矿	1%~12%
		叶蜡石等	原矿/选矿	2%~12%
		其他粘土	原矿/选矿	1%~5%或者每吨（或者每立方米）0.1~5 元
	岩石类	大理岩、花岗岩等	原矿/选矿	1%~10%
		砂石	原矿/选矿	1%~5%或者每吨（或者每立方米）0.1~5 元
	宝玉石类	宝石、玉石、宝石级金刚石、玛瑙、黄玉、碧玺	原矿/选矿	4%~20%

续表

税目		征税对象	税率
水气矿产	二氧化碳气、硫化氢气、氦气、氡气	原矿	2%～5%
	矿泉水	原矿	1%～20%或者每立方米1～30元
盐	钠盐、钾盐、镁盐、锂盐	选矿	3%～15%
	天然卤水	原矿	3%～15%或者每吨（或者每立方米）1～10元
	海盐		2%～5%

纳税人开采或者生产不同税目应税产品的，应当分别核算不同税目应税产品的销售额或者销售数量；未分别核算或者不能准确提供不同税目应税产品的销售额或者销售数量的，从高适用税率。

纳税人开采或者生产同一税目下适用不同税率应税产品的，应当分别核算不同税率应税产品的销售额或者销售数量；未分别核算或者不能准确提供不同税率应税产品的销售额或者销售数量的，从高适用税率。

三、计税依据

资源税的计税依据为应税产品的销售额或销售量，按照从价定率或者从量定额的办法计征资源税。

（一）从价定率计征的计税依据

1．应税产品销售额的确定

资源税应税产品（以下简称应税产品）的销售额按照纳税人销售应税产品向购买方收取的全部价款确定，不包括增值税税款。计入销售额中的相关运杂费用，凡取得增值税发票或者其他合法有效凭据的，准予从销售额中扣除。相关运杂费用是指应税产品从坑口或者洗选（加工）地到车站、码头或者购买方指定地点的运输费用、建设基金以及随运销产生的装卸、仓储、港杂费用。

2．特殊情形下销售额的确定

纳税人申报的应税产品销售额明显偏低且无正当理由的，或者有自用应税产品行为而无销售额的，主管税务机关可以按下列方法和顺序确定其应税产品销售额：

（1）按纳税人最近时期同类产品的平均销售价格确定。

（2）按其他纳税人最近时期同类产品的平均销售价格确定。

（3）按后续加工非应税产品销售价格减去后续加工环节的成本利润后确定。

（4）按应税产品组成计税价格确定。

组成计税价格＝成本×（1+成本利润率）÷（1−资源税税率）

上述公式中的成本利润率由省、自治区、直辖市税务机关确定。

（5）按其他合理方法确定。

3. 外购应税产品与自采应税产品混合加工或混合销售

纳税人外购应税产品与自采应税产品混合销售或者混合加工为应税产品销售的，在计算应税产品销售额或者销售数量时，准予扣减外购应税产品的购进金额或者购进数量；当期不足扣减的，可结转下期扣减。纳税人应当准确核算外购应税产品的购进金额或者购进数量，未准确核算的，一并计算缴纳资源税。

【政策解疑】 纳税人核算并扣减当期外购应税产品购进金额、购进数量，应当依据外购应税产品的增值税发票、海关进口增值税专用缴款书或者其他合法有效凭据。

（二）从量定额计征的计税依据

实行从量定额计征的计税依据为应税产品的销售数量，包括纳税人开采或者生产应税产品的实际销售数量和视同销售的自用数量。

四、应纳税额的计算

（一）从价定率计征

实行从价计征的，应纳税额按照应税资源产品（以下称应税产品）的销售额乘以具体适用税率计算。

应纳税额＝销售额×税率

【例 5-1】 华北某天然气企业 2021 年 6 月份开采销售天然气 200 万元，按《资源税税目税率明细表》的规定，其适用的税率为 6%。计算该企业本月应纳资源税税额。

【例题解析】 应纳税额＝200×6%＝12（万元）

（二）从量定额计征

实行从量计征的，应纳税额按照应税产品的销售数量乘以具体适用税率计算。

应纳税额＝销售数量×单位税额

【例 5-2】某砂石企业 10 月销售机制砂石 40 000 吨，该企业机制砂石适用 5 元/吨的单位税额。计算该砂石企业本月应纳资源税税额。

【例题解析】

应纳税额＝课税数量×单位税额

＝40 000×5

＝200 000（元）

五、税收优惠

（一）免征资源税项目

（1）开采原油及在油田范围内运输原油过程中用于加热的原油、天然气；

（2）煤炭开采企业因安全生产需要抽采的煤成（层）气。

（二）减征资源税项目

（1）从低丰度油气田开采的原油、天然气减征20%资源税；

（2）高含硫天然气、三次采油和从深水油气田开采的原油、天然气减征30%资源税；

（3）稠油、高凝油减征40%资源税；

（4）从衰竭期矿山开采的矿产品减征30%资源税。

（三）有下列情形之一的，可以免征或者减征资源税

（1）纳税人开采或者生产应税产品过程中，因意外事故或者自然灾害等原因遭受重大损失；

（2）纳税人开采共伴生矿、低品位矿、尾矿。

免征或者减征资源税的具体办法，由省、自治区、直辖市人民政府提出，报同级人民代表大会常务委员会决定，并报全国人民代表大会常务委员会和国务院备案。

【特别提示】　纳税人的免税、减税项目应当单独核算销售额或者销售数量；未单独核算或者不能准确提供销售额或者销售数量的，不予免税或者减税；纳税人开采或者生产同一应税产品同时符合两项或者两项以上减征资源税优惠政策的，除另有规定外，只能选择其中一项执行。

六、征收管理

（一）纳税义务发生时间

纳税人销售应税产品，纳税义务发生时间为收讫销售款或者取得索取销售款凭据的当日；自用应税产品的，纳税义务发生时间为移送应税产品的当日。

（二）纳税期限

资源税按月或者按季申报缴纳；不能按固定期限计算缴纳的，可以按次申报缴纳。

纳税人按月或者按季申报缴纳的，应当自月度或者季度终了之日起15日内，向税务机关办理纳税申报并缴纳税款；按次申报缴纳的，应当自纳税义务发生之日起15日内，向税务机关办理纳税申报并缴纳税款。

（三）纳税地点

纳税人应当向应税产品开采地或者生产地的税务机关申报缴纳资源税。

（四）申报表的填写

根据《国家税务总局关于简并税费申报有关事项的公告国家税务总局公告》（2021年第9号）规定：自2021年6月1日起，纳税人申报缴纳城镇土地使用税、房产税、车船税、印花税、耕地占用税、资源税、土地增值税、契税、环境保护税、烟叶税中一个或多个税种时，使用《财产和行为税纳税申报表》（见表5-2）。纳税人新增税源或税源变化时，需先填报《财产和行为税税源明细表》。

表 5-2　财产和行为税纳税申报表

纳税人识别号(统一社会信用代码):□□□□□□□□□□□□□□□□□□

纳税人名称:　　　　　　　　　　　　　　　　　　　　　　　　　金额单位:人民币元(列至角分)

序号	税种	税目	税款所属期起	税款所属期止	计税依据	税率	应纳税额	减免税额	已缴税额	应补(退)税额
1										
2										
3										
4										
5										
6										
7										
8										
9										
10										
11	合计	–	–	–	–	–				

声明:此表是根据国家税收法律法规及相关规定填写的,本人(单位)对填报内容(及附带资料)的真实性、可靠性、完整性负责。

纳税人(签章):　　　　　　年　月　日

经办人: 经办人身份证号: 代理机构签章: 代理机构统一社会信用代码:	受理人: 受理税务机关(章): 受理日期:　　　　年　月　日

第二节 城镇土地使用税

城镇土地使用税法是指国家为了合理利用城镇土地，调节土地级差收入，提高土地使用效益，加强土地管理，制定的用以调整城镇土地使用税征收与缴纳之间权利及义务关系的法律规范。现行城镇土地使用税的基本规范是2006年12月31日《国务院关于修改〈中华人民共和国城镇土地使用税暂行条例〉的决定》（以下简称《城镇土地使用税暂行条例》），2013年12月4日国务院进行了部分修改。城镇土地使用税是以土地为征税对象，对拥有土地使用权的单位和个人征收的一种税。

开征城镇土地使用税有利于通过经济手段加强对土地的管理，改变土地的无偿使用为有偿使用，促进合理、节约使用土地，提高土地使用效益；有利于适当调节不同地区、不同地段之间的土地级差收入，促进企业加强经济核算，理顺国家与土地使用者之间的分配关系。

一、纳税义务人

在城市、县城、建制镇、工矿区范围内使用土地的单位和个人，为城镇土地使用税（以下简称土地使用税）的纳税人。

所称单位，包括国有企业、集体企业、私营企业、股份制企业、外商投资企业、外国企业及其他企业和事业单位、社会团体、国家机关、军队及其他单位；所称个人，包括个体工商户及其他个人。

城镇土地使用税的纳税人通常包括以下几类：

1. 拥有土地使用权的单位和个人。

2. 拥有土地使用权的单位和个人不在土地所在地的，其土地的实际使用人和代管人为纳税人。

3. 土地使用权未确定或权属纠纷未解决的，其实际使用人为纳税人。

4. 土地使用权共有的，共有各方都是纳税人，由共有各方分别纳税。

【特别提示】 用于租赁的房屋，由出租方缴纳城镇土地使用税。

【政策解疑】 企业租用村集体用地，是否缴纳城镇土地使用税？

根据《财政部 税务总局关于承租集体土地城镇土地使用税有关政策的通知》（财税〔2017〕29号）规定：在城镇土地使用税征税范围内承租集体所有建设用地的，由直接从集体经济组织承租土地的单位和个人缴纳城镇土地使用税，因此，村集体土地如处在城镇土地使用税征税范围内，企业必须缴纳城镇土地使用税。

二、征税范围

城镇土地使用税的征税范围包括在城市、县城、建制镇和工矿区内的国家所有和集体所有的土地。

上述城市、县城、建制镇和工矿区分别按以下标准确认：

1. 城市是指经国务院批准设立的市。

2. 县城是指县人民政府所在地。

3. 建制镇是指经省、自治区、直辖市人民政府批准设立的建制镇。

4. 工矿区是指工商业比较发达，人口比较集中，符合国务院规定的建制镇标准，但尚未设立建制镇的大中型工矿企业所在地，工矿区须经省、自治区、直辖市人民政府批准。

上述城镇土地使用税的征税范围中，城市的土地包括市区和郊区的土地，县城的土地是指县人民政府所在地的城镇的土地，建制镇的土地是指镇人民政府所在地的土地。

建立在城市、县城、建制镇和工矿区以外的工矿企业则不需缴纳城镇土地使用税。

【特别提示】 公园、名胜古迹内的索道公司经营用地，应按规定缴纳城镇土地使用税。

三、应纳税额的计算

（一）计税依据

城镇土地使用税以纳税人实际占用的土地面积为计税依据，土地面积计量标准为每平方米。即税务机关根据纳税人实际占用的土地面积，按照规定的税额计算应纳税额，向纳税人征收土地使用税。

纳税人实际占用的土地面积按下列办法确定：

1. 由省、自治区、直辖市人民政府确定的单位组织测定土地面积的，以测定的面积为准。

2. 尚未组织测量，但纳税人持有政府部门核发的土地使用证书的，以证书确认的土地面积为准。

3. 尚未核发土地使用证书的，应由纳税人申报土地面积并据以纳税，待核发土地使用证以后再作调整。

（二）税率

城镇土地使用税采用定额税率，即采用有幅度的差别税额，按大、中、小城市和县城、建制镇、工矿区分别规定每平方米土地使用税年应纳税额。具体标准如下：

1. 大城市 1.5 元至 30 元；

2. 中等城市 1.2 元至 24 元；

3. 小城市 0.9 元至 18 元；

4. 县城、建制镇、工矿区 0.6 元至 12 元。

大、中、小城市以公安部门登记在册的非农业正式户口人数为依据，按照国务院颁布的《城市规划条例》中规定的标准划分。人口在50万以上者为大城市；人口在20万至50万之间者为中等城市；人口在20万以下者为小城市。城镇土地使用税税率表见表5-3。

表5-3 城镇土地使用税税率表

级别	人口（人）	每平方米税额（元）
大城市	50万以上	1.5~30
中等城市	20万~50万	1.2~24
小城市	20万以下	0.9~18
县城、建制镇、工矿区		0.6~12

【特别提示】 各省、自治区、直辖市人民政府可根据市政建设情况和经济繁荣程度在规定税额幅度内，确定所辖地区的适用税额幅度。经济落后地区，土地使用税的适用税额标准可适当降低，但降低额不得超过上述规定最低税额的30%。经济发达地区的适用税额标准可以适当提高，但须报财政部批准。

（三）应纳税额的计算方法

城镇土地使用税的应纳税额可以通过纳税人实际占用的土地面积乘以该土地所在地段的适用税额求得。其计算公式为：

全年应纳税额=实际占用应税土地面积（平方米）×适用税额

【例5-3】 设在某城市的一家生产企业使用土地面积为30 000平方米，其中办公楼占地面积6 000平方米，厂房及仓储用房占地14 000平方米，厂区内道路、绿化等用地10 000平方米。当地规定的城镇土地使用税税率为每平方米年税额5元。请计算其全年应纳的土地使用税税额。

【例题解析】 年应纳土地使用税税额=30 000×5=150 000（元）

四、税收优惠

（一）法定免税

1. 国家机关、人民团体、军队自用的土地。

2. 由国家财政部门拨付事业经费的单位自用的土地。这部分土地是指这些单位本身的业务用地。如学校的教学楼、操场、食堂等占用的土地。

3. 宗教寺庙、公园、名胜古迹自用的土地。

【特别提示】 宗教寺庙自用的土地是指举行宗教仪式等的用地和寺庙内的宗教人员生活用地；公园、名胜古迹自用的土地是指供公共参观游览的用地及其管理单位的办公用地。以上单位的生产、经营用地和其他用地不属于免税范围，应按规定缴纳土地使用税，如公园、名胜古迹中附设的营业单位如影剧院、饮食部、茶社、照相馆等使用的土地。

4. 市政街道、广场、绿化地带等公共用地。

5. 直接用于农、林、牧、渔业的生产用地。这部分土地是指直接从事于种植养殖、饲养的专业用地，不包括农副产品加工场地和生活办公用地。

6. 经批准开山填海整治的土地和改造的废弃土地，从使用的月份起免缴土地使用税5年至10年。

7. 对非营利性医疗机构、疾病控制机构和妇幼保健机构等卫生机构自用的土地，免征城镇土地使用税。

8. 企业办的学校、医院、托儿所、幼儿园，其用地能与企业其他用地明确区分的，免征城镇土地使用税。

9. 免税单位无偿使用纳税单位的土地（如公安、海关等单位使用铁路、民航等单位的土地），免征城镇土地使用税。纳税单位无偿使用免税单位的土地，纳税单位应照章缴纳城镇土地使用税。纳税单位与免税单位共同使用、共有使用权土地上的多层建筑，对纳税单位可按其占用的建筑面积占建筑总面积的比例计征城镇土地使用税。

10. 对企业的铁路专用线、公路等用地，在厂区以外、与社会公用地段未加隔离的，暂免征收城镇土地使用税。

11. 对机场飞行区（包括跑道、滑行道、停机坪、安全带、夜航灯光区）用地，场内外通讯导航设施用地和飞行区四周排水防洪设施用地，免征城镇土地使用税。机场道路，区分为场内、场外道路，场内道路用地免征城镇土地使用税。

12. 对盐场的盐滩、盐矿的矿井用地，暂免征收城镇土地使用税。

（二）省、自治区、直辖市地方税务局确定减免土地使用税的优惠

1. 个人所有的居住房屋及院落用地。

2. 房产管理部门在房租调整改革前已租的居民住房用地。

3. 免税单位职工家属的宿舍用地。

4. 集体和个人办的各类学校、医院、托儿所、幼儿园用地。

五、征收管理

（一）纳税期限

城镇土地使用税实行按年计算、分期缴纳的征收方法，具体纳税期限由省、自治区、直辖市人民政府确定。

（二）纳税义务发生时间

1. 纳税人购置新建商品房，自房屋交付使用之次月起，缴纳城镇土地使用税。

2. 纳税人购置存量房，自办理房屋权属转移、变更登记手续，房地产权属登记机关签发房屋权属证书之次月起，缴纳城镇土地使用税。

3. 纳税人出租、出借房产，自交付出租、出借房产之次月起，缴纳城镇土地使用税。

4. 以出让或转让方式有偿取得土地使用权的，应由受让方从合同约定交付土地时间的次月起缴纳城镇土地使用税；合同未约定交付时间的，由受让方从合同签订的次月起缴纳城镇土地使用税。

5. 纳税人新征用的耕地，自批准征用之日起满 1 年时开始缴纳土地使用税。

6. 纳税人新征用的非耕地，自批准征用次月起缴纳土地使用税。

（三）纳税地点和征收机构

城镇土地使用税在土地所在地缴纳。

纳税人使用的土地不属于同一省、自治区、直辖市管辖的，由纳税人分别向土地所在地的税务机关缴纳土地使用税；在同一省、自治区、直辖市管辖范围内，纳税人跨地区使用的土地，其纳税地点由各省、自治区、直辖市地方税务局确定。

土地使用税由土地所在地的税务机关征收，其收入纳入地方财政预算管理。

（四）纳税申报

城镇土地使用税的纳税人应按照条例的有关规定及时办理纳税申报，并如实填写《财产和行为税纳税申报表》（见表 5-2）。

第三节　土地增值税

一、土地增值税概述

（一）土地增值税概念

土地增值税是对有偿转让国有土地使用权及地上建筑物和其他附着物产权的单位和个人，就其转让房地产所取得的增值额征收的一种税。现行土地增值税是全国人大常委会于 1993 年 12 月 13 日发布的《中华人民共和国土地增值税暂行条例》。

（二）土地增值税的特点

1. 以转让房地产取得的增值额为征税对象。我国土地增值税的计算，是以纳税人转让房地产的收入减除税法规定准予扣除项目金额后的余额为计税依据，确定税率进行计算征收。

2. 征税面比较广。土地增值税的征收范围包括在我国境内转让房地产并取得增值额的所有单位和个人，凡在我国境内无论是单独转让土地使用权或是土地使用权和房屋产权同时转让；无论是专营或兼营房地产业务，均有缴纳土地增值税的义务。

3. 实行超率累进税率。土地增值税的税率是以转让房地产的增值率高低为依据，设计累进税率的，增值率高的、适用税率高、多纳税；增值率低的、适用税率低、少纳税，税收负担合理。

4. 在房地产转让环节按次征收。土地增值税在房地产发生转让环节，实行按次征收，每发生一次转让行为，就应根据每次取得的增值额征一次税。

二、纳税人

土地增值税的纳税人是转让国有土地使用权及地上的一切建筑物和其他附着物产权，并取得收入的单位和个人。包括机关、团体、部队、企业事业单位、个体经营者及国内其他单位和个人，同时也包括外商投资企业、外国企业及外国机构、华侨、港澳台同胞及外国公民等。

三、征税范围

（一）征税范围的一般规定

1. 土地增值税只对转让国有土地使用权的行为征税，转让非国有土地和出让国有土地的行为均不征税。所谓“国有土地”，是指按国家法律规定属于国家所有的土地。土地增值税只对企业、单位和个人等经济主体转让国有土地使用权的行为课税。对属于集体所有的土地，按现行规定需先由国家征用后才能转让。

国有土地使用权出让，是指国家以土地所有者的身份将土地使用权在一定年限内让与土地使用者，并由土地使用者向国家支付土地出让金的行为，属于土地买卖的一级市场。土地使用权出让的出让方是国家，是国家凭借土地的所有权向土地使用者收取土地的租金。出让的目的是实行国有土地的有偿使用制度，合理开发、利用、经营土地，因此土地使用权的出让不属于土地增值税的征税范围。

2. 土地增值税既对转让土地使用权的行为课税，也对转让地上建筑物和其他附着物产权的行为征税。所谓“地上建筑物”，是指建于土地上的一切建筑物，包括地上地下的各种附属设施。所谓“附着物”是指附着于土地上的不能移动或一经移动即遭损坏的种植物、养植物及其他物品。

3. 土地增值税只对有偿转让的房地产征税，对以继承、赠与等方式无偿转让的房地产，则不予征税。

【政策解疑】　此处所指房地产的继承是指房产的原产权所有人、依照法律规定取得土地使用权的土地使用人死亡以后，由其继承人依法承受死者房产产权和土地使用权的民事法律行为；此处所指房地产的赠与是指房产所有人、土地使用权所有人将自己所拥有的房地产无偿地赠与直系亲属或承担直接赡养义务人或通过中国境内非营利的社会团体、国家机关将房屋产权、土地使用权赠与教育、民政和其他社会福利、公益事业的情形。

（二）征税范围的若干具体规定

1. 以房地产进行投资、联营。以房地产进行投资、联营，投资、联营的一方以土地（房地产）作价入股进行投资或作为联营条件，将房地产转让到所投资、联营的企业中时，暂免征收土地增值税。对投资、联营企业将上述房地产再转让的，应征收土地增值税。

【特别提示】 对于以房地产作价入股进行投资或联营的，凡所投资、联营的企业从事房地产开发的，或者房地产开发企业以其建造的商品房进行投资和联营的，均不再适用暂免征收土地增值税的规定。

2. 合作建房。对于一方出地，一方出资金，双方合作建房，建成后分房自用的，暂免征收土地增值税。但建成后转让的，属于征收土地增值税的范围。

3. 企业兼并转让房地产。在企业兼并中，对被兼并企业将房地产转让到兼并企业中的，暂免征收土地增值税。

4. 交换房地产。交换房地产行为既发生了房产产权、土地使用权的转移，交换双方又取得了实物形态的收入，按照规定属于征收土地增值税的范围。但个人之间互换自有居住用房地产的，经当地税务机关核实，可以免征土地增值税。

5. 房地产抵押。在抵押期间不征收土地增值税。待抵押期满后，视该房地产是否转移产权来确定是否征收土地增值税。对于以房地产抵债而发生房地产产权转让的，属于征收土地增值税的范围。

6. 房地产出租、房地产重新评估增值、房地产开发企业的代建房行为不属于征收土地增值税的范围。

7. 国家收回国有土地使用权、征用地上建筑物及附着物。国家收回国有土地使用权、征用地上建筑物及附着物，虽然发生了权属的变更，原房地产所有人也取得了收入，但按照《土地增值税暂行条例》有关规定，可以免征土地增值税。

四、税率

土地增值税采用四级超率累进税率，见表 5-4。

表 5-4 土地增值税税率表

级数	增值额与扣除项目金额的比率	税率	速算扣除系数
1	不超过 50%的部分	30%	0
2	超过 50%未超过 100%的部分	40%	5%
3	超过 100%未超过 200%的部分	50%	15%
4	超过 200%的部分	60%	35%

五、计税依据

土地增值税的计税依据是转让房地产所取得的增值额。转让房地产的增值额是指纳税人转让房地产取得的收入减除税法规定的扣除项目金额后的余额。

增值额=收入总额-准予扣除项目金额

（一）收入总额

纳税人转让房地产所取得的收入，包括货币收入、实物收入和其他收入（无形资产或其他具有财产价值的权利）在内的全部价款及有关的经济利益。

（二）准予扣除项目及其金额

在确定房地产转让的增值额和计算应纳土地增值税时，允许从房地产转让收入总额中扣除的项目及其金额主要包括：

1. 取得土地使用权所支付的金额。

取得土地使用权所支付的金额是指纳税人为取得土地使用权所支付的地价款和按国家统一规定缴纳的有关费用和税金之和。

（1）纳税人为取得土地使用权所支付的地价款：如果以出让方式取得土地使用权的，为支付的土地出让金；以行政划拨方式取得土地使用权的，为转让土地使用权时按规定补缴的出让金；以转让方式取得土地使用权的，为支付的地价款。

（2）按国家统一规定缴纳的有关费用和税金是指纳税人在取得土地使用权过程中为办理有关手续，按国家统一规定缴纳的有关登记、过户手续费和契税。

2. 开发土地和新建房及配套设施的成本（简称房地产开发成本）。

房地产开发成本是指纳税人房地产开发项目实际发生的成本。主要包括土地征用及拆迁补偿费、前期工程费、建筑安装工程费、基础设施费、公共配套设施费、开发间接费用等。

（1）土地征用及拆迁补偿费包括土地征用费、耕地占用税、劳动力安置费及有关地上、地下附着物拆迁补偿的净支出、安置动迁用房支出等。

（2）前期工程费包括规划、设计、项目可行性研究和水文、地质、勘察、测绘、“三通一平”等支出。

（3）建筑安装工程费是指以出包方式支付给承包单位的建筑安装工程费，以自营方式发生的建筑安装工程费。

（4）基础设施费包括开发小区内的道路、供水、供电、供气、排污、通信、照明、环卫、绿化等工程发生的支出。

（5）公共配套设施费包括不能有偿转让的开发小区内公共配套设施发生的支出。

（6）开发间接费用是指直接组织、管理开发项目所发生的费用，包括工资、职工福利费、折旧费、修理费、办公费、水电费、劳动保护费、周转房摊销等。

3. 开发土地和新建房及配套设施的费用（简称房地产开发费用）。

房地产开发费用是指与房地产开发项目有关的销售费用、管理费用、财务费用。作为土地增值税扣除项目的房地产开发费用，不应按纳税人房地产开发项目实际发生的费用进行扣除，而应按《土地增值税实施细则》规定的标准进行扣除。分两种情况确定扣除额：

（1）财务费用中的利息支出，凡能按转让房地产项目计算分摊利息并提供金融机构证明的，允许据实扣除，但最高不能超过按商业银行同类同期贷款利率计算的金额，并且对于超过贷款期限的利息部分和加罚的利息不允许扣除；其他房地产开发费用，按取得土地使用权支付的金额和房地产开发成本两项金额之和的5%以内计算扣除。

允许扣除的房地产开发费用=利息+（取得土地使用权所支付的金额+房地产开发成本）×5%以内

（2）财务费用中的利息支出，凡不能按转让房地产项目计算分摊利息支出或不能提供金融机构证明的，利息支出不能单独计算，而应并入房地产开发费用中一并计算扣除。在这种情况下，“房地产开发费用”的计算方法是按取得土地使用权支付的金额和房地产开发成本的金额之和的10%以内计算扣除。计算扣除的具体比例由省、自治区、直辖市人民政府规定。

允许扣除的房地产开发费用=（取得土地使用权所支付的金额+房地产开发成本）×10%以内

4. 与转让房地产有关的税金。是指纳税人在转让房地产时缴纳的印花税、城市维护建设税，因转让房地产缴纳教育费附加视同税金扣除。

【政策解疑】 允许扣除的印花税是指纳税人在转让房地产时缴纳的印花税（按产权转移书据所载金额的0.5‰贴花）。房地产开发企业缴纳的印花税，按照财务制度的规定列入管理费用，此处印花税不再单独扣除；其他纳税人缴纳的印花税允许扣除。

【特别提示】 对于个人购入房地产再转让的，其在购入环节缴纳的契税，由于已经包含在旧房及建筑物的评估价格之中，因此，计征土地增值税时，不能作为与转让房地产有关的税金予以扣除。

5. 财政部确定的其他扣除项目。对从事房地产开发的纳税人可按取得土地使用权所支付的金额和房地产开发成本的金额之和，加计20%计算扣除。即：

加计扣除费用=（取得土地使用权支付的金额+房地产开发成本）×20%

【政策解疑】 加计扣除20%的政策只适用于从事房地产开发的纳税人，除此之外的其他纳税人不适用。对取得土地使用权后未进行开发即转让的，不得加计扣除20%。

6. 旧房及建筑物的评估价格。是指在转让已使用的房屋及建筑物时，由政府批准设立的房地产评估机构评定的重置成本价乘以成新度折扣率后的价格。即：

旧房及建筑物的评估价格=重置成本价×成新度折扣率

【特别提示】 该扣除项目只适用于旧房及建筑物转让行为，即存量房地产转让，评估价格须经当地税务机关确认。

转让旧房及建筑物的评估价格、取得土地使用权所支付的地价款和按国家统一规定缴纳的有关费用及在转让环节缴纳的税金，可以在计征土地增值税时扣除。对取得土地使用权时未支付地价款或不能提供已支付的地价款凭据的，在计征土地增值税时不允许扣除。

纳税人在转让旧房及建筑物时，因计算纳税需要对房地产进行评估，其支付的评估费用允许在计算土地增值税时予以扣除。但是，对纳税人因隐满、虚报房地产成交价等情形而按房地产评估价格计算征收土地增值税时发生的评估费用，则不允许扣除。

纳税人转让旧房及建筑物，凡不能取得评估价格，但能提供购房发票的，经当地税务部门确认，土地扣除项目和旧房建筑物评估价格扣除项目的金额，可按发票所载金额并从购买年度起至转让年度止每年加计5%计算。对纳税人购房时缴纳的契税，凡能提供契税完税凭证的，准予作为“与转让房地产有关的税金”予以扣除，但不作为加计5%的基数。

对于转让旧房及建筑物，既没有评估价格，又不能提供购房发票的，税务机关可根据《中华人民共和国税收征收管理法》第35条的规定，实行核定征收。

【例5-4】　一幢房屋已使用8年，建造时的造价为100 000元，按转让时的建材以及人工费用计算，建造同样的房屋需花费200 000元，该房有六成新，计算该房的评估价格。

【例题解析】　评估价格＝200 000×60%＝120 000（元）

六、房地产的评估价格

税法规定，纳税人有下列情况之一的，需要对房地产进行评估，并以房地产的评估价格来确定转让房地产收入、扣除项目的金额。

1. 出售旧房及建筑物的。

根据税法规定，出售旧房及建筑物的，应按评估价格计算扣除项目金额。

2. 隐瞒、虚报房地产成交价格的。

隐瞒、虚报房地产成交价格的是指纳税人不报或者有意低报转让土地使用权、地上建筑物及其附着物价款的行为。

3. 提供扣除项目金额不实的。

提供扣除项目金额不实是指纳税人不据实提供扣除项目的内容，而是虚增转让房地产的扣除项目的内容或金额，使税务机关无法从纳税人处了解计征土地增值税所需要的准确的扣除项目金额，则应按评估价格确定扣除。

4. 转让房地产的成交价格低于房地产评估价格，又无正当理由的。

转让房地产的成交价格低于房地产评估价格，又无正当理由的是指纳税人申报的转让房地产的成交价低于房地产评估机构通过市场比较法进行房地产评估时所确定的正常市场交易价，对此，纳税人又不能提供有效的凭据或无正当理由进行解释的行为。对这种情况，应按评估的市场交易价确定其实际成交价，并以此作为转让房地产的收入计算征收土地增值税。

七、应纳税额的计算

土地增值税按照纳税人转让房地产所取得的增值额和规定的税率计算征收。其计算步骤和公式如下：

第一步：确定收入总额。

第二步：确定扣除项目金额。

第三步：确定增值额。

增值额=收入-扣除项目金额

第四步：计算增值率以确定适用税率。

增值率=增值额÷扣除项目金额×100%

第五步：计算应纳税额。

应纳税额=增值额×适用税率-扣除项目金额×速算扣除系数

【例 5-5】 2020 年 10 月 31 日，苏南某市一房地产开发公司转让写字楼一栋，共取得含税收入 5 000 万元，公司按税法规定缴纳增值税、城市维护建设税、教育费附加和地方教育附加。已知该公司为取得土地使用权而支付的地价款为 1200 万元；房地产开发成本假设只有建筑安装工程费，包括建筑材料 1000 万元（取得增值税专用发票，税率 13%），外包建筑人工费 500 万元（取得增值税专用发票，税率 9%）；房地产开发费用中的利息支出为 300 万元（不能按转让房地产项目计算分摊并提供金融机构证明）。已知公司所在地政府规定的房地产开发费用的计算扣除比例为 10%，城市维护建设税税率 7%、教育费附加费率 3%、地方教育附加费率 2%。请计算该公司转让此写字楼应纳的土地增值税税额。

【例题解析】

（1）销售房地产应纳增值税=（全部价款和价外费用-当期允许扣除的土地价款）÷（1+税率）×税率-进项税额

=（5 000-1 200）÷（1+9%）×9%-1 000÷（1+13%）×13%-500÷（1+9%）×9%

=157. 44（万元）

（2）转让房地产取得的收入=5 000-（5 000-1 200）÷（1+9%）×9%

=4 686. 24（万元）

（3）确定转让房地产的扣除项目金额

① 取得土地使用权所支付的金额为 1 200 万元

② 房地产开发成本为 930. 68 万元：

房地产开发成本=1 000÷（1+13%）+500÷（1+9%）

=884. 96+45. 72=930. 68（万元）

③ 房地产的开发费用=（1 200+930. 68）×10%

=213.07（万元）

④ 与转让房地产有关的税金=157.44×（7%+3%+2%）= 18.90（万元）

⑤ 从事房地产开发的加计扣除金额=（1 200+930.68）×20%=426.14（万元）

转让房地产的扣除项目金额=1 200+930.68+213.07+18.90+426.14

=2 788.79（万元）

（4）转让房地产的增值额=4 686.24-2 788.79=1 897.45（万元）

（5）增值率=1 897.45÷2 788.79=68.04%

根据增值率68.04%，确定其适用40%的税率，速算扣除系数为5%。

（6）应纳土地增值税税额=增值额×适用税率-扣除项目金额×速算扣除系数

=1 897.45×40%-2 788.79×5%

=619.54（万元）

八、减免税

1. 纳税人建造普通标准住宅出售，增值额未超过扣除项目金额20%的，免征土地增值税；增值额超过扣除项目金额20%的，应就其全部增值额按规定计税。

【政策解疑】 “普通标准住宅”是指满足以下标准的住宅：① 住宅小区建筑容积率在1.0以上；② 单套建筑面积在120平方米以下；③ 实际成交价格低于同级别土地上住房平均交易价格1.2倍以下。

【特别提示】 对于纳税人既建普通标准住宅又建造其他商品房的，应分别核算土地增值额；不分别核算增值额或不准确核算增值额的，其建造的普通标准住宅不适用免税规定。

2. 因国家建设需要依法征用、收回的房地产，免征土地增值税。

【政策解疑】 所谓“因国家建设需要依法征用、收回的房地产”，是指因城市实施规划、国家建设的需要而被政府批准征用的房产或收回的土地使用权。

3. 因城市实施规划、国家建设的需要而搬迁，由纳税人自行转让原房地产的，免征土地增值税。

【政策解疑】 因城市实施规划而搬迁是指因旧城改造或因企业污染、扰民（指产生过量废气、废水、废渣和噪音，使城市居民生活受到一定危害），而由政府或政府有关主管部门根据已审批通过的城市规划确定进行搬迁的情况；因“国家建设的需要”而搬迁是指因实施国务院、省级人民政府、国务院有关部委批准的建设项目而进行搬迁的情况。

4. 对个人销售住房暂免征收土地增值税。

九、征收管理

（一）预征管理

根据土地增值税暂行条例规定，对纳税人在项目全部竣工结算前转让房地产取得的收入可以预征土地增值税。具体办法由各省、自治区、直辖市地方税务局根据当地情况制定。因此，对纳税人预售房地产所取得的收入，当地税务机关规定预征土地增值税的，纳税人应当到主管税务机关办理纳税申报，并按规定比例预交，待办理决算后，多退少补；当地税务机关规定不预征土地增值税的，也应在取得收入时先到税务机关登记或备案。

（二）纳税期限

根据土地增值税暂行条例规定，纳税人应自转让房地产合同签订之日起7日内，向房地产所在地的主管税务机关办理纳税申报，同时向税务机关提交房屋及建筑物产权、土地使用权书，土地转让、房产买卖合同、房地产评估报告及其与转让房地产有关的资料。

（三）纳税地点

土地增值税的纳税人应向房地产所在地主管税务机关办理纳税申报，填写《财产和行为税纳税申报表》（见表5-2），并在税务机关核定的期限内缴纳土地增值税。“房地产所在地”，是指房地产的坐落地。纳税人转让的房地产坐落在两个或两个以上地区的，应按房地产所在地分别申报纳税。

如果纳税人属于法人的，当转让的房地产坐落地与其机构所在地或经营所在地一致时，则在办理税务登记的原管辖税务机关申报纳税即可；如果转让的房地产坐落地与其机构所在地或经营所在地不一致时，则应在房地产坐落地所管辖的税务机关申报纳税。

如果纳税人属于自然人的，当转让的房地产坐落地与其居住所在地一致时，则在住所所在地税务机关申报纳税；当转让的房地产坐落地与其居住所在地不一致时，则在房地产坐落地的税务机关申报纳税。

名词与术语

资源税　城镇土地使用税　土地增值税　建制镇　工矿区　增值额

简答题

1. 我国开征资源税的意义和作用是什么？
2. 我国城镇土地使用税的税率是如何规定的？
3. 土地增值税的增值率如何确定？

计算分析题

1. 某石化企业为增值税一般纳税人，2021年5月发生以下经济业务。

（1）从国外某石油公司进口原油40 000吨，支付不含税价款折合人民币8 000万元，其中包含包装费及保险费折合人民币 8 万元；

（2）开采原油 8 000 吨，并将开采的原油对外销售 5 000 吨，取得含税销售额 6 780 万元，同时向购买方收取延期付款利息 2. 26 万元、包装费 1. 13 万元，另外支付运输费用 7. 63 万元。

（3）将开采的原油 10 000 吨通过关联企业对外销售，关联企业的对外销售价为每吨 2. 26 万元。

（4）用开采的原油 2 000 吨加工生产汽油 1 300 吨。

要求：计算企业应纳资源税。

2. 某矿山开采企业为增值税一般纳税人。2021 年 4 月发生下列业务。

（1）开采轻稀土原矿并共生铁矿石，开采总量 1 000 吨，其中轻稀土原矿 550 吨，本月外销售轻稀土原矿 300 吨，每吨不含税价格 0. 55 万元；

（2）将开采的部分轻稀土原矿连续加工为选矿，本月对外销售轻稀土选矿 120 吨，每吨不含税价格 1. 6 万元，向购买方一并收取从矿区到指定运达地运杂费 1 万元（与销售额分别核算）；

（3）当月销售铜矿原矿，取得不含税销售收入 550 万元，销售铜矿石选矿取得不含税销售额 1 250 万元。

（4）以部分轻稀土原矿作价 73. 45 万元（含税）抵偿所欠供应商货款。

已知：按照市场法计算资源税，轻稀土换算比为 2，轻稀土适用资源税税率为 11. 5%；铜矿换算比为 2. 5，铜矿石选矿资源税税率为 5%。

要求：分项计算该企业应缴纳的资源税。

3. 嘉怡公司为位于某市郊区的一家国有企业，2020 年土地使用的情况如下：

（1）嘉怡公司提供的政府部门核发的土地使用证书注明：嘉怡公司实际占用的土地面积中，企业内托儿所和厂医院共占地 1 000 平方米；厂区以外的公用绿化用地 2 000 平方米。

（2）2020 年 1 月 1 日将一块 100 平方米的土地无偿借给某国家机关作公务使用。

（3）2020 年 1 月 1 日从某公园无偿借到一块 50 平方米的土地作为办公室。

（4）与该企业开办的某外商投资企业在嘉怡公司拥有的同一办公楼，该办公楼建筑面积 5 000 平方米，其中，嘉怡公司实际使用 2 000 平方米，其余归外商投资企业使用。该办公楼占用土地 3 000 平方米。

（5）除上述土地外，其余土地 10 000 平方米，均为嘉怡公司生产经营用地。

假设当地的城镇土地使用税每年征收一次，该地每平方米土地年税额 3 元。

要求：计算嘉怡公司 2020 年应纳城镇土地使用税。

4. 甲公司（非房地产开发企业）与乙企业于 2020 年 2 月签订市区一新写字楼转让合同，取得转让收入 10 000 万元。已知该公司为取得土地使用权而支付的地价款和按国家统一规定缴纳的有关费用为 1 100 万元；房地产开发成本为 1 500 万元；房地产开发借款利息支出为 1 000 万元（能提供金融机构贷款证明并按项目分摊）；其他房地产开发费用700万元。该省人民政府规定的房地产开发费用、利息能单独计算扣除，费用扣除比例为5%；利息不符合规定的，费用扣除比例10%；公司按税法规定缴纳了有关税费。要求：计算甲公司应缴纳的土地增值税。

第六章 财产和行为税

6

本章导读

财产行为税类是指以纳税人拥有的财产数量或者财产价值为征税对象，或是为了实现某种特定的目的，以纳税人的某些特定行为为征税对象的税类。我国财产行为税类主要包括房产税、车船税、契税、印花税和船舶吨税等。

学习目的与要求

本章主要研究房产税、车船税、契税、印花税和船舶吨税的纳税人、征税对象、税率结构、计算缴纳等问题。重难点为各税种的纳税人、计税依据与税率、应纳税额的计算。

第一节 房产税

一、房产税概述

房产税是以房屋为征税对象，按照房屋的计税余值或出租房屋的租金收入，向产权所有人或经营管理人征收的一种财产税。我国现行房产税制度是 1986 年 9 月 15 日国务院正式发布的《中华人民共和国房产税暂行条例》。

1. 房产税属于地方税。根据房产税暂行条例的规定：房产税实施细则的制定权、房产原值的减除幅度、纳税期限的确定等，均由地方政府做出具体的规定。同时，房产税的收入全部划归地方政府所有，是地方财政收入的重要组成部分之一。

2. 房产税税源稳定，征收简便。由于房产税的课税对象是房产，相对固定，因而只需对房屋产权进行登记并对出租房产活动加强管理与监督，房产税便可征收。

3. 房产税仅限于城镇的经营性房屋征收。房产税的征税范围是在城市、县城、建制镇和工矿区范围内，不涉及农村。

另外，对某些拥有房屋，但自身没有纳税能力的单位，如国家拨付事业经费的单位自用的房产，税法也通过免税的方式排除在征税范围之外。

二、房产税的纳税人

房产税以房屋产权的所有人为纳税人。

1. 产权属于国家所有的，由经营管理单位缴纳；产权属于集体和个人所有的，由集体单位和个人缴纳；

2. 产权出典的，由承典人缴纳。

【政策解疑】 产权出典一般是指产权所有人将房屋、生产资料等产权，在一定期限内出典给其他人使用，而取得资金的一种融资业务。房屋所有人为房屋“出典人”，支付现金的人为“承典人”。

3. 产权所有人、承典人不在房产所在地的，或者产权未确定及租典纠纷未解决的，由房产代管人或者使用人缴纳。

【政策解疑】 租典纠纷是指产权人在房产出典或租赁关系上，与承典人、租赁人发生各种纠纷，特别是有关权利和义务的争议未解决的。

4. 纳税单位和个人无租使用房产管理部门、免税单位及纳税单位的房产，由使用人代为缴纳房产税。

三、房产税的征税范围

房产税的征税范围是位于城市、县城、建制镇和工矿区的房屋，不包括农村。其中：

1. 城市是指经国务院批准建立的市，包括市区和郊区。

2. 县城是指县人民政府所在地的地区。

3. 建制镇是指省、自治区、直辖市人民政府批准设立的建制镇。

4. 工矿区是指工商业比较发达，人口比较集中，符合国务院规定的建制镇标准，但尚未设立镇建制的大中型工矿企业所在地。开征房产税的工矿区须经省、自治区、直辖市人民政府批准。

四、房产税的税率

房产税采用比例税率，分别按从价计征和从租计征设置了两种税率。

1. 从价计征的，税率为 1.2%；

2. 从租计征的，税率为 12%。

【特别提示】 自 2008 年 3 月 1 日起，对个人出租住房，不区分用途，按 4%的税率征收房产税。对企事业单位、社会团体以及其他组织按照市场价向个人出租用于居住的住房，减按 4%的税率征收房产税。

五、房产税的计税依据

（一）从价计征的计税依据

从价计征的计税依据为房产原值一次减除 10%~30%后的余值作为计税依据，具体减除幅度，由各省、自治区、直辖市人民政府确定。

【特别提示】 营业税改征增值税后，房产出租的，计征房产税的租金收入不含增值税。免征增值税的，确定计税依据时，租金收入不扣减增值税税额。

1. 房产的原值。房产的原值是指纳税人按照会计制度规定，在账簿“固定资产”科目中记载的房屋原值。凡按会计制度规定在账簿中记载有房屋原价的，应以房屋原价按规定减除一定比例后作为房产余值计征房产税；没有记载房屋原价的，按照上述原则，并参照同类房屋确定房产原值，按规定计征房产税。

【特别提示】 自 2009 年 1 月 1 日起，对依照房产原值计税的房产，不论是否记载在会计账簿“固定资产”科目中，均应按照房屋原价计算缴纳房产税；自 2010 年 12 月 21 日起，对按照房产原值计税的房产，无论会计上如何核算，房产原值均应包含地价，包括为取得土地使用权支付的价款、开发土地发生的成本费用等。宗地容积率低于 0.5 的，按房产建筑面积的 2 倍计算土地面积并据此确定计入房产原值的地价。

2. 房产原值应包括与房屋不可分割的各种附属设备或一般不单独计算价值的配套设施。主要有：暖气、卫生、通风、照明、煤气等设备；各种管线，如蒸汽、压缩空气、石油、给水排水等管道及电力、电讯、电缆导线；电梯、升降机、过道、晒台等。

【特别提示】 凡以房屋为载体，不可随意移动的附属设备和配套设施，如给排水、采暖、消防、中央空调、电气及智能化楼宇设备等，无论在会计核算中是否单独记账与核算，都应计入房产原值，计征房产税。

3. 纳税人对原有房屋进行改建、扩建的，要相应增加房屋的原值。

【特别提示】 对于更换房屋附属设备和配套设施的，在将其价值计入房产原值时，可扣减原来相应设备和设施的价值；对附属设备和配套设施中易损坏、需要经常更换的零配件，更新后不再计入房产原值。

4. 凡在房产税征收范围内的具备房屋功能的地下建筑，包括与地上房屋相连的地下建筑以及完全建在地面以下的建筑、地下人防设施等，均应当依照有关规定征收房产税。

【特别提示】 对于与地上房屋相连的地下建筑，如房屋的地下室、地下停车场、商场的地下部分等，应将地下部分与地上房屋视为一个整体按照地上房屋建筑的有关规定计算征收房产税。

（二）从租计征的计税依据

出租房屋的计税依据为租金收入。租金包括货币收入和实物收入。对以劳务或其他形式作为报酬抵付房租的，应根据当地房地产的租金水平，确定一个标准租金额计征。

（三）特殊业务房产税的计税依据

1. 对以房产投资联营、投资者参与投资利润分红、共担风险的，按房产余值作为计税依据计缴房产税。

2. 对以房产投资收取固定收入、不承担经营风险的，实际上是以联营名义取得房屋租金，应以出租方取得的租金收入为计税依据计缴房产税。

3. 居民住宅区内业主共有的经营性房产的计税依据。从 2007 年 1 月 1 日起，对居民住宅区内业主共有的经营性房产，由实际经营（包括自营和出租）的代管人或使用人缴纳房产税。其中自营的，依照房产原值减除 10%~30%后的余值计征，没有房产原值或不能将业主共有房产与其他房产的原值准确划分开的，由房产所在地税务机关参照同类房产核定房产原值；出租的依照租金收入计征。

六、房产税的减免

1. 国家机关、人民团体、军队自用的房产免征房产税。

2. 由国家财政部门拨付事业经费的单位自用的房产免征房产税。

3. 宗教寺庙、公园、名胜古迹自用的房产免征房产税。

4. 个人拥有非营业用的房产免征房产税。对个人拥有的营业用房或者出租的房产，不属于免税房产，应照章征税。

5. 非营利性医疗机构、疾病控制机构和妇幼保健机构等卫生机构自用的房产，免征房产税。

6. 企业办的学校、医院、托儿所、幼儿园自用的房产，免征房产税。

7. 因损毁不堪使用的房屋和危险房屋，经有关部门鉴定，在停止使用后，可免征房产税；

8. 房地产开发企业建造的商品房在出售前不征收房产税，对出售前房地产开发企业已使用或出租、出借的商品房应按规定征收房产税。

七、房产税应纳税额的计算

（一）地上建筑物房产税应纳税额的计算

1. 从价计征

应纳税额=房产原值×（1-扣除比例）×1.2%

2. 从租计征

应纳税额=租金收入×12%（或4%）

（二）地下建筑物房产税应纳税额的计算

1. 工业用途房产以房屋原价的50%~60%作为应税房产原值。

应纳税额=应税房产原值×［1-（10%~30%）］×1.2%

2. 商业和其他用途房产以房屋原价的70%~80%作为应税房产原值。

应纳税额=应税房产原值×［1-（10%~30%）］×1.2%

房屋原价折算为应税房产原值的具体比例，由各省、自治区、直辖市和计划单列市财政和地方税务部门在上述幅度内自行确定。

【例6-1】 某企业2020年自有房产原值900万元，将其中价值400万元的房屋出租给一家公司，年租金60万元，其余房屋用于生产。房产原值一次扣除率为10%，计算该企业应纳房产税。

【例题解析】

（1）自用房屋应纳税额=（900-400）×（1-10%）×1.2%=5.4（万元）

（2）出租房屋应纳税额=60×12% =7.2（万元）

【例6-2】某企业有原值为2 500万元的房产，2020年1月1日将其中的30%用于对外投资联营，投资期限为10年，每年固定利润分红50万元，不承担投资风险。已知当地政府规定的扣除比例为20%，计算该企业2020年度应纳房产税。

【例题解析】

（1）应纳税额=50×12%=6（万元）

（2）应纳税额=2 500×70%×（1-20%）×1.2%=16.8（万元）

用于对外投资联营的部分，由于其不承担投资风险，只收取固定收入，视同出租，其计税依据为租金收入，即每年的固定利润分红50万元；剩余部分以房屋余值为计税依据。

【例6-3】 王某自有一栋楼房，共16间，其中用于个人生活居住的3间（房屋原值为6万元），用于个人开餐馆的4间（房屋原值为10万元）。2020年1月1日，王某将剩余的9间房中的4间出典给李某，取得出典价款收入10万元；将其余的5间出租给某公司，每月收取租金5 000元，期限均为1年。该地区规定按房产原值一次扣除20%后的余值计税。要求：计算王某2020年应缴纳的房产税税额。

【例题解析】 个人所有的非营业用的房产免征房产税；房屋产权出典的，承典人为房产税的纳税人。

（1）王某个人营业用房按房产余值计税，应纳房产税＝100 000×（1−20%）×1.2%＝960（元）

（2）王某出租房屋按租金收入计税，应纳房产税＝5 000×12%×12＝7 200（元）

八、房产税的征收管理

（一）纳税义务发生时间

1. 将原有房产用于生产经营的，从生产经营之月起，计征房产税。
2. 自行新建房屋用于生产经营的，自建成之次月起，计征房产税。
3. 委托施工企业建设的房屋，从办理验收手续之次月起，计征房产税。
4. 购置新建商品房，自房屋交付使用之次月起，计征房产税。
5. 购置存量房，自办理房屋权属转移、变更登记手续，房地产权属登记机关签发房屋权属证书之次月起，计征房产税。
6. 出租、出借房产，自交付出租、出借房产之次月起，计征房产税。
7. 房地产开发企业自用、出租、出借本企业建造的商品房，自房屋使用或交付之次月起，计征房产税。
8. 纳税人因房产的实物或权利状态发生变化而依法终止房产税纳税义务的，其应纳税款的计算截止到房产的实物或权利状态发生变化的当月末。

（二）纳税期限

房产税按年征收，分期缴纳，具体纳税期限由各省、自治区、直辖市人民政府确定。

（三）纳税地点

房产税在房产所在地缴纳。房产不在同一地方的纳税人，应按房产的坐落地点分别向房产所在地的税务机关申报，填写《财产和行为税纳税申报表》（见表5-2），并缴纳税款。

第二节　契税法

一、契税概述

（一）契税的概念

契税是以在我国境内转移土地、房屋权属为征税对象，向产权承受人征收的一种财产税。2020 年 8 月 11 日全国人大常委会颁布了《中华人民共和国契税法》，并于 2021 年 9 月 1 日施行。

（二）契税的特点

1. 契税属于财产转移税。契税以权属发生转移的不动产，即土地和房屋为征税对象，具有对财产转移课税的性质。

2. 契税由产权承受人缴纳。契税主要由土地、房屋的买方纳税。对买方征税的目的在于承认不动产转移生效，承受人纳税后，其所拥有转移过来的土地或房屋的权属受到国家法律的保护。

二、契税的纳税人

契税的纳税人是在我国境内转移土地、房屋权属承受的单位和个人。

转移土地、房屋权属是指下列行为：

1. 土地使用权出让。
2. 土地使用权转让，包括出售、赠与、互换。
3. 房屋买卖、赠与、互换。

三、契税的征税范围

契税的征税对象是在我国境内转移土地、房屋的权属。土地、房屋权属未发生转移的，不征收契税。

契税的征税范围具体包括：

1. 国有土地使用权出让。是指土地使用者向国家支付土地使用权出让费用，国家将土地使用权在一定年限内让与土地使用者的行为。

2. 土地使用权转让。是指土地使用者以出售、赠与、交换或者其他方式将土地使用权转移给其他单位和个人的行为。

3. 房屋买卖。即以货币为媒介，出卖者向购买者过渡房产所有权的交易行为。

4. 房屋赠与。是指房屋所有者将其房屋无偿转给受赠人的行为。

5. 房屋互换。是指房屋所有者之间相互交换房屋的行为。

【政策解疑】 ① 土地使用权转让，不包括土地承包经营权和土地经营权的转移；② 土地、房屋权属的典当、分拆（分割）、出租、抵押等行为，不属于契税的征税范围；③ 以作价投资（入股）、偿还债务、划转、奖励等方式转移土地、房屋权属的，应当缴纳契税。

四、契税的税率

契税实行幅度比例税率，税率为3%~5%。契税的具体适用税率，由省、自治区、直辖市人民政府在前款规定的税率幅度内提出，报同级人民代表大会常务委员会决定，并报全国人民代表大会常务委员会和国务院备案。省、自治区、直辖市可以规定程序对不同主体、不同地区、不同类型的住房的权属转移确定差别税率。

五、契税的计税依据

契税的计税依据按照转移土地、房屋权属的不同情况确定如下：

1. 土地使用权出让、出售，房屋买卖，以土地、房屋权属转移合同确定的成交价格为计税依据，包括应交付的货币及实物、其他经济利益对应的价款。

2. 土地使用权互换、房屋互换，以所互换的土地使用权、房屋价格的差额为计税依据；

3. 土地使用权赠与、房屋赠与及其他没有价格的转移土地、房屋权属行为，由税务机关参照土地使用权出售、房屋买卖的市场价格依法核定的价格为计税依据。

纳税人申报的成交价格、互换价格差额明显偏低且无正当理由的，由税务机关依照《中华人民共和国税收征收管理法》的规定核定。

【政策解疑】 契税的计税依据不含增值税。

六、契税应纳税额的计算

契税应纳税额按照规定的计税依据和税率计算，其计算公式为：

应纳税额=计税依据×税率

应纳税额以人民币计算。转移土地、房屋权属以外汇结算的，应当按照纳税义务发生之日的人民银行公布的人民币市场汇率中间价折合成人民币计算。

【例 6-4】 某公司 2021 年发生两项房产交易业务，并已办理了相关手续。出售住房给居民张某，成交价格 280 万元；将公司一套房产与居民刘某的一套房产进行交换，换出的房产价值 300 万元，换进的房产价值 600 万元。已知当地政府规定的契税税率为 3%，计算该公司应缴纳的契税。

【例题解析】 房屋交换的计税依据为交换房屋的价格差额，交换价值不等时，由多交付货币的一方缴纳契税。因此，该公司按照差额计算缴纳契税。

应纳税额=120×3%+（600-300）×3%=12.6（万元）

【例 6-5】　某省体育器材公司于 2021 年 10 月向本省某运动员奖励住宅一套，市场价格 300 万元。该运动员随后以 450 万元的价格将住宅出售，当地契税适用税率为 3%，计算该运动员应缴纳的契税。

【例题解析】　以获奖方式承受土地、房屋权属，应当征收契税，出售住房时不缴纳契税。

应纳税额 = 300×3% = 9（万元）

七、契税的减免税

（一）有下列情形之一的，免征契税

1. 国家机关、事业单位、社会团体、军事单位承受土地、房屋权属用于办公、教学、医疗、科研、军事设施；
2. 非营利性的学校、医疗机构、社会福利机构承受土地、房屋权属用于办公、教学、医疗、科研、养老、救助；
3. 承受荒山、荒地、荒滩土地使用权用于农、林、牧、渔业生产；
4. 婚姻关系存续期间夫妻之间变更土地、房屋权属；
5. 法定继承人通过继承承受土地、房屋权属；
6. 依照法律规定应当予以免税的外国驻华使馆、领事馆和国际组织驻华代表机构承受土地、房屋权属。

根据国民经济和社会发展的需要，国务院对居民住房需求保障、企业改制重组、灾后重建等情形可以规定免征或者减征契税，报全国人民代表大会常务委员会备案。

（二）省、自治区、直辖市可以决定对下列情形免征或者减征契税

1. 因土地、房屋被县级以上人民政府征收、征用，重新承受土地、房屋权属；
2. 因不可抗力灭失住房，重新承受住房权属。

【政策解疑】　纳税人改变有关土地、房屋的用途，或者有其他不再属于《契税法》规定的免征、减征契税情形的，应当缴纳已经免征、减征的税款。

八、契税的征收管理

（一）纳税义务发生时间

契税的纳税义务发生时间为纳税人签订土地、房屋权属转移合同的当日，或者纳税人取得其他具有土地、房屋权属转移合同性质凭证的当日。

（二）纳税期限

纳税人应当在依法办理土地、房屋权属登记手续前申报缴纳契税。

（三）纳税地点

契税实行属地征收管理。纳税人发生契税纳税义务时，应向土地、房屋所在地的税务征收机关申报，填写《财产和行为税纳税申报表》(见表5-2)，并缴纳税款。

（四）其他征管规定

1. 纳税人办理纳税事宜后，税务机关应当开具契税完税凭证。纳税人办理土地、房屋权属登记，不动产登记机构应当查验契税完税、减免税凭证或者有关信息。未按照规定缴纳契税的，不动产登记机构不予办理土地、房屋权属登记。

2. 依法办理土地、房屋权属登记前，权属转移合同、权属转移合同性质凭证不生效、无效、被撤销或者被解除的，纳税人可以向税务机关申请退还已缴纳的税款，税务机关应当依法办理。

3. 税务机关应当与相关部门建立契税涉税信息共享和工作配合机制。自然资源、住房城乡建设、民政、公安等相关部门应当及时向税务机关提供与转移土地、房屋权属有关的信息，协助税务机关加强契税征收管理。税务机关及其工作人员对税收征收管理过程中知悉的纳税人的个人信息，应当依法予以保密，不得泄露或者非法向他人提供。

第三节　车船税

一、车船税概述

车船税是依照法律规定、对在我国境内的车辆、船舶，按照规定的税目、计税单位和年税额标准计算征收的一种税。《中华人民共和国车船税法》已由中华人民共和国第十一届全国人民代表大会常务委员会第十九次会议于2011年2月25日通过，并于2012年1月1日起施行。

二、车船税的纳税人及扣缴义务人

车船税的纳税人是指在境内车辆、船舶（以下简称车船）的所有人或者管理人。车船的所有人或者管理人未缴纳车船税的，使用人应当代为缴纳车船税。所有人指在我国境内拥有车船的单位和个人；管理人指对车船具有管理权或者使用权，不具有所有权的单位和个人。

从事机动车交通事故责任强制保险业务的保险机构为机动车车船税的扣缴义务人。

三、车船税的征税范围

车船税法规定的征税范围是税法所附《车船税税目税额表》所列的车辆、船舶。

车辆、船舶包括依法应当在车船登记管理部门登记的机动车辆和船舶，也包括依法不需要在车船登记管理部门登记的在单位内部场所行驶或者作业的机动车辆和船舶。

1. 车辆。车辆包括乘用车、商用车（包括客车、货车）、挂车、专用作业车、轮式专用机械车、摩托车。拖拉机不需要缴纳车船税。

2. 船舶。船舶包括机动船舶和游艇。

四、车船税的计税依据

车船税实行从量定额计税办法。根据车船的种类、性能情况不同，分别选择以辆、整备质量吨位、净吨位和长度作为计税标准。

（一）计税依据的一般规定

1. 乘用车、商用车客车、摩托车，以辆为计税依据。
2. 商用车货车、挂车、其他车辆，以整备质量吨位为计税依据。
3. 机动船舶以净吨位为计税依据。
4. 游艇以艇身长度为计税依据。

（二）计税依据的特殊规定

1. 拖船按照发动机功率每 1 千瓦折合净吨位 0. 67 吨计算征收车船税。

2. 车船税法及其实施条例涉及的整备质量、净吨位、艇身长度等计税单位，有尾数的一律按照含尾数的计税单位据实计算车船税应纳税额。计算得出的应纳税额小数点后超过两位的可四舍五入保留两位小数。

3. 乘用车以车辆登记管理部门核发的机动车登记证书或者行驶证书所载的排气量毫升数确定税额区间。

五、车船税的税目税率

车辆的税目和具体适用税额由省、自治区、直辖市人民政府依照《车船税法》和《车船税税目税额表》（见表 6-1）规定的税额幅度确定报国务院备案，并应当遵循以下原则：① 乘用车依排气量从小到大递增税额；② 客车按照核定载客人数 20 人以下和 20 人（含）以上两档划分，递增税额。船舶具体适用税额由省、自治区、直辖市人民政府依照《车船税法》和《车船税税目税额表》规定的幅度内确定。

（一）车船税税目税率表

表 6-1 车船税税目税率表

税目		计税单位	年基准税额（元）	备注
乘用车〔按发动机汽缸容量（排气量）分档〕	1.0升（含）以下的	每辆	60~360	核定载客人数9人（含）以下
	1.0升以上至1.6升（含）的		300~540	
	1.6升以上至2.0升（含）的		360~660	
	2.0升以上至2.5升（含）的		660~1 200	
	2.5升以上至3.0升（含）的		1 200~2 400	
	3.0升以上至4.0升（含）的		2 400~3 600	
	4.0升以上的		3 600~5 400	
商用车	客车	每辆	480~1 440	核定载客人数9人以上，包括电车
	货车	整备质量每吨	16~120	包括半挂牵引车、三轮汽车和低速载货汽车等；挂车按照货车税额的50%计算
其他车辆	专用作业车	整备质量每吨	16~120	不包括拖拉机
	轮式专用机械车		16~120	
摩托车		每辆	36~180	
船舶	机动船舶	净吨位每吨	3~6	拖船、非机动驳船分别按照机动船舶税额的50%计算
	游艇	艇身长度每米	600~2 000	

（二）船舶的具体适用税额

1. 净吨位不超过200吨的，每吨3元。
2. 净吨位超过200吨但不超过2 000吨的，每吨4元。
3. 净吨位超过2 000吨但不超过10 000吨的，每吨5元。
4. 净吨位超过10 000吨的，每吨6元。

（三）游艇具体适用税额

1. 艇身长度不超过10米的，每米600元；
2. 艇身长度超过10米但不超过18米的，每米900元；

3. 艇身长度超过 18 米但不超过 30 米的，每米 1 300 元。

4. 艇身长度超过 30 米的，每米 2 000 元。

5. 辅助动力帆艇，每米 600 元。

六、车船税应纳税额的计算

（一）车船税各税目应纳税额

应纳车船税 = 计税单位×适用年基准税额

（二）购置的新车船

购置当年的应纳税额自纳税义务发生的当月起按月计算。其计算公式为：

应纳车船税 = 年应纳税额÷12×应纳税月份数

【例 6-6】 某省某企业有载货汽车 10 辆（每辆自重吨位为 60 吨），乘人客车 6 辆。计算该公司应纳的车船税。依据该省规定，车船税年税额为：载货汽车每吨 60 元，乘人客车年税额 480 元。

【例题解析】

（1）载货汽车全年应纳税额 = 10×60×60 = 36 000（元）

（2）乘人小客车应纳税额 = 6×480 = 2 880（元）

（3）该企业全年应纳车船税 38 880 元。

七、车船税的减免税

（一）法定减免

1. 捕捞、养殖渔船。是指在渔业船舶登记管理部门登记为捕捞船或者养殖船的船舶。

2. 军队、武装警察部队专用的车船。是指按照规定在军队、武装警察部队车船登记管理部门登记，并领取军队、武警牌照的车船。

3. 警用车船。是指公安机关、国家安全机关、监狱、劳动教养管理机关和人民法院、人民检察院领取警用牌照的车辆和执行警务的专用船舶。

4. 依照法律规定应当予以免税的外国驻华使领馆、国际组织驻华代表机构及其有关人员的车船。

5. 节约能源、使用新能源的车船可以免征或者减半征收车船税。

6. 按照规定缴纳船舶吨税的机动船舶，自车船税法实施之日起 5 年内免征车船税。

7. 依法不需要在车船登记管理部门登记的机场、港口、铁路站场内部行驶或者作业的车船，自车船税法实施之日起 5 年内免征车船税。

（二）授权省、自治区、直辖市人民政府规定的减免税项目

1. 省、自治区、直辖市人民政府根据当地实际情况，可以对公共交通车船，农村居民拥有并主要在农村地区使用的摩托车、三轮汽车和低速载货汽车定期减征或者免征车船税。

2. 对受地震、洪涝等严重自然灾害影响纳税困难及其他特殊原因确需减免税的车船，可以在一定期限内减征或者免征车船税。

另外，对纯电动乘用车、燃料电池乘用车、非机动车船（不包括非机动驳船）、临时入境的外国车船和香港特别行政区、澳门特别行政区、台湾地区的车船，不征收车船税。

八、车船税的征收管理

（一）纳税期限

1. 车船税纳税义务发生时间为取得车船所有权或管理权的当月。

2. 在一个纳税年度内，已完税的车船被盗抢、报废、灭失的，纳税人可以凭有关管理机关出具的证明和完税证明，向纳税所在地的主管税务机关申请退还自被盗抢、报废、灭失月份起至该纳税年度终了期间的税款。

3. 已办理退税的被盗抢车船失而复得的，纳税人应当从公安机关出具相关证明的当月起计算缴纳车船税。

（二）纳税申报

车船税按年申报，分月计算，一次性缴纳。具体申报纳税期限由省、自治区、直辖市人民政府规定。

1. 税务机关可以在车船管理部门、车船检验机构的办公场所集中办理车船税征收事宜。

2. 公安机关交通管理部门在办理车辆相关登记和定期检验手续时，对未提交自上次检验后各年度依法纳税或者免税证明的，不予登记，不予发放检验合格标志。

3. 海事部门、船舶检验机构在办理船舶登记和定期检验手续时，对未提交依法纳税或者免税证明，且拒绝扣缴义务人代收代缴车船税的纳税人，不予登记，不予发放检验合格标志。

4. 对于依法不需要购买机动车交通事故责任强制保险的车辆，纳税人应当向主管税务机关申报缴纳车船税。

5. 纳税人在首次购买机动车交通事故责任强制保险时缴纳车船税或者自行申报缴纳车船税的，应当提供购车发票及反映排气量、整备质量、核定载客人数等与纳税相关的信息及其相应凭证。

6. 从事机动车第三者责任强制保险业务的保险机构为机动车车船税的扣缴义务人，

应当在收取保险费时依法代收车船税，并出具代收税款凭证。

（三）纳税地点

纳税人自行向主管税务机关申报缴纳车船税的，纳税地点为车船登记地；依法不需要办理登记的车船，纳税地点为车船的所有人或者管理人的所在地。由保险机构代收代缴车船税的，纳税地点为保险机构所在地。

第四节 印花税

一、印花税概述

（一）印花税的概念

印花税是对经济活动和经济交往中书立、领受、使用应税凭证征收的一种税。由于纳税人主要是通过在应税凭证上粘贴印花税票来完成纳税义务的，故称印花税。

印花税是世界各国普遍征收的一个税种。我国现在执行的印花税政策是国务院于1988年8月6日公布的《中华人民共和国印花税暂行条例》。

（二）印花税的特点

1. 征税范围广。印花税是以书立、领受、使用各种应税凭证为征税对象，随着市场经济的发展和经济法制的逐步完善，依法书立应税凭证的现象将会愈来愈普遍，因此，印花税所涉及的范围十分广泛，具有广泛的税源基础。

2. 税率低，税负轻。印花税遵循税负从轻的原则设计了两种税率形式，即比例税率和定额税率。比例税率最高为1‰，最低为0.05‰；按定额税率征税的，每件5元。与其他税种相比，印花税税率确实要低得多。

3. 纳税人自行贴花完税。印花税与其他税种不同，实行由纳税人自行计算应纳税额；自行购买印花税票；自行粘贴在应税凭证上；最后由纳税人在印花税票和凭证的骑缝处盖戳注销或者划销。

（三）印花税的作用

1. 增加财政收入。印花税虽然税负轻，但征税面广，可以积少成多，有利于为国家经济建设积累财政资金。

2. 增强纳税人自觉纳税的意识。印花税实行由纳税人自行贴花完税，并实行轻税重罚原则，有助于提高纳税人自觉纳税的法制观念，培养纳税人的自觉纳税意识。

3. 促进社会主义市场经济秩序的建立。在各种应税经济凭证上粘贴印花税票，是完善应税经济凭证法律手续的重要方面。征收印花税，通过对各种应税凭证贴花和检查，能够提高各项经济合同的兑现率，促使经济交往中的各方依法办事，推进我国经济法制建设，促进市场经济秩序的建立。

二、印花税的纳税人

印花税的纳税人是在我国境内书立、领受和使用税法所列举应税凭证的单位和个人。根据书立和领受、使用应税凭证的不同情况，其纳税人分别确定为：立合同人、立据人、立账簿人、领受人和使用人五种。

1. 立合同人。指合同的当事人，所谓当事人，是指对凭证有直接权利义务关系的单位和个人，但不包括合同的担保人、证人、鉴定人。各类合同的纳税人是立合同人。各类合同包括购销、加工承揽、建设工程承包、财产租赁、货物运输、仓储保管、借款、财产保险、技术合同或者具有合同性质的凭证。

2. 立据人。是指土地、房屋权属转移过程中买卖双方的当事人。产权转移书据的纳税人是立据人。

3. 立账簿人。营业账簿的纳税人是立账簿人。所谓立账簿人，是指设立并使用营业账簿的单位和个人。例如，企业单位因生产、经营需要，设立了营业账簿，该企业即为纳税人。

4. 领受人。权利、许可证照的纳税人是领受人。领受人是指领取或接受并持有该项凭证的单位和个人。

5. 使用人。在国外书立、领受，但在国内使用的应税凭证，其纳税人是使用人。

值得注意的是，对应税凭证，凡由两方或两方以上当事人共同书立的，其当事人各方都是印花税的纳税人，应各就其所持凭证的计税金额履行纳税义务。

上述单位和个人，包括国内各类企业、事业、机关、团体、部队及中外合资企业、中外合作企业、外资企业、外国公司企业和其他经济组织及其在华机构等。

三、印花税的征税范围

印花税的征税范围，只对印花税暂行条例列举的各种凭证征税，没有列举的凭证不征税。印花税应税凭证的范围具体包括五类：

1. 各类经济合同或具有合同性质的凭证。包括购销、加工承揽、建设工程勘察设计、建筑安装工程承包、财产租赁、货物运输、仓储保管、借款、财产保险、技术等十大类合同或者具有合同性质的凭证。以上所说的合同，是根据《中华人民共和国经济合同法》和其他有关合同法规订立的合同；具有合同性质的凭证，是指具有合同效力的协议、契约、合约、单据、确认书及其他各种名称的凭证。

2. 产权转移书据。是指单位和个人产权的买卖、继承、赠与、交换、分割等所立的书据。包括财产所有权、版权、商标专用权、专利权、专有技术使用权等转移书据和土地使用权出让合同、土地使用权转让合同、商品房销售合同等权力转移合同。其中，“财产所有权”转移书据是指经政府管理机关登记注册的动产、不动产所有权转移所书立的书据，以及企业股权转让所立的书据。

3. 营业账簿。是指单位和个人记载生产经营活动的财务会计核算账簿。按照营业账簿反映内容的不同，可分为记载资金的账簿和其他营业账簿。

其中资金账簿是反映生产经营单位“实收资本”和“资本公积”金额增减变化的账簿。

4. 权利、许可证照。权利、许可证照是指政府授予单位、个人某种法定权利和准予从事特定经济活动的各种证照的统称。包括房屋产权证、工商营业执照、商标注册证、专利证、土地使用证等。

5. 经财政部确定征税的其他凭证。

四、印花税的税目和税率

印花税根据各种应税凭证的性质和特点，采用列举凭证设置税目，共设置了13个税目，分别采用比例税率和定额税率两种税率形式（见表6-2）。

表6-2 印花税税目税率表

税目	征税范围	税率	纳税义务人
1. 购销合同	包括供应、预购、采购、购销结合及协作、调剂、补偿、易货等合同	按购销金额0.3‰贴花	立合同人
2. 加工承揽合同	包括加工、定做、修缮、修理、印刷、广告、测绘、测试等合同	按加工或承揽收入0.5‰贴花	立合同人
3. 建设工程勘察设计合同	包括勘察、设计合同	按收取费用0.5‰贴花	立合同人
4. 建筑安装工程承包合同	包括建筑工程承包、安装工程承包合同	按承包金额0.3‰贴花	立合同人
5. 财产租赁合同	包括租赁房屋、船舶、飞机、机动车辆、机械、器具、设备等合同	按承租金额1‰贴花。税额不足1元的按1元贴花	立合同人
6. 货物运输合同	包括民用航空、铁路运输、海上运输、内河运输、公路运输和联运合同	按运输费用0.5‰贴花。单据作为合同使用的按合同贴花	立合同人
7. 仓储保管合同	包括仓储、保管合同	按仓储保管费用1‰贴花。仓单或栈单作为合同使用的，按合同贴花	立合同人
8. 借款合同	银行及其他金融组织和借款人（不包括银行同业拆借）所签订的借款合同	按借款金额0.05‰贴花。单据作为合同使用的按合同贴花	立合同人
9. 财产保险合同	包括财产、责任、保证、信用等保险合同	按收取的保险费1‰贴花。单据作为合同使用的，按合同贴花	立合同人

续表

税目	征税范围	税率	纳税义务人
10. 技术合同	包括技术开发、转让、咨询、服务等合同	按所载金额 0.3‰贴花	立合同人
11. 产权转移书据	包括财产所有权和版权、商标专用权、专利权、专有技术使用权等转移书据	按所载金额 0.5‰贴花	立合同人
12. 营业账簿	生产经营用账册	记载资金的账簿，按实收资本和资本公积的合计金额 0.5‰贴花，其他账簿按件贴花 5 元	立账簿人
13. 权利许可证照	包括政府部门发给的房屋产权证、工商营业执照、商标注册证、专利证、土地使用证	按件贴花 5 元	领受人

【特别提示】 在上海证券交易所、深圳证券交易所、全国中小企业股份转让系统买卖、继承、赠与优先股所书立的股权转让书据，均依书立时实际成交金额，由出让方按1‰的税率计算缴纳证券（股票）交易印花税。香港市场投资者通过沪港通买卖、继承、赠与上交所上市 A 股，按照内地现行税制规定缴纳证券（股票）交易印花税。

五、印花税的计税依据

印花税分为从价计税和从量计税两种。实行从价计税的凭证，以凭证所载的金额为计税依据。各类经济合同，以合同上记载的金额、收入或费用为计税依据；产权转移书据以书据中所载的金额为计税依据；记载资金的营业账簿，以“实收资本”和“资本公积”的两项合计金额为计税依据。实行从量计税的其他营业账簿和权利、许可证照，以凭证的件数为计税依据。

（一）计税依据的一般规定

1. 购销合同的计税依据为合同记载的购销金额。
2. 加工承揽合同的计税依据是加工或承揽收入的金额。
3. 建设工程勘察设计合同的计税依据为收取的费用。
4. 建筑安装工程承包合同的计税依据为承包金额。
5. 财产租赁合同的计税依据为租赁金额；经计算，税额不足 1 元的，按 1 元贴花。
6. 货物运输合同的计税依据为取得的运输费金额（即运费收入），不包括所运货物的金额、装卸费和保险费等。
7. 仓储保管合同的计税依据为收取的仓储保管费用。
8. 借款合同的计税依据为借款金额。
9. 财产保险合同的计税依据为支付（收取）的保险费，不包括所保财产的金额。
10. 技术合同的计税依据为合同所载的价款、报酬或使用费。为了鼓励技术研究开发，对技术开发合同，只就合同所载的报酬金额计税，研究开发经费不作为计税依据。

单对合同约定按研究开发经费一定比例作为报酬的，应按一定比例的报酬金额贴花。

11. 产权转移书据的计税依据为所载金额。

12. 营业账簿税目中记载资金的账簿的计税依据为“实收资本”与“资本公积”两项的合计金额。实收资本包括现金、实物、无形资产和材料物资。现金按实际收到或存入纳税人开户银行的金额确定。实物，指房屋、机器等，按评估确认的价值或者合同、协议约定的价格确定。无形资产和材料物资，按评估确认的价值确定。

资本公积包括接受捐赠、法定财产重估增值、资本折算差额、资本溢价等。如果是实物捐赠，则按同类资产的市场价格或有关凭据确定。

其他账簿的计税依据为应税凭证件数。

13. 权利、许可证照的计税依据为应税凭证件数。

（二）计税依据的特殊规定

1. 从2008年9月19日起，对证券交易印花税政策进行调整，由双边征收改为单边征收，即只对卖出方（或继承、赠与A股、B股股权的出让方）征收证券（股票）交易印花税，对买入方（受让方）不再征税。

2. 按金额比例贴花的应税凭证，未标明金额的，应按照凭证所载数量及市场价格计算金额，依适用税率贴足印花。

3. 同一凭证有两个或两个以上经济事项而适用不同税率的，如分别记载金额的，应分别计算应纳税额，相加后按合计税额贴花；如未分别记载金额的，按税率高的计税贴花。

4. 同一凭证有两方或两方以上当事人签订并各执一份的，应当由各方所执的一份全额贴花。

5. 记载资金的账簿按实收资本和资本公积的合计金额贴花后，以后年度资金总额比已贴花资金总额增加的，只就增加部分按规定贴花。

6. 按比例税率计算纳税而应纳税额又不足一角的，免纳印花税；应纳税额在一角以上的，其税额尾数不满五分的不计，满五分的按一角计算纳税。对财产租赁合同的应纳税额超过一角但不足一元的，按一元贴花。

7. 有些合同，在签订时无法确定计税金额，可在签订时先按定额5元贴花，以后结算时再按实际金额计税，补贴印花。如技术转让合同中的转让收入，是按销售收入的一定比例收取或是按实现利润分成的。

8. 应税合同在签订时纳税义务即已产生，应计算应纳税额并贴花。所以，不论合同是否兑现或是否按期兑现，均应贴花完税。

对已履行并贴花的合同，所载金额与合同履行后实际结算金额不一致的，只要双方未修改合同金额，一般不再办理完税手续。

9. 对有经营收入的事业单位，凡属由国家财政拨付事业经费，实行差额预算管理的单位，记载经营业务的账簿，按其他账簿每件5元贴花，不记载经营业务的账簿不贴花。

10. 商品购销活动中，采用以货易货方式进行商品交易签订的合同，是反映既购又销双重经济行为的合同。因此，应按合同所载的购、销合计金额计税贴花。

11. 施工单位将自己承包的建设项目，分包或者转包给其他施工单位所签订的分包合同或者转包合同，应按新的分包或转包合同所载金额计算应纳税额。

12. 对国内各种形式的货物联运，凡在起运地统一结算全程运费的，应以全程运费作为计税依据，由起运地运费结算双方缴纳印花税；凡分程结算运费的，应以分程的运费作为计税依据，分别由办理运费结算的各方缴纳印花税。

对国际货运，凡由我国运输企业运输的，不论在我国境内、境外起运或中转分程运输，我国运输企业所持的一份运费结算凭证，均按本程运费计算应纳税额；托运方所持的一份运费结算凭证，按全程运费计算应纳税额。由外国运输企业运输进出口货物的，外国运输企业所持的一份运费结算凭证免纳印花税；托运方所持的一份运费结算凭证应缴纳印花税。

六、印花税的减免税

1. 应税合同凭证的正本贴花之后，副本、抄本不再贴花。

2. 将财产赠给政府、社会福利单位、学校所立的书据免税。

3. 自 2018 年 5 月 1 日起，对按万分之五税率贴花的资金账簿减半征收印花税，对按件贴花 5 元的其他账簿免征印花税。

4. 无息、贴息贷款合同免税。

5. 外国政府或国际金融组织向我国政府及国家金融机构提供优惠贷款所书立的合同免税。

6. 房地产管理部门与个人签订的用于生活居住的租赁合同免税。

7. 农牧业保险合同免税。

8. 军事、救灾、新铁路施工运料等特殊运输合同免税。

9. 自 2019 年 1 月 1 日至 2021 年 12 月 31 日，对与高校学生签订的高校学生公寓租赁合同，免征印花税。高校学生公寓是指为高校学生提供住宿服务，按照国家规定的收费标准收取住宿费的学生公寓。

七、印花税应纳税额的计算

（一）按照比例税率计算应纳税额的方法

应纳税额=计税金额×适用税率

（二）按件定额税率计算应纳税额的方法

应纳税额=计税凭证数量×单位税额

【例 6-7】 某企业 2020 年 1 月开业，当年发生以下有关业务：领受房屋产权证、工商营业执照、土地使用证各一件；与某科研单位签订一份技术开发合同，合同所载金额100万元；与其他企业订立转让专用技术使用权书据1份，所载金额200万元；订立产品购销合同1份，所载金额为200万元；与市银行订立借款合同1份，所载金额为500万元；企业记载资金的账簿："实收资本""资本公积"为1 000万元；其他营业账簿8本。试计算该企业2020年应缴纳的印花税额。

【例题解析】 （1）企业领受权利、许可证照应纳税额：

应纳税额=3×5=15（元）

（2）企业订立产权转移书据应纳税额：

应纳税额=2 000 000 ×0.5‰=1 000（元）

（3）企业订立产品购销合同应纳税额：

应纳税额=2 000 000×0.3‰=600（元）

（4）企业订立借款合同应纳税额：

应纳税额=5 000 000×0.05‰=250（元）

（5）自2018年5月1日起，对按万分之五税率贴花的资金账簿减半征收印花税，对按件贴花五元的其他账簿免征印花税。

企业账簿应纳税额=10 000 000×0.5‰×50%=2 500（元）

（6）企业订立技术开发合同应纳税额：

应纳税额=1 000 000×0.3‰=300（元）

（7）企业应纳印花税税额：

应纳印花税税额=15+1 000+600+250+2 500+300=4 665（元）

【例6-8】 2020年3月，甲企业与乙企业签订了一份合同，由甲企业向乙企业提供货物并运输到乙企业指定的地点，合同标的金额为300万元，其中包括货款和货物运输费用。货物买卖合同适用的印花税率为0.3‰，货物运输合同适用的印花税率为0.5‰。计算甲企业应纳印花税。

【例题解析】 载有两个或两个以上应适用不同税率经济事项的同一凭证，如分别记载金额的，应分别计算应纳税额，相加后按合计税额贴花；如未分别记载金额的，按税率高的计算贴花。

应纳税额=3 000 000×0.5‰=1 500（元）

八、印花税的征收管理

（一）纳税义务发生时间

印花税应当在书立或领受时贴花。具体是指在合同签订时、账簿启用时和证照领受时贴花。如果合同是在国外签订，并且不便在国外贴花的，应在将合同带入境时办理贴花纳税手续。

（二）纳税地点

印花税一般实行就地纳税。对于全国性商品物资订货会（包括展销会、交易会等）上所签订合同应纳的印花税，由纳税人回其所在地后及时办理贴花完税手续；对地方主办、不涉及省份之间关系的订货会、展销会上所签合同的印花税，其纳税地点由省、自治区、直辖市人民政府自行确定。

（三）纳税方法

1. 自行贴花办法。这种办法一般适用于应税凭证较少或者贴花次数较少的纳税人。

纳税人书立、领受或者使用印花税法列举的应税凭证的同时，纳税义务即已产生，应当根据应纳税凭证的性质和适用的税目税率，自行计算应纳税额，自行购买印花税票，自行一次贴足印花税票并加以注销或划销，纳税义务才算全部履行完毕。值得注意的是，纳税人购买了印花税票，支付了税款，国家就取得了财政收入。但就印花税来说，纳税人支付了税款并不等于已履行了纳税义务。纳税人必须自行贴花并注销或划销，这样才算完整地完成了纳税义务。这也就是通常所说的“三自”纳税办法。

对已贴花的凭证，修改后所载金额增加的，其增加部分应当补贴印花税票。凡多贴印花税票者，不得申请退税或者抵用。

2. 汇贴或汇缴办法。这种办法一般适用于应纳税额较大或者贴花次数频繁的纳税人。

（1）“汇贴”。一份凭证应纳税额超过 500 元的，应向当地税务机关申请填写缴款书或者完税证，将其中一联粘贴在凭证上或者由税务机关在凭证上加注完税标记代替贴花。

（2）“汇缴”。同一种类应纳税凭证，需频繁贴花的，应向当地税务机关申请按期汇总缴纳印花税。获准汇总缴纳印花税的纳税人，应持有税务机关发给的汇缴许可证。汇总缴纳的期限由当地税务机关确定，但最长期限不得超过 1 个月。缴纳方式一经选定，1 年内不得改变。

3. 委托代征办法。这一办法主要是通过税务机关的委托，经由发放或者办理应纳税凭证的单位代为征收印花税税款。

税务机关应与代征单位签订代证委托书。所谓发放或者办理应纳税凭证的单位，是指发放权利、许可证照的单位和办理凭证的签证、公证及其他有关事项的单位。如按照印花税法规定，工商行政管理机关核发各类营业执照和商标注册证的同时，负责代售印花税票，征收印花税税款，并监督领受单位或个人负责贴花。

（四）印花税的违章处理

印花税纳税人有下列行为之一的，由税务机关根据情节轻重予以处罚。

1. 在应纳税凭证上未贴或少贴印花税票的，已粘贴在应纳税凭证上的印花税票未注销或者未划销的，由税务机关追缴其不缴或少缴的税款、滞纳金，并处不缴或少缴的税款 50%以上 5 倍以下的罚款。

2. 已贴用的印花税票揭下重用造成未缴或少缴印花税的，由税务机关追缴其不缴或者少缴的税款、滞纳金，并处不缴或少缴的税款 50%以上 5 倍以下的罚款；构成犯罪的，依法追究刑事责任。

3. 伪造印花税票的，由税务机关责令改正，处以 2 000 元以上 1 万元以下的罚款；情节严重的，处以 1 万元以上 5 万元以下的罚款；构成犯罪的，依法追究刑事责任。

4. 按期汇总缴纳印花税的纳税人，超过税务机关核定的纳税期限，未缴或少缴印花税款的，由税务机关追缴其不缴或少缴的税款、滞纳金，并处不缴或少缴的税款的 50%以上 5 倍以下的罚款；情节严重的，同时撤销其汇缴许可证；构成犯罪的，依法追究刑事责任。

5. 纳税人违反以下规定的，由税务机关责令限期改正，可处以 2 000 元以下的罚款；情节严重的，处以 2 000 元以上 1 万元以下的罚款：

（1）汇总缴纳印花税的凭证，应加注税务机关指定的汇缴戳记，编号并装订成册后，将已贴印花或者缴款书的一联粘附册后，盖章注销，保存备查。

（2）纳税人对纳税凭证应妥善保存。凭证的保存期限，凡国家已有明确规定的，按规定办；没有明确规定的其余凭证，均应在履行完毕后保存 1 年。

6. 代售户对取得的税款逾期不缴或者挪作他用，或者违反合同将所领印花税票转托他人代售或者转至其他地区销售，或者未按规定详细提供领、售印花税票情况的，税务机关视其情节轻重，给予警告或者取消其代售资格的处罚。

第五节　船舶吨税

船舶吨税是根据船舶运载量课征的一个税种。现行船舶吨税的基本规范是 2017 年 12 月 27 日第 12 届全国人民代表大会常务委员会第 31 次会议通过的《中华人民共和国船舶吨税法》，自 2018 年 7 月 1 日起施行。

一、征税范围和税率

（一）征税范围

自中华人民共和国境外港口进入境内港口的船舶（以下简称应税船舶），应当缴纳船舶吨税（以下简称吨税）。吨税的税目、税率依照《吨税税目税率表》执行。

（二）税率

船舶吨税设置优惠税率和普通税率。中华人民共和国国籍的应税船舶，船籍国（地区）与中华人民共和国签订含有相互给予船舶税费最惠国待遇条款的条约或者协定的应税船舶，适用优惠税率。其他应税船舶，适用普通税率（见表6-3）。

表6-3 船舶吨税税目税率表

税目（按船舶净吨位划分）	税率（元/净吨）					
	普通税率（按执照期限划分）			优惠税率（按执照期限划分）		
	1年	90日	30日	1年	90日	30日
不超过2 000净吨	12.6	4.2	2.1	9.0	3.0	1.5
超过2 000净吨，但不超过10 000净吨	24.0	8.0	4.0	17.4	5.8	2.9
超过10 000净吨，但不超过50 000净吨	27.6	9.2	4.6	19.8	6.6	3.3
超过50 000净吨	31.8	10.6	5.3	22.8	7.6	3.8

【特别提示】 （1）拖船按照发动机功率每1千瓦折合净吨位0.67吨；（2）无法提供净吨位证明文件的游艇，按照发动机功率每千瓦折合净吨位0.05吨；（3）拖船和非机动驳船分别按相同净吨位船舶税率的50%计征税款。

二、应纳税额的计算

吨税按照船舶净吨位和吨税执照期限征收。净吨位是指由船籍国（地区）政府授权签发的船舶吨位证明书上标明的净吨位；吨税执照期限是指按照公历年、日计算的期间。应税船舶负责人在每次申报纳税时，可以按照《吨税税目税率表》选择申领一种期限的吨税执照。吨税的应纳税额按照船舶净吨位乘以适用税率计算，计算公式为：

应纳税额=船舶净吨位×定额税率

船舶吨税由海关负责征收。海关征收吨税应当制发缴款凭证。应税船舶负责人缴纳吨税或者提供担保后，海关按照其申领的执照期限填发吨税执照。

应税船舶在进入港口办理入境手续时，应当向海关申报纳税领取吨税执照，或者交验吨税执照（或者申请核验吨税执照电子信息）。应税船舶在离开港口办理出境手续时，应当交验吨税执照（或者申请核验吨税执照电子信息）。

应税船舶负责人申领吨税执照时，应当向海关提供下列文件：

1. 船舶国籍证书或者海事部门签发的船舶国籍证书收存证明；

2. 船舶吨位证明。

应税船舶因不可抗力在未设立海关地点停泊的，船舶负责人应当立即向附近海关报告，并在不可抗力原因消除后，依照本法规定向海关申报纳税。

【例6-9】 A国某运输公司一艘货轮驶入我国某港口，该货轮净吨位为60 000吨，货轮负责人已向我国海关领取了吨税执照，在港口停留期限为20天，A国已与我国签订有相互给予船舶税费最惠国待遇条款。请计算该货轮负责人应向我国海关缴纳的船舶吨税。

（1）根据船舶吨税的相关规定，该货轮应享受优惠税率，每净吨位为 3.3 元。

（2）应缴纳船舶吨税 = 60 000×3.3 = 198 000（元）。

三、税收优惠

（一）免征优惠

1. 应纳税额在人民币 50 元以下的船舶。

2. 自境外以购买、受赠、继承等方式取得船舶所有权的初次进口到港的空载船舶。

3. 船舶吨税执照期满后二十四小时内不上下客货的船舶。

4. 非机动船舶（不包括非机动驳船）。非机动船舶是指自身没有动力装置，依靠外力驱动的船舶。非机动驳船是指在船舶登记机关登记为驳船的非机动船舶。

5. 捕捞、养殖渔船。捕捞、养殖渔船是指在中华人民共和国渔业船舶管理部门登记为捕捞船或者养殖船的船舶。

6. 避难、防疫隔离、修理、改造、终止运营或者拆解，并不上下客货的船舶。

7. 军队、武装警察部队专用或者征用的船舶。

8. 警用船舶。

9. 依照法律规定应当予以免税的外国驻华使领馆、国际组织驻华代表机构及其有关人员的船舶。

10. 国务院规定的其他船舶。

（二）延期优惠

在船舶吨税执照期限内，应税船舶发生下列情形之一的，海关按照实际发生的天数批注延长船舶吨税执照期限。

1. 避难、防疫隔离、修理，并不上下客货；

2. 军队、武装警察部队征用。

四、征收管理

（一）纳税义务发生时间

船舶吨税由海关负责征收。船舶吨税纳税义务发生时间为应税船舶进入境内港口的当日。应税船舶在船舶吨税执照期满后尚未离开港口的，应当申领新的船舶吨税执照，自上一执照期满的次日起续缴船舶吨税。

（二）纳税期限

船舶吨税分 1 年期缴纳、90 天期缴纳与 30 天期缴纳三种。缴纳期限由应税船舶负责人或其代理人自行选择。应税船舶负责人应当自海关填发船舶吨税缴款凭证之日起 15 日内缴清税款。未按期缴清税款的，自滞纳税款之日起至缴清税款之日止，按日加收滞纳税款万分之五的税款滞纳金。

应税船舶到达港口前，经海关核准先行申报并办结出入境手续的，应税船舶负责人应当向海关提供与其依法履行船舶吨税缴纳义务相适应的担保；应税船舶到达港口后，按规定向海关申报纳税。

（三）征收管理的其他相关规定

海关发现少征或者漏征税款的，应当自应税船舶应当缴纳税款之日起 1 年内补征税款。但因应税船舶违反规定造成少征或者漏征税款的，海关可以自应当缴纳税款之日起 3 年内追征税款，并自应当缴纳税款之日起按日加征少征或者漏征税款万分之五的税款滞纳金。

（三）纳税申报

应税船舶负责人应在应税船舶抵港申报纳税时，如实填写《船舶吨税执照申请书》，同时应当交验如下证明文件：

1. 船舶国籍证书或者海事部门签发的船舶国籍证书收存证明；
2. 船舶吨位证明。

名词与术语

房产税　契税　车船税　印花税　自行贴花　船舶吨税

简答题

1. 房产税的计税依据是什么？
2. 契税的征税项目是如何规定的？
3. 印花税的纳税人有哪些？
4. 印花税的征税范围？
5. 印花税的纳税方法有哪些？
6. 船舶吨税的征税范围有哪些？

计算分析题

1. 某集体企业坐落在某城市的郊区内，其经营用厂房原值为 300 万元，在郊区以外的农村还有一个仓库，原值为 50 万元，当地政府规定允许减除房产原值的 30%。要求：计算其全年应纳房产税税额。

2. 位于某工矿区的某工业企业，2021 年有用于生产经营的厂房 3 000 平方米，原值为 240 万元，净值为 190 万元，另外还有用于出租的仓库 500 平方米，全年共取得租金 55 000 元。该地区规定的扣除比例为 30%。要求：计算其全年应纳房产税税额。

3. 某企业破产清算时，其房地产评估价值为 6 000 万元，其中以价值 4 000 万元的房地产抵偿债务，将价值 2 000 万元的房地产进行拍卖，拍卖收入 2 400 万元。债权人获得房地产后，与他人进行房屋交换，取得额外补偿 600 万元。已知契税税率 3%，请计算当事人各方应缴纳契税。

4. 某单位拥有 10 辆机动载货汽车用于运输业务，每辆净吨位 10 吨，其中 5 辆带有挂车，挂车的自重吨位为 5 吨。当地核定的机动载货汽车单位税额每吨为 20 元。计算该单位全年应缴纳车船税税额。

5. 某船舶公司拥有机动船舶 5 艘，每艘净吨位 50 吨，拥有木船 3 艘，每艘净吨位 5 吨，还有拖船 4 艘，每艘净吨位 30 吨，当地规定每吨税额为 3 元/年。要求：计算该公司应缴纳的车船税额。

6. 某高新区一家生产企业 2021 年 2 月份开业，注册资金 800 万元，当年发生经营活动如下：（1）领受工商营业执照、房屋产权证、土地使用证各一份；（2）建账时共设 8 个账簿，其中资金账簿中记载实收资本 800 万元；（3）签订购销合同 4 份，共记载金额 260 万元；（4）签订借款合同 1 份，记载金额 70 万元，当年支付利息 0.8 万元；（5）与传媒公司签订广告制作合同 1 份，分别记载加工费 25 万元，广告公司提供的原材料 10 万元；（6）签订租赁合同 1 份，记载租赁费金额 30 万元。

已知：上述金额均为不含增值税的金额，请计算该企业应纳印花税。

第七章 行为目的税

7

本章导读

在各国税收体系中，除了一些典型的流转税、所得税和财产税税种外，还有一些居于次要地位，属于专门对特定行为和目的所课征的税种。按照课税对象的性质划分，这些税种也可以分别归入流转税类、所得税类和财产税类，但其中某些税种的课税对象由于兼有多种性质，导致税种性质具有混合性，很难明确归入哪一类。因此，也可将这些税作为行为目的税进行研究分析。

学习目的与要求

本章主要研究城市维护建设税、车辆购置税、耕地占用税、环境保护税、烟叶税。重难点包括城市维护建设税、车辆购置税、耕地占用税、环境保护税、烟叶税的计税依据和应纳税额的计算。通过本章的学习了解城市维护建设税、车辆购置税、耕地占用税、环境保护税、烟叶税的纳税义务人、适用的税率，掌握它们的计税依据、应纳税额的计算、税收优惠等。

第一节 城市维护建设税

一、城市维护建设税概述

（一）城市维护建设税的概念

城市维护建设税是国家对缴纳增值税、消费税的单位和个人，以其实际缴纳的增值税、消费税税额为计税依据而征收的一种税。现行城市维护建设税的基本规范，是2020年8月11日第十三届全国人民代表大会常务委员会第二十一次会议通过并于2021年9月1日实施的《中华人民共和国城市维护建设税法》。

（二）城市维护建设税的特点

1. 具有附加税性质。城市维护建设税本身没有特定的征税对象，它是以纳税人实际缴纳的增值税、消费税为计税依据，随缴纳的增值税、消费税一并征收的附加税。

2. 税款专款专用。国家通过税收形式取得的收入，一般都直接纳入国家预算，并不规定每个税种收入的适用范围和方向，但城市维护建设税则不同，其所征收的税款要求专项用于城市的公用事业和公共设施的维护和建设。

3. 根据城镇建设规模实行地区差别比例税率。城市维护建设税是根据纳税人所在城镇的规模及其建设维护资金的需要来设计地区差别比例税率的，符合城市、县城和其他地区对城市维护和建设资金的不同程度和层次的需求。

（三）城市维护建设税的作用

1. 有利于扩大征收范围，补充城市维护建设资金的不足。城市维护建设税是以商品劳务税的税额为计税依据，并与“增值税、消费税”同时征收，不仅扩大了征收范围，还可以保证城市维护建设税收入随“增值税、消费税”的增长而增长，使城市维护和建设支出有可靠的资金来源。

2. 调动地方政府的积极性。《城市维护建设税暂行条例》规定：“城市维护建设税应当保证用于城市的公用事业和公共设施的维护和建设，具体安排由地方人民政府确定。”这就明确了城市维护建设税是具有专款专用性质的地方税，其收入与当地城市建设发展直接挂钩，可以充分调动地方的积极性，充实和完善地方税体系，扩大地方财政收入规模。

二、城市维护建设税的纳税人

在中华人民共和国境内缴纳增值税、消费税的单位和个人，为城市维护建设税的纳税人。

包括国有企业、集体企业、私营企业、股份制企业、其他企业和行政单位、事业单位、军事单位、社会团体、其他单位及个体工商户和其他个人。

城市维护建设税的扣缴义务人为负有增值税、消费税扣缴义务的单位和个人，在扣缴增值税、消费税的同时扣缴城市维护建设税。

三、城市维护建设税的征税范围

城市维护建设税在全国范围内征收，具体包括城市、县城、建制镇及税法规定的其他地区。只要缴纳增值税、消费税的，除税法另有规定者外，都属于城市维护建设税的征税范围。

对进口货物或者境外单位和个人向境内销售劳务、服务、无形资产缴纳的增值税、消费税税额，不征收城市维护建设税。

四、城市维护建设税的计税依据

城市维护建设税的计税依据是纳税人实际缴纳的增值税、消费税税额。

城市维护建设税的计税依据应当按照规定扣除期末留抵退税退还的增值税税额。

对进口货物或者境外单位和个人向境内销售劳务、服务、无形资产缴纳的增值税、消费税税额，不征收城市维护建设税。

对纳税人违反增值税、消费税有关税法规定而加收的滞纳金和罚款，是税务机关对纳税人违法行为的经济制裁，不作为城市维护建设税的计税依据；但纳税人在被查补增值税、消费税和被处以罚款时，应同时对其偷漏的城市维护建设税进行补税和罚款。如果逾期缴纳城市维护建设税，还应当按日加收万分之五的税收滞纳金。

五、城市维护建设税的税率

城市维护建设税的税率按纳税人所在地的不同，设置了三档地区差别比例税率。

1. 纳税人所在地在城市市区的，税率为7%；
2. 纳税人所在地在县城、建制镇的，税率为5%；
3. 纳税人所在地不在城市市区、县城或者建制镇的，税率为1%。

纳税人所在地，是指纳税人住所地或者与纳税人生产经营活动相关的其他地点，具体地点由省、自治区、直辖市确定。

六、城市维护建设税应纳税额的计算

城市维护建设税应纳税额的计算公式是：

应纳税额=纳税人实际缴纳的增值税、消费税税额之和×适用税率

【例7-1】某市区某企业2020年6月份实际缴纳增值税20万元，缴纳消费税28万元。计算该企业应纳的城市维护建设税税额。

【例题解析】 应纳税额=（20+28）×7%=3.36（万元）

【例 7-2】 某城市一家卷烟厂委托某县城一卷烟厂加工一批雪茄烟，委托方提供原材料 40 000 元，支付加工费 5 000 元（不含增值税），雪茄烟消费税税率为 36%，这批雪茄烟无同类产品市场价格。计算受托方代收代缴消费税时应扣缴的城市维护建设税。

【例题解析】 受托方代收代缴的城市维护建设税=（40 000+5 000）÷（1-36%）×36%×5%=1 265.63（元）

七、城市维护建设税的减免税

根据国民经济和社会发展的需要，国务院对重大公共基础设施建设、特殊产业和群体及重大突发事件应对等情形可以规定减征或者免征城市维护建设税，报全国人民代表大会常务委员会备案。

八、城市维护建设税的征收管理

（一）纳税义务发生时间

城市维护建设税是以纳税人实际缴纳的增值税、消费税为计税依据，由纳税人在缴纳增值税、消费税同时缴纳，所以其纳税义务发生时间与增值税、消费税的纳税义务发生时间一致。

（二）纳税期限

根据增值税法和消费税法规定，增值税、消费税的纳税期限均分别为 1 日、3 日、5 日、10 日、15 日或者 1 个月。城市维护建设税的纳税期限应比照上述增值税、消费税的纳税期限，由主管税务机关根据纳税人应纳税额大小分别核定；不能按照固定期限纳税的，可以按次纳税。

（三）纳税地点

纳税人缴纳增值税、消费税的地点就是该纳税人缴纳城市维护建设税的地点；代扣代缴、代收代缴增值税、消费税的单位和个人，同时也是城市维护建设税的代扣代缴、代收代缴义务人，其城市维护建设税的纳税地点在代扣代收地。

根据《国家税务总局关于简并税费申报有关事项的公告国家税务总局公告》（2021 年第 9 号）规定：自 2021 年 5 月 1 日起，海南、陕西、大连和厦门开展增值税、消费税分别与城市维护建设税、教育费附加、地方教育附加申报表整合试点，启用《增值税及附加税费申报表（一般纳税人适用）》（见表 2-5）、《增值税及附加税费申报表（小规模纳税人适用）》（见表 2-6）、《增值税及附加税费预缴表》及其附列资料和《消费税及附加税费申报表》（见表 3-4）。

附：教育费附加和地方教育附加

一、教育费附加和地方教育附加概述

教育费附加和地方教育附加是对缴纳增值税、消费税的单位和个人，就其实际缴纳的税额为计算依据征收的一种附加费。

教育费附加是为加快地方教育事业，扩大地方教育经费的资金而征收的一项专用基金。1984 年，国务院颁布了《关于筹措农村学校办学经费的通知》，开征了农村教育事业经费附加。国务院于 1986 年 4 月 28 日颁布了《征收教育费附加的暂行规定》，决定从同年 7 月 1 日开始在全国范围内征收教育费附加。2010 年财政部下发的《关于统一地方教育费附加政策有关问题的通知》对各省、自治区、直辖市的地方教育附加进行了统一。

二、教育费附加和地方教育附加的征收范围及计征依据

教育费附加对缴纳增值税、消费税的单位和个人征收，以其实际缴纳的增值税、消费税为计征依据。

三、教育费附加和地方教育附加的征收率

现行教育费附加的征收率为 3%，地方教育附加征收率为 2%。

四、教育费附加和地方教育附加的计算

应纳教育费附加（地方教育附加）=（实际缴纳增值税+实际缴纳消费税）×征收率 3%

五、教育费附加的减免税规定

1. 海关对进口产品代征增值税、消费税的，不征收教育费附加。

2. 对由于减免“增值税、消费税”而发生退税的，可以同时退还已征收的教育费附加和地方教育附加，但对出口货物、劳务和跨境销售服务、无形资产及因优惠政策退还增值税、消费税的，不退还已缴纳的教育费附加和地方教育附加。

3. 对增值税、消费税实行先征后返、先征后退、即征即退办法的，除另有规定外，对随增值税、消费税附征的教育费附加和地方教育附加一律不退（返）还。

第二节 车辆购置税

一、车辆购置税概述

（一）车辆购置税的概念

车辆购置税是指在中华人民共和国境内购置汽车、有轨电车、汽车挂车、排气量超过 150 毫升的摩托车（以下统称应税车辆）的购置者征收的一种税。现行车辆购置税是由 2018 年 12 月 29 日第十三届全国人民代表大会常务委员会第七次会议通过，并于 2019

年7月1日起施行的《中华人民共和国车辆购置税法》。

（二）车辆购置税的特点

车辆购置税除具有税收的共同特点外，还有其自身独立的特点：

1. 征收环节单一。车辆购置税实行一次课征制，它不是在生产、经营和消费的每一环节实行道道征收，而是在购置进入消费领域的特定环节征收。

2. 税率单一。车辆购置税只确定一个统一比例税率征收，税率具有不随课税对象数额变动的特点，计征简便、负担稳定，有利于依法治税。

3. 征收方法单一。车辆购置税根据纳税人购置应税车辆的计税价格实行从价计征，以价格为计税标准，课税与价值直接发生关系。

4. 征税具有特定目的。车辆购置税具有专门用途，由政府根据国家交通建设投资计划统筹安排。这种特定目的的税收可以保证国家财政支出的需要，既有利于统筹合理地安排资金，又有利于保证特定事业和建设支出的需要。

二、车辆购置税的纳税人

在中华人民共和国境内购置应税车辆的单位和个人，为车辆购置税的纳税人，应当缴纳车辆购置税。

所谓购置包括购买、进口、自产自用、受赠、获奖或者以其他方式取得并自用应税车辆的行为。

车辆购置税实行一次性征收。购置已征车辆购置税的车辆，不再征收车辆购置税。

三、车辆购置税的征税范围

车辆购置税以列举的车辆作为征税对象，未列举的车辆不纳税。其征收范围包括汽车、有轨电车、汽车挂车、排气量超过150毫升的摩托车。

地铁、轻轨等城市轨道交通车辆，装载机、平地机、挖掘机、推土机等轮式专用机械车及起重机（吊车）、叉车、电动摩托车，不属于应税车辆。

四、车辆购置税的计税依据

车辆购置税的计税依据视不同的情况，按以下规定确定：

1. 纳税人购买自用应税车辆实际支付给销售者的全部价款依据纳税人购买应税车辆时相关凭证载明的价格确定，不包括增值税税款。

【特别提示】 自2020年6月1日起，纳税人购置应税车辆办理车辆购置税纳税申报时，以发票电子信息中的不含税价作为申报计税价格。纳税人依据相关规定提供其他有效价格凭证的情形除外。

2. 纳税人自产自用应税车辆的计税价格按照纳税人生产的同类应税车辆（即车辆配置序列号相同的车辆）的销售价格确定，不包括增值税税款；没有同类应税车辆销售价格的，按照组成计税价格确定。组成计税价格计算公式如下：

组成计税价格＝成本×（1+成本利润率）

属于应征消费税的应税车辆，其组成计税价格中应加计消费税税额。

上述公式中的成本利润率，由国家税务总局各省、自治区、直辖市和计划单列市税务局确定。

3. 纳税人以受赠、获奖或者其他方式取得自用应税车辆的计税价格，按照购置应税车辆时相关凭证载明的价格确定，不包括增值税税款。

五、车辆购置税的税率

我国车辆购置税实行比例税率，税率为10%。

六、车辆购置税应纳税额的计算

计算公式：应纳税额＝计税依据×税率

（一）购买自用应税车辆应纳税额计算

1. 购买者随购买车辆支付的工具件和零部件价款应作为购车价款的一部分，并入计税依据中征收车辆购置税。

2. 支付的车辆装饰费应作为价外费用并入计税依据中计税。

3. 代收款项应区别征税。凡使用代收单位（受托方）票据收取的款项，应视作代收单位价外收费，购买者支付的价外费用应并入计税依据中一并征税；凡使用委托方票据收取，受托方只履行代收义务和收取代收手续费的款项，应按其他税收政策规定征税。

4. 销售单位开给购买者的各种发票金额中包含增值税税款，计算车辆购置税时，应换算为不含增值税的计税价格。

5. 购买者支付的控购费是政府部门的行政性收费，不属于销售者的价外费用范围，不应并入计税价格计税。

6. 销售单位开展优质销售活动所开票收取的有关费用，应属于经营性收入。

【例7-3】　李某从汽车有限公司购买一辆小汽车供自己使用，支付了含增值税税款在内的款项234 000元，另支付代收临时牌照费550元、代收保险费1 000元，支付购买工具件和零配件价款3 000元，车辆装饰费1 300元。所支付的款项均由该汽车有限公司开具“机动车销售统一发票”和有关票据。计算李某应纳的车辆购置税。

计税依据＝（234 000+550+1 000+3 000+1 300）÷（1+13%）＝212 256.64（元）

应纳税额＝212 256.64×10%＝21 225.64（元）

（二）进口自用应税车辆应纳税额的计算

纳税人进口自用的应税车辆应纳税额的计算公式分为两种情况：

1. 如果进口车辆是属于消费税征税范围的小汽车、摩托车等，则其应纳税额的计算公式为：

应纳税额=（关税完税价格+关税+消费税）×车辆购置税税率

=（关税完税价格+关税）÷（1-消费税比例税率）×车辆购置税税率

2. 如果进口车辆是不属于消费税征税范围的大卡车、大客车，则其应纳税额的计算公式为：

应纳税额=（关税完税价格+关税）×车辆购置税税率

（三）自产自用应税车辆应纳税额的计算

纳税人自产自用应税车辆应纳税额的计算公式如下：

应纳税额=同类应税车辆的销售价格×车辆购置税税率

（四）以受赠、获奖或者其他方式取得自用应税车辆应纳税额的计算

以受赠、获奖或者其他方式取得自用应税车辆应纳税额的计算公式如下：

应纳税额=购置应税车辆时相关凭证载明的价格×车辆购置税税率

【特别提示】 纳税人申报的应税车辆计税价格明显偏低，又无正当理由的，以国家税务总局核定的最低计税价格作为计税依据计征车辆购置税。

【例 7-4】 某汽车制造厂将自产的一辆某型号的汽车用于本单位内部使用，该厂在出具该车的发票注明金额 45 000 元，并按此金额向主管税务机关申报纳税。经审核，国家税务总局对该车同类型车辆核定的最低计税价格为 90 000 元。计算该车应纳车辆购置税。

【例题解析】 应纳税额=90 000×10%=9 000（元）

七、车辆购置税的减免税

1. 依照法律规定应当予以免税的外国驻华使馆、领事馆和国际组织驻华机构及其有关人员自用的车辆免税。

2. 中国人民解放军和中国人民武装警察部队列入装备订货计划的车辆免税。

3. 悬挂应急救援专用号牌的国家综合性消防救援车辆免税。

4. 设有固定装置的非运输专用作业车辆免税。

5. 城市公交企业购置的公共汽电车辆免税。

6. 回国服务的在外留学人员用现汇购买 1 辆个人自用国产小汽车和长期来华定居专家进口 1 辆自用小汽车免征车辆购置税。

7. 防汛部门和森林消防部门用于指挥、检查、调度、报汛（警）、联络的由指定厂家生产的设有固定装置的指定型号的车辆免征车辆购置税。

8. 自 2021 年 1 月 1 日至 2022 年 12 月 31 日，对购置的新能源汽车继续免征车辆购置税。

9. 自 2018 年 7 月 1 日至 2021 年 6 月 30 日，对购置的挂车减半征收车辆购置税。

10. 中国妇女发展基金会“母亲健康快车”项目的流动医疗车免征车辆购置税。

11. 原公安现役部队和原武警黄金、森林、水电部队改制后换发地方机动车牌证的车辆（公安消防、武警森林部队执行灭火救援任务的车辆除外），一次性免征车辆购置税。

12. 北京2022年冬奥会和冬残奥会组织委员会新购置车辆免征车辆购置税。

八、车辆购置税的征收管理

（一）纳税环节

1. 纳税人应当在向公安机关等车辆管理机构办理车辆登记注册前缴纳车辆购置税。公安机关交通管理部门办理车辆注册登记，应当根据税务机关提供的应税车辆完税或者免税电子信息对纳税人申请登记的车辆信息进行核对，核对无误后依法办理车辆注册登记。

2. 免税、减税车辆因转让、改变用途等原因不再属于免税、减税范围的，应当在办理车辆过户手续前或者办理变更车辆登记注册手续前缴纳车辆购置税。

（二）纳税义务发生时间

纳税义务发生时间以纳税人购置应税车辆所取得的车辆相关凭证上注明的时间为准。

1. 购买自用应税车辆的为购买之日，即车辆相关价格凭证的开具日期。

2. 进口自用应税车辆的为《海关进口增值税专用缴款书》或者其他有效凭证的开具日期。

3. 自产、受赠、获奖或者以其他方式取得并自用应税车辆的为取得之日，即合同、法律文书或者其他有效凭证的生效或者开具日期。

4. 已经办理免税、减税手续的车辆因转让、改变用途等原因不再属于免税、减税范围的，纳税义务发生时间为车辆转让或者用途改变等情形发生之日。

（三）纳税期限

纳税人购买自用的应税车辆，自购买之日起60日内申报纳税；进口自用的应税车辆，应当自进口之日起60日内申报纳税；自产、受赠、获奖和以其他方式取得并自用的应税车辆，应当自取得之日起60日内申报纳税。

（四）纳税地点

纳税人购置应税车辆，应当向车辆登记地的主管税务机关申报缴纳车辆购置税；购置不需要办理车辆登记的应税车辆的，应当向纳税人所在地的主管税务机关申报缴纳车辆购置税。

（五）退税制度

已征车辆购置税的车辆退回车辆生产或销售企业，纳税人申请退还车辆购置税的，应退税额计算公式如下：

应退税额=已纳税额×（1-使用年限×10%）

应退税额不得为负数。使用年限的计算方法是自纳税人缴纳税款之日起，至申请退税之日止。

（六）纳税申报

《车辆购置税纳税申报表》参见表7-1。

表7-1　车辆购置税纳税申报表

填表日期：　　　　年　月　日　　　　　　　　　　金额单位：元

<table>
<tr><td>纳税人名称</td><td colspan="2"></td><td>申报类型</td><td colspan="2">□征税□免税□减税</td></tr>
<tr><td>证件名称</td><td colspan="2"></td><td>证件号码</td><td colspan="2"></td></tr>
<tr><td>联系电话</td><td colspan="2"></td><td>地　　址</td><td colspan="2"></td></tr>
<tr><td>合格证编号
（货物进口证明书号）</td><td colspan="2"></td><td>车辆识别代号
/车架号</td><td colspan="2"></td></tr>
<tr><td>厂牌型号</td><td colspan="5"></td></tr>
<tr><td>排量（cc）</td><td colspan="2"></td><td>机动车销售统一
发票代码</td><td colspan="2"></td></tr>
<tr><td>机动车销售
统一发票号码</td><td colspan="2"></td><td>不含税价</td><td colspan="2"></td></tr>
<tr><td colspan="4">海关进口关税专用缴款书（进出口货物征免税证明）号码</td><td colspan="2"></td></tr>
<tr><td>关税完税价格</td><td></td><td>关　税</td><td></td><td>消费税</td><td></td></tr>
<tr><td>其他有效凭证名称</td><td></td><td>其他有效
凭证号码</td><td></td><td>其他有效
凭证价格</td><td></td></tr>
<tr><td>购置日期</td><td></td><td>申报计税
价格</td><td></td><td>申报免（减）税
条件或者代码</td><td></td></tr>
<tr><td>是否办理车辆登记</td><td></td><td>车辆拟登记
地点</td><td colspan="3"></td></tr>
<tr><td colspan="6">纳税人声明：
　　本纳税申报表是根据国家税收法律法规及相关规定填报的，我确定它是真实的、可靠的、完整的。
　　纳税人（签名或盖章）：</td></tr>
</table>

续表

<table>
<tr><td colspan="6">委托声明：
现委托（姓名）__________（证件号码）___________________办理车辆购置税涉税事宜，提供的凭证、资料是真实、可靠、完整的。任何与本申报表有关的往来文件，都可交予此人。
委托人（签名或盖章）：　　　　　　　　　　被委托人（签名或盖章）：</td></tr>
<tr><td colspan="6">以下由税务机关填写</td></tr>
<tr><td colspan="2">免（减）税条件代码</td><td colspan="4"></td></tr>
<tr><td>计税价格</td><td>税率</td><td>应纳税额</td><td>免（减）税额</td><td>实纳税额</td><td>滞纳金金额</td></tr>
<tr><td></td><td></td><td></td><td></td><td></td><td></td></tr>
<tr><td colspan="2">受理人：
年　月　日</td><td colspan="2">复核人
（适用于免、减税申报）：
年　月　日</td><td colspan="2">主管税务机关（章）</td></tr>
</table>

第三节　耕地占用税

耕地占用税法是对境内占用耕地建设建筑物、构筑物或者从事非农业建设的单位和个人征收的一种税。现行耕地占用税法的基本规范是 2018 年 12 月 29 日第十三届全国人民代表大会常务委员会第七次会议通过，并于 2019 年 9 月 1 日施行的《中华人民共和国耕地占用税法》（以下简称《耕地占用税法》）。

一、耕地占用税纳税人

在中华人民共和国境内占用耕地建设建筑物、构筑物或者从事非农业建设的单位和个人，为耕地占用税的纳税人，应当依照本法规定缴纳耕地占用税。

经批准占用耕地的，纳税人为农用地转用审批文件中标明的建设用地人；农用地转用审批文件中未标明建设用地人的，纳税人为用地申请人，其中用地申请人为各级人民政府的，由同级土地储备中心、自然资源主管部门或政府委托的其他部门、单位履行耕地占用税申报纳税义务。

未经批准占用耕地的，纳税人为实际用地人。

二、耕地占用税征税范围

耕地占用税的征税范围包括纳税人为建设建筑物、构筑物或者从事非农业建设而占用的耕地。

耕地是指用于种植农作物的土地，包括菜地和园地。

1. 占用鱼塘及其他农用土地建房或从事其他非农业建设，也视同占用耕地，必须依法征收耕地占用税。

2. 占用已开发从事种植、养殖的滩涂、草场、水面和林地等从事非农业建设，由省、自治区、直辖市本着有利于保护土地资源和生态平衡的原则，结合具体情况确定是否征收耕地占用税。

3. 占用耕地建设农田水利设施的，不缴纳耕地占用税。

三、耕地占用税的优惠政策

1. 军事设施、学校、幼儿园、社会福利机构、医疗机构占用耕地，免征耕地占用税。

2. 铁路线路、公路线路、飞机场跑道、停机坪、港口、航道、水利工程占用耕地，减按每平方米 2 元的税额征收耕地占用税。

3. 农村居民在规定用地标准以内占用耕地新建自用住宅，按照当地适用税额减半征收耕地占用税；其中农村居民经批准搬迁，新建自用住宅占用耕地不超过原宅基地面积的部分，免征耕地占用税。

4. 农村烈士遗属、因公牺牲军人遗属、残疾军人及符合农村最低生活保障条件的农村居民，在规定用地标准以内新建自用住宅，免征耕地占用税。

【政策解疑】 依照税法规定免征或者减征耕地占用税后，纳税人改变原占地用途，不再属于免征或者减征耕地占用税情形的，应当按照当地适用税额补缴耕地占用税。

四、税率、计税依据和应纳税额计算

（一）税率

由于我国的耕地资源的分布不均衡，各地区之间的经济发展水平差异较大，耕地占用税在税率设计上采用地区差别定额税率。税率规定如下：

1. 人均耕地不超过 1 亩的地区（以县、自治县、不设区的市、市辖区为单位，下同），每平方米为 10~50 元；

2. 人均耕地超过 1 亩，但不超过 2 亩的地区，每平方米为 8~40 元；

3. 人均耕地超过 2 亩，但不超过 3 亩的地区，每平方米为 6~30 元；

4. 人均耕地超过 3 亩以上的地区，每平方米为 5~25 元。

各地区耕地占用税的适用税额由省、自治区、直辖市人民政府根据人均耕地面积和经济发展等情况，报同级人民代表大会常务委员会决定，并报全国人民代表大会常务委员会和国务院备案。

各省、自治区、直辖市耕地占用税适用税额的平均水平不得低于本法所附《各省、自治区、直辖市耕地占用税平均税额表》规定的平均税额（见表 7-1）。

表 7-1　各省、自治区、直辖市耕地占用税平均税额表

省、自治区、直辖市	每平方米平均税额（元）
上海	45
北京	40
天津	35
江苏、浙江、福建、广东	30
辽宁、湖北、湖南	25
河北、安徽、江西、山东、河南、重庆、四川	22.5
广西、海南、贵州、云南、陕西	20
山西、吉林、黑龙江	17.5
内蒙古、西藏、甘肃、青海、宁夏、新疆	12.5

在人均耕地低于 0.5 亩的地区，省、自治区、直辖市可以根据当地经济发展情况，适当提高耕地占用税的适用税额，但提高的部分不得超过适用税额的 50%。

占用基本农田的应当按照确定的当地适用税额，加按 150%征收。

（二）计税依据

耕地占用税以纳税人实际占用的属于耕地占用税征税范围的土地面积为计税依据，按应税土地当地适用税额计税，实行一次性征收。

（三）应纳税额计算

应纳税额为纳税人实际占用的耕地面积（平方米）乘以适用税额。

应纳耕地占用税＝应税土地面积×适用税额（适用定额税率）

应税土地面积包括经批准占用的面积和未经批准占用的面积。

【例 7-5】　某农户一处耕地，面积 3 500 平方米，本年 6 月将其中 2 000 平方米建设农田水利设施，其余 1 500 平方米建设住宅（在规定用地标准以内）。当地适用的耕地占用税定额税率为每平方米 30 元。请计算该农户应纳耕地占用税。

【例题解析】　占用耕地建设农田水利设施不属于耕地占用税征收范围；农村居民在规定用地标准以内占用耕地新建自用住宅，按照当地适用税额减半征收耕地占用税。

应纳耕地占用税＝1 500×30×50%＝22 500（元）

五、征收管理

（一）纳税义务发生时间

耕地占用税的纳税义务发生时间，为纳税人收到自然资源主管部门办理占用耕地手

续的书面通知的当日。

（二）纳税期限

纳税人应当自纳税义务发生之日起 30 日内申报缴纳耕地占用税。自然资源主管部门凭耕地占用税完税凭证或者免税凭证和其他有关文件发放建设用地批准书。

纳税人改变原占地用途，不再属于免征或减征情形的，应自改变用途之日起 30 日内申报补缴税款，补缴税款按改变用途的实际占用耕地面积和改变用途时当地适用税额计算。

（三）耕地占用税的纳税地点

纳税人占用耕地或其他农用地，应当在耕地或其他农用地所在地申报，填写《财产和行为税纳税申报表》（见表 5-2），并缴纳税款。

第四节 环境保护税

为了保护和改善环境，减少污染物排放，推进生态文明建设，2016 年 12 月 25 日第十二届全国人民代表大会常务委员会第二十五次会议通过了《中华人民共和国环境保护税法》（以下简称《环境保护税法》），2017 年 12 月 30 日国务院发布了《中华人民共和国环境保护税法实施条例》，《环境保护税法》于 2018 年 1 月 1 日起正式实施。

一、纳税人

环境保护税纳税人是在我国领域和我国管辖的其他海域，直接向环境排放应税污染物的企业事业单位和其他生产经营者。

二、环境保护税征税范围

应税污染物是指《环境保护税法》所附《环境保护税税目税额表》《应税污染物和当量值表》规定的大气污染物、水污染物、固体废物和噪声。

依法设立的城乡污水集中处理、生活垃圾集中处理场所超过国家和地方规定的排放标准向环境排放应税污染物的，应当缴纳环境保护税。企业事业单位和其他生产经营者贮存或者处置固体废物不符合国家和地方环境保护标准的，应当缴纳环境保护税。

下列情形不属于环境保护税征税范围：

1. 企业事业单位和其他生产经营者向依法设立的污水集中处理、生活垃圾集中处理场所排放应税污染物的。

2. 企业事业单位和其他生产经营者在符合国家和地方环境保护标准的设施、场所贮存或者处置固体废物的。

3. 达到省级人民政府确定的规模标准并且有污染物排放口的畜禽养殖场，应当依法缴纳环境保护税，但依法对畜禽养殖废弃物进行综合利用和无害化处理的除外。

三、税目和税率

（一）税目

环境保护税税目包括大气污染物、水污染物、固体废物和噪声四大类。

1. 大气污染物

大气污染物包括二氧化硫、氮氧化物、一氧化碳、氯气、氯化氢、氟化物等，共计44项。环保税的征税范围不包括温室气体二氧化碳。

2. 水污染物

水污染物分为两类水污染物：第一类水污染物包括总汞、总镉、总铬、六价铬、总砷、总铅、总镍、苯并（a）芘、总铍、总银；第二类水污染物包括悬浮物、生化需氧量、化学需氧量等，共计61项。

3. 固体废物

固体废物包括煤矸石、尾矿、危险废物、冶炼渣、粉煤灰、炉渣、其他固体废物（含半固态、液态废物）。

4. 噪声

应税噪声污染目前只包括工业噪声。

（二）税率

环境保护税采用定额税率，其中，对应税大气污染物和水污染物规定了幅度定额税率。具体税额参见表7-2。

表7-2 环境保护税税目税额表

税目		计税单位	税额
大气污染物		每污染当量	1.2~12元
水污染物		每污染当量	1.4~14元
固体废物	煤矸石	每吨	5元
	尾矿	每吨	15元
	危险废物	每吨	1 000元
	冶炼渣、粉煤灰、炉渣、其他固体废物（含半固态、液态废物）	每吨	25元

续表

税目		计税单位	税额
噪声	工业噪声	超标 1-3 分贝	每月 350 元
		超标 4-6 分贝	每月 700 元
		超标 7-9 分贝	每月 1 400 元
		超标 10-12 分贝	每月 2 800 元
		超标 13-15 分贝	每月 5 600 元
		超标 16 分贝以上	每月 11 200 元

备注：工业噪声计税办法。(1) 一个单位边界上有多处噪音超标，根据最高一处超标声级计算应纳税额；当沿边界长度超过 100 米有两处以上噪声超标，按照两个单位计算应纳税额；(2) 一个单位有不同地点作业场所的，应当分别计算应纳税额，合并计征；(3) 昼、夜均超标的环境噪音，昼夜分别计算应纳税额，累计计征；(4) 声源一个月内超标不足 15 天的，减半计算应纳税额；(5) 夜间频发突发和夜间偶然突发厂界超标噪音，按等效声级和峰值噪音两种指标中超标分贝值高的一项计算应纳税额。

四、税收优惠政策

(一) 暂予免征环境保护税

1. 农业生产（不包括规模化养殖）排放应税污染物的。

2. 机动车、铁路机车、非道路移动机械、船舶和航空器等流动污染源排放应税污染物的。

3. 依法设立的城乡污水集中处理、生活垃圾集中处理场所排放相应应税污染物，不超过国家和地方规定的排放标准的。

4. 纳税人综合利用的固体废物符合国家和地方环境保护标准的。

5. 国务院批准免税的其他情形。

(二) 减征环境保护税

纳税人排放应税大气污染物或者水污染物的浓度值低于国家和地方规定的污染物排放标准 30%的，减按 75%征收环境保护税。纳税人排放应税大气污染物或者水污染物的浓度值低于国家和地方规定的污染物排放标准 50%的，减按 50%征收环境保护税。

五、计税依据

(一) 计税依据确定基本方法

1. 应税大气污染物、水污染物按照排放量折合的污染当量数确定计税依据

应税大气污染物、水污染物的污染当量数 = 该污染物的排放量 ÷ 该污染物的污染当量值

污染当量是指根据污染物或者污染排放活动对环境的有害程度及处理的技术经济性，

衡量不同污染物对环境污染的综合性指标或者计量单位。同一介质相同污染当量的不同污染物，其污染程度基本相当。每种应税大气污染物、水污染物的具体污染当量值，依照《环境保护税法》所附《应税污染物和当量值表》（表 7-3 至表 7-7）执行。

表 7-3　大气污染物污染当量值

污染物	污染当量值（千克）	污染物	污染当量值（千克）
1. 二氧化硫	0.95	23. 二甲苯	0.27
2. 氮氧化物	0.95	24. 苯并（a）芘	0.000002
3. 一氧化碳	16.7	25. 甲醛	0.09
4. 氯气	0.34	26. 乙醛	0.45
5. 氯化氢	10.75	27. 丙烯醛	0.06
6. 氟化物	0.87	28. 甲醇	0.67
7. 氰化氢	0.005	29. 酚类	0.35
8. 硫酸雾	0.6	30. 沥青烟	0.19
9. 铬酸雾	0.0007	31. 苯胺类	0.21
10. 汞及其化合物	0.0001	32. 氯苯类	0.72
11. 一般性粉尘	4	33. 硝基苯	0.17
12. 石棉尘	0.53	34. 丙烯腈	0.22
13. 玻璃棉尘	2.13	35. 氯乙烯	0.55
14. 碳黑尘	0.59	36. 光气	0.04
15. 铅及其化合物	0.02	37. 硫化氢	0.29
16. 镉及其化合物	0.03	38. 氨	9.09
17. 铍及其化合物	0.0004	39. 三甲胺	0.32
18. 镍及其化合物	0.13	40. 甲硫醇	0.04
19. 锡及其化合物	0.27	41. 甲硫醚	0.28
20. 烟尘	2.18	42. 二甲二硫	0.28
21. 苯	0.05	43. 苯乙烯	25
22. 甲苯	0.18	44. 二硫化碳	20

表 7-4　第一类水污染物污染当量值

污染物	污染当量值（千克）	污染物	污染当量值（千克）
1. 总汞	0.0005	6. 总铅	0.025
2. 总镉	0.005	7. 总镍	0.025
3. 总铬	0.04	8. 苯并（a）芘	0.0000003
4. 六价铬	0.02	9. 总铍	0.01
5. 总砷	0.02	10. 总银	0.02

表 7-5 第二类水污染物污染当量值

污染物	污染当量值（千克）	污染物	污染当量值（千克）
11. 悬浮物（SS）	4	37. 五氯酚及五氯酚钠	0.25
12. 生化需氧量（BOD5）	0.5	38. 三氯甲烷	0.04
13. 化学需氧量（CODcr）	1	39. 可吸附有机卤化物（AOX）	0.25
14. 总有机碳（TOC）	0.49	40. 四氯化碳	0.04
15. 石油类	0.1	41. 三氯乙烯	0.04
16. 动植物油	0.16	42. 四氯乙烯	0.04
17. 挥发酚	0.08	43. 苯	0.02
18. 总氰化物	0.05	44. 甲苯	0.02
19. 硫化物	0.125	45. 乙苯	0.02
20. 氨氮	0.8	46. 邻-二甲苯	0.02
21. 氟化物	0.5	47. 对-二甲苯	0.02
22. 甲醛	0.125	48. 间-二甲苯	0.02
23. 苯胺类	0.2	49. 氯苯	0.02
24. 硝基苯类	0.2	50. 邻二氯苯	0.02
25. 阴离子表面活性剂	0.2	51. 对二氯苯	0.02
26. 总铜	0.1	52. 对硝基氯苯	0.02
27. 总锌	0.2	53. 2，4-二硝基氯苯	0.02
28. 总锰	0.2	54. 苯酚	0.02
29. 彩色显影剂（CD-2）	0.2	55. 间-甲酚	0.02
30. 总磷	0.25	56. 2，4-二氯酚	0.02
31. 单质磷（以P计）	0.05	57. 2，4，6-三氯酚	0.02
32. 有机磷农药（以P计）	0.05	58. 邻苯二甲酸二丁酯	0.02
33. 乐果	0.05	59. 邻苯二甲酸二辛酯	0.02
34. 甲基对硫磷	0.05	60. 丙烯腈	0.125
35. 马拉硫磷	0.05	61. 总硒	0.02
36. 对硫磷	0.05		

表 7-6 pH 值、色度、大肠菌群数、余氯量水污染物污染当量值

污染物		污染当量值	备注
1. PH 值	（1） 0－1， 13－14	0.06 吨污水	PH5-6 指大于等于 5，小于 6；PH9-10 指大于 9，小于等于 10，其余类推。
	（2） 1－2， 12－13	0.125 吨污水	
	（3） 2－3， 11－12	0.25 吨污水	
	（4） 3－4， 10－11	0.5 吨污水	
	（5） 4-5，9-10	1 吨污水	
	（6） 5-6	5 吨污水	
2. 色度		5 吨水·倍	
3. 大肠菌群数（超标）		3.3 吨污水	大肠菌群数和余氯量只征收一项。
4. 余氯量（用氯消毒的医院废水）		3.3 吨污水	

表 7-7 禽畜养殖业、小型企业和第三产业水污染物污染当量值

类型	污染当量值		备注
禽畜养殖场	1. 牛	0.1 头	仅对存栏规模大于 50 头牛、500 头猪、5 000 羽鸡鸭等的禽畜养殖场征收。
	2. 猪	1 头	
	3. 鸡、鸭等家禽	30 羽	
4. 小型企业	1.8 吨污水		
5. 饮食娱乐服务业	0.5 吨污水		
6. 医院	消毒	0.14 床	医院病床数大于 20 张的按照本表计算污染当量。
		2.8 吨污水	
	不消毒	0.07 床	
		1.4 吨污水	

注：① 本表仅适用于计算无法进行实际监测或者物料衡算的畜禽养殖业、小型企业和第三产业等小型排污者的水污染物污染当量数；②每一排放口或者没有排放口的应税大气污染物，按照污染当量数从大到小排序，对前三项污染物征收环境保护税；③每一排放口的应税水污染物，按照《应税污染物和当量值表》，区分第一类水污染物和其他类水污染物，按照污染当量数从大到小排序，对第一类水污染物按照前五项征收环境保护税，对其他类水污染物按照前三项征收环境保护税。

纳税人有下列情形之一的，以其当期应税大气污染物、水污染物的产生量作为污染物的排放量：

（1）未依法安装使用污染物自动监测设备或者未将污染物自动监测设备与环境保护主管部门的监控设备联网；

（2）损毁或者擅自移动、改变污染物自动监测设备；

（3）篡改、伪造污染物监测数据；

（4）通过暗管、渗井、渗坑、灌注或者稀释排放及不正常运行防治污染设施等方式违法排放应税污染物；

（5）进行虚假纳税申报。

2. 应税固体废物按照固体废物的排放量确定计税依据

固体废物的排放量为当期应税固体废物的产生量减去当期应税固体废物的贮存量、处置量、综合利用量的余额。

固体废物的贮存量、处置量是指在符合国家和地方环境保护标准的设施、场所贮存或者处置的固体废物数量；固体废物的综合利用量是指按照国务院发展改革、工业和信息化主管部门关于资源综合利用要求及国家和地方环境保护标准进行综合利用的固体废物数量。

计算公式如下：

固体废物的排放量=当期固体废物的产生量-当期应税固体废物的贮存量、处置量、综合利用量

纳税人有下列情形之一的，以其当期应税固体废物的产生量作为固体废物的排放量：

（1）非法倾倒应税固体废物；

（2）进行虚假纳税申报。

3. 应税噪声按照超过国家规定标准的分贝数确定计税依据

工业噪声按超过国家规定标准的分贝数确定每月税额，超过国家规定标准的分贝数是指实际产生的工业噪声与国家规定的工业噪声排放标准限值之间的差值。

（二）应税大气污染物、水污染物、固体废物的排放量和噪声的分贝数确定计算

1. 纳税人安装使用符合国家规定和监测规范的污染物自动监测设备的，按照污染物自动监测数据计算。

2. 纳税人未安装使用污染物自动监测设备的，按照监测机构出具的符合国家有关规定和监测规范的监测数据计算。

3. 因排放污染物种类多等原因不具备监测条件的，按照国务院生态环境主管部门规定的排污系数、物料衡算方法计算。

4. 不能按照本条第 1 项至第 3 项规定的方法计算的，按照省、自治区、直辖市人民政府生态环境主管部门规定的抽样测算的方法核定计算。

六、环境保护税应纳税额的计算

（一）应税大气污染物应纳税额的计算

应税大气污染物的应纳税额=污染当量数×具体适用税额

【例 7-6】 一生产企业本年 6 月向大气直接排放二氧化硫 80 千克、氟化物 120 千克、一氧化碳 400 千克、氯化氢 160 千克，假设当地大气污染物每污染当量税额为 2 元。该企业只有一个排放口。请计算该企业本月应纳环境保护税。

【例题解析】 根据大气污染物污染当量表查询可知：二氧化硫的污染当量 0.95 千克、氟化物的污染当量 0.87 千克、一氧化碳的污染当量 16.7 千克、氯化氢的污染当量

10.75 千克。

(1) 计算各污染物的污染当量数

污染当量数=该污染物的排放量÷该污染物的污染当量值

据此计算各污染物的污染当量数为:

① 二氧化硫污染当量数=80÷0.95=84.21

② 氟化物污染当量数=120÷0.87=137.93

③ 一氧化碳污染当量数=400÷16.7=23.95

④ 氯化氢污染当量数=160÷10.75=14.89

(2) 按各污染物的污染当量数排序

氟化物污染当量数(137.93)>二氧化硫污染当量数(84.21)>一氧化碳污染当量数(23.95)>氯化氢污染当量数(14.89)

该企业只有一个排放口,排序选取计税前三项污染物为:氟化物、二氧化硫、一氧化碳。

(3) 计算应纳税额

应纳税额=(137.93+84.21+23.95)×2=492.18(元)

(二) 应税水污染物应纳税额的计算

1. 适用监测数据法的水污染物应纳税额的计算

适用监测数据法的水污染物(包括第一类水污染物和第二类水污染物)的应纳税额为污染当量数乘以具体适用税额。计算公式为:

应税水污染物的应纳税额=污染当量数×具体适用税额

2. 适用抽样测算法的水污染物应纳税额的计算

适用抽样测算法的情形,纳税人按照环境保护税法所附《禽畜养殖业、小型企业和第三产业水污染物当量值表》所规定的当量值计算污染当量数。

(1) 规模化禽畜养殖业排放的水污染物应纳税额。禽畜养殖业的水污染物应纳税额为污染当量数乘以具体适用税额。其污染当量数以禽畜养殖数量除以污染当量值计算。

(2) 小型企业和第三产业排放的水污染物应纳税额。小型企业和第三产业的水污染物应纳税额为污染当量数乘以具体适用税额。其污染当量数以污水排放量(吨)除以污染当量值(吨)计算。计算公式为:

应纳税额=污水排放量(吨)÷污染当量值(吨)×适用税额

(3) 医院排放的水污染物应纳税额。医院排放的水污染物应纳税额为污染当量数乘以具体适用税额。其污染当量数以病床数或者污水排放量除以相应的污染当量值计算。计算公式为:

应纳税额=医院床位数÷污染当量值×适用税额

应纳税额=污水排放量÷污染当量值×适用税额

（三）应税固体废物应纳税额的计算

应税固体废物的应纳税额=固体废物排放量×具体适用税额

固体废物的排放量=当期固体废物的产生量−当期应税固体废物的贮存量、处置量、综合利用量

（四）应税噪声应纳税额的计算

应税噪声应纳税额=超过国家规定标准的分贝数对应的具体适用税额

应税噪声的应纳税额为超过国家规定标准分贝数对应的具体适用税额。噪声超标分贝数不是整数值的，按四舍五入取整。一个单位的同一监测点当月有多个监测数据超标的，以最高一次超标声级计算应纳税额。声源一个月内累计昼间超标不足15昼或者累计夜间超标不足15夜的，分别减半计算应纳税额。

【例7-7】 假设某工业企业只有一个生产场所，只在昼间生产，边界处声环境功能区类型为1类，生产时产生噪声为65分贝，《工业企业厂界环境噪声排放标准》规定1类功能区昼间的噪声排放限值为55分贝，当月超标天数为20天。请计算该企业当月噪声污染应缴纳的环境保护税。

【例题解析】

（1）超标分贝数：65−55=10（分贝）

（2）根据《环境保护税税目税额表》，可得出该企业当月噪声污染应缴纳环境保护税2 800元。

七、环境保护税的征收管理

（一）环境保护税征收管理

环境保护税由税务机关依照《中华人民共和国税收征收管理法》和《环境保护税法》的有关规定征收管理；县级以上地方人民政府应当建立税务机关、生态环境主管部门和其他相关单位分工协作工作机制，加强环境保护税征收管理，保障税款及时足额入库；生态环境主管部门和税务机关应当建立涉税信息共享平台和工作配合机制；生态环境主管部门应当将排污单位的排污许可、污染物排放数据、环境违法和受行政处罚情况等环境保护相关信息，定期交送税务机关。

（二）环境保护税的纳税义务发生时间

环境保护税的纳税义务发生时间为纳税人排放应税污染物的当日。

（三）环境保护税的纳税地点

环境保护税的纳税人应当向应税污染物排放地的税务机关申报缴纳环境保护税。

（四）环境保护税的纳税期限

环境保护税按月计算，按季申报缴纳。不能按固定期限计算缴纳的，可以按次申报缴纳。

纳税人申报缴纳环境保护税时，应当向税务机关报送所排放应税污染物的种类、数量，大气污染物、水污染物的浓度值，以及税务机关根据实际需要要求纳税人报送的其他纳税资料。

纳税人按季申报缴纳的，应当自季度终了之日起 15 日内，向税务机关办理纳税申报并缴纳税款。纳税人按次申报缴纳的，应当自纳税义务发生之日起 15 日内，向税务机关办理纳税申报并缴纳税款。

第五节　烟叶税

烟叶税是对纳税人收购烟叶的收购金额征收的一种税。现行烟叶税税收规范是 2017 年 12 月 27 日第十二届全国人民代表大会常务委员会第三十一次会议通过并于 2018 年 7 月 1 日起施行的《中华人民共和国烟叶税法》。

一、烟叶税纳税人

在中华人民共和国境内，依照《中华人民共和国烟草专卖法》的规定收购烟叶的单位为烟叶税的纳税人。纳税人应当依照《中华人民共和国烟叶税法》规定缴纳烟叶税。

二、烟叶税征收范围

烟叶税征收范围是烟叶。烟叶是指烤烟叶、晾晒烟叶。

三、烟叶税计税依据

烟叶税计税依据为纳税人收购烟叶实际支付的价款总额。包括纳税人支付给烟叶生产销售单位和个人的烟叶收购价款和价外补贴。其中，价外补贴统一按烟叶收购价款的 10%计算。

四、烟叶税的税率

烟叶税实行比例税率，税率为 20%。

五、烟叶税应纳税额的计算

应纳税额的计算公式为：

应纳烟叶税 = 纳税人收购烟叶实际支付的价款总额（烟叶收购价款总额）×税率

=（烟叶收购价款+价外补贴）×税率

=（烟叶收购价款+价外补贴）×20%

由于价外补贴统一按烟叶收购价款的10%计算，因此应纳税额可以表述为以下公式：

应纳税额=烟叶收购价款×（1+10%）×20%

【例7-8】 某卷烟厂从烟草种植户手中收购一批烟叶用于卷烟的生产，收购价款12万元，另支付价外补贴2万元。请计算该卷烟厂应纳烟叶税。

【例题解析】 应纳烟叶税=（12+2）×（1+10%）×20%

=3.08（万元）

六、烟叶税的征收管理

（一）烟叶税的纳税义务发生时间

烟叶税的纳税义务发生时间为纳税人收购烟叶的当日。收购烟叶的当日是指纳税人向烟叶销售者支付收购烟叶款项或者开具收购烟叶凭据的当日。

（二）烟叶税的纳税期限

烟叶税按月计征，纳税人应当于纳税义务发生月终了之日起15日内申报并缴纳税款。

（三）烟叶税的纳税地点

纳税人应当向烟叶收购地的主管税务机关申报烟叶税，填写《财产和行为税纳税申报表》（见表5-2），并缴纳烟叶税税款。

名词与术语

城市维护建设税　专款专用　车辆购置税　环境保护税　污染当量

简答题

1. 城市维护建设税的计税依据？
2. 耕地占用税的征税范围？
3. 环境保护税的征税范围？
4. 环境保护税的计税依据是什么？
5. 烟叶税的计税依据是什么？

计算分析题

1. 某县城一生产企业为增值税一般纳税人，2020年8月销售产品缴纳增值税22万元、消费税 50 万元；本月进口原材料一批，报关时缴纳进口环节增值税 10 万元；本期出口产品一批，免抵增值税 8 万元，退回增值税 5 万元。要求：计算该企业应纳城市维护建设税和教育费附加。

2. 某企业实际占地面积 40 000 平方米，2020 年 4 月 30 日该企业为扩大生产能力，经有关部门批准，新征用非耕地 3 000 平方米，新征用耕地 1000 平方米。请计算该企业所处地段适用城镇土地使用税年税额 5 元/平方米，耕地占用税 20 元/平方米。请计算该企业 2020-2021 年应纳城镇土地使用税和耕地占用税。

3. 2020 年 2 月某公司在市郊新建一家分公司，共计占用耕地 18 000 平方米，其中 1 000 平方米修建幼儿园、2 500 平方米修建医院，占用 5 000 平方米新建停机坪。当地耕地占用税适用的定额税率为 30 元/平方米。请计算该公司应缴纳耕地占用税。

4. 某工业企业常年向环境排放一氧化碳，2019 年 4 月直接向环境排放的一氧化碳经自动检测设备检测的排放量为 35 000 千克，浓度值为规定的污染物排放标准的 45%，已知一氧化碳污染当量值为 16.7，当地大气污染物税额标准为 5 元/污染当量，请计算该工业企业当月应缴纳环境保护税。

5. 假设某企业 8 月产生尾矿 1 000 吨，其中综合利用的尾矿 300 吨（符合国家和地方环境保护标准），在符合国家和地方环境保护标准的设施贮存 200 吨，计算这家企业 8 月尾矿应缴纳的环境保护税。

6. 某企业 8 月向水体直接排放第一类水污染物总汞、总镉、总铬、总砷、总铅、总银各 10 千克。排放第二类水污染物悬浮物（SS）、总有机碳（TOC）、挥发酚、氨氮各 10 千克。假设水污染物每污染当量税额按《环境保护税税目税额表》最低标准 1.4 元计算，计算企业 8 月水污染物应缴纳的环境保护税。

7. 某烟草公司 2020 年 8 月支付烟叶收购价款 88 万元，另向烟农支付 10%的价外补贴。请计算该烟草公司 8 月收购烟叶应缴纳的烟叶税。

第八章 企业所得税

8

本章导读

企业所得税作为我国现行税制结构体系中重要税种，是国家制定的用以调整企业所得税征收与缴纳之间权利及义务关系的法律规范，对我国境内的企业和其他取得收入的组织的生产经营所得和其他所得征收的一种所得税。企业所得税收入弹性较大，计征管理也更为复杂。

学习目的与要求

企业所得税主要研究分析企业所得税纳税人、征收范围、税率结构特点，企业所得税应税收入、成本费用标准、应税所得额、应纳税额计算方法，企业所得税纳税时间、纳税地点等问题。通过本章的学习，学生应熟练掌握纳税人、征税对象、税率、应纳税所得额、应纳税额的计算及征收管理。

第一节 企业所得税概论

一、企业所得税的概念

企业所得税法是指国家制定的用以调整企业所得税征收与缴纳之间权利及义务关系的法律规范。现行企业所得税法的基本规范，是2007年3月16日第十届全国人民代表大会第五次全体会议通过的《中华人民共和国企业所得税法》和2019年4月23日中华人民共和国国务院令第714号修订的《中华人民共和国企业所得税法实施条例》。

企业所得税是对我国境内的企业和其他取得收入的组织的生产经营所得和其他所得所征收的一种税收。它是国家参与企业利润分配的重要手段。

二、企业所得税的特点

企业所得税是规范和处理国家与企业分配关系的重要形式，具有与商品劳务税不同的性质。其特点主要有以下四个方面：

（一）将企业划分为居民企业和非居民企业

现行企业所得税将企业划分为居民企业和非居民企业两大类：居民企业负无限纳税义务，即来源于我国境内、外的所得都要向中国政府缴纳所得税。非居民企业负有限纳税义务，即中国境内的所得向中国政府缴纳所得税。

（二）征税对象为应纳税所得额

企业所得税以应纳税所得额为课税对象，应纳税所得额是按照企业所得税法规的规定，为企业在一个纳税年度内的应税收入总额扣除各项成本、费用、税金和损失后的余额，而不是依据会计制度的规定计算出来的利润总额。

（三）征税以量能负担为原则

企业所得税以企业的生产、经营所得和其他所得为征税对象，多得多缴税，少得少缴税，无所得不缴税，充分体现税收的公平负担原则，而不是像流转税只要取得收入就应缴税，不管盈利还是亏损。

（四）实行按年计征、分期预缴的办法

企业所得税以企业一个纳税年度的应纳税所得额为计税依据，平时分月或分季预缴，年度终了后进行汇算清缴，多退少补。

三、企业所得税的立法原则

企业所得税是处理国家和企业分配关系的重要形式。税收制度设计得合理与否，不仅仅只是影响企业负担和国家财政收入，更重要的是还关系到国家整体经济的持续发展。因此，企业所得税法规在制定过程中，应遵循以下原则：

（一）税负公平原则

公平原则是人类社会的永恒原则，企业所得税是处理政府与企业分配关系的主要税种之一，如何分配企业创造的新价值，税负公平就显得十分重要。从宏观而言，既要保证政府财政收入的必要，又要适应政府利用税收调节经济的必要，也就是说既要保证政府的财政收入，又不影响企业生产经营的积极性。从微观而言，企业与企业要公平，行业与行业要公平，除特殊规定外，所有的企业税负都要公平。

（二）科学发展观原则

科学发展观关系到人类生存的大计，征收企业所得税不仅要理顺政府与企业的分配关系，更重要的是要有利于国家整体经济持续发展。因此，企业所得税法规的制定要有利于资源的合理运用，有利于生态平衡，有利于环境保护。

（三）发挥调控作用原则

税收是调节经济的重要杠杆之一，如何利用企业所得税的规定来调节经济，是非常值得研究的重要问题。由于我国地域广阔，经济发展很不平衡，地区间和行业间差距大，经济结构不合理，技术进步迟缓等，都需要企业所得税给予调节。

（四）参照国际惯例原则

企业所得税是国际上普遍征收的一个税种，虽然各国对该税种的命名有所不同，但本质上没有太大的差别。随着我国对外开放政策的不断扩大和世界经济一体化的快速发展，向我国政府缴纳企业所得税的主体就不仅仅是国内企业，还将涉及诸多外国企业。因此，制定企业所得税法规时，就必须考虑国际上的普遍做法。

（五）有利于征管原则

企业所得税是所有税种中计算最复杂的税种，它涉及企业一个纳税年度内的所有收入、成本和费用，以及除企业缴纳的企业所得税和准许抵扣的增值税以外的所有税金的扣除。在征管过程中，稍有不慎就可能发生错误。因此，在制定企业所得税法规时，要尽量做到简单、易懂、利于操作和执行。

第二节 纳税义务人、征税对象与税率

一、纳税义务人及扣缴义务人

（一）企业所得税的纳税义务人

企业所得税的纳税义务人是指在中华人民共和国境内的企业和其他取得收入的组织。《中华人民共和国企业所得税法》第一条规定，凡在我国境内，企业和其他取得收入的组织（以下统称企业）为企业所得税的纳税人，依照本法规定缴纳企业所得税。个人独资企业、合伙企业不是企业所得税的纳税人。

缴纳企业所得税的企业分为居民企业和非居民企业，分别承担不同的纳税责任。

1．居民企业

居民企业是指依法在中国境内成立的企业，或者依照外国（地区）法律成立但实际管理机构在中国境内的企业。依法在中国境内成立的企业，包括依照中国法律、行政法规在中国境内成立的企业、事业单位、社会团体及其他取得收入的组织；依照外国（地区）法律成立的企业，包括依照外国（地区）法律成立的企业和其他取得收入的组织；实际管理机构是指对企业的生产经营、人员、账务、财产等实施实质性全面管理和控制的机构。

2．非居民企业

非居民企业是指依照外国（地区）法律成立且实际管理机构不在中国境内，但在中国境内设立机构、场所的，或者在中国境内未设立机构、场所，但有来源于中国境内所得的企业。

上述所称机构、场所是指在中国境内从事生产经营活动的机构、场所，包括：

（1）管理机构、营业机构、办事机构。

（2）工厂、农场、开采自然资源的场所。

（3）提供劳务的场所。

（4）从事建筑、安装、装配、修理、勘探等工程作业的场所。

（5）其他从事生产经营活动的机构、场所。

非居民企业委托营业代理人在中国境内从事生产经营活动的，包括委托单位或者个人经常代其签订合同，或者储存、交付货物等，该营业代理人视为非居民企业在中国境内设立的机构、场所。

（二）企业所得税的扣缴义务人

1．支付人为扣缴义务人

非居民企业在中国境内未设立机构、场所的，或者虽设立机构、场所但取得的所得与其所设机构、场所没有实际联系的，其来源于中国境内的所得应缴纳的所得税，实行源泉扣缴。

2. 指定扣缴义务人

对非居民企业在中国境内取得工程作业和劳务所得应缴纳的所得税，税务机关可以指定工程价款或者劳务费的支付人为扣缴义务人。

二、征税对象

企业所得税的征税对象是指企业的生产经营所得、其他所得和清算所得。

（一）居民企业的征税对象

居民企业应就来源于中国境内、境外的所得作为征税对象。所得包括销售货物所得、提供劳务所得、转让财产所得、股息红利等权益性投资所得、利息所得、租金所得、特许权使用费所得、接受捐赠所得和其他所得。

（二）非居民企业的征税对象

非居民企业在中国境内设立机构、场所的，应当就其所设机构、场所取得的来源于中国境内的所得，以及发生在中国境外但与其所设机构、场所有实际联系的所得，缴纳企业所得税。

上述所称实际联系，是指非居民企业在中国境内设立的机构、场所拥有的据以取得所得的股权、债权，以及拥有、管理、控制据以取得所得的财产。

（三）所得来源的确定原则

1. 销售货物所得按照交易活动发生地确定。

2. 提供劳务所得按照劳务发生地确定。

3. 转让财产所得。不动产转让所得按照不动产所在地确定，动产转让所得按照转让动产的企业或者机构、场所所在地确定，权益性投资资产转让所得按照被投资企业所在地确定。

4. 股息、红利等权益性投资所得按照分配所得的企业所在地确定。

5. 利息所得、租金所得、特许权使用费所得按照负担、支付所得的企业或者机构、场所所在地确定，或者按照负担、支付所得的个人的住所地确定。

6. 其他所得由国务院财政、税务主管部门确定。

三、税率

企业所得税实行比例税率。比例税率简便易行，透明度高，不会因征税而改变企业间收入分配比例，有利于促进效率的提高。现行规定是：

1. 基本税率为25%。适用于居民企业和在中国境内设有机构、场所且所得与机构、场所有关联的非居民企业。

2. 低税率为20%。适用于小型微利企业。

3. 优惠税率15%。适用于高新技术企业和技术先进型服务企业。

4. 优惠税率10%。适用于在中国境内未设立机构、场所的，或者虽设立机构、场所但取得的所得与其所设机构、场所没有实际联系的非居民企业。

第三节 应纳税所得额的计算

应纳税所得额是企业所得税的计算依据，按照企业所得税法的规定，应纳税所得额为企业每一个纳税年度的收入总额，减除不征税收入、免税收入、各项扣除，以及允许弥补的以前年度亏损后的余额。基本公式为：

应纳税所得额=收入总额-不征税收入-免税收入-各项扣除-以前年度亏损

企业应纳税所得额的计算以权责发生制为原则，属于当期的收入和费用，不论款项是否收付，均作为当期的收入和费用；不属于当期的收入和费用，即使款项已经在当期收付，均不作为当期的收入和费用。应纳税所得额的正确计算直接关系到国家财政收入和企业的税收负担，并且同成本、费用的核算关系密切。因此，企业所得税法对应纳税所得额计算做了明确规定。主要内容包括收入总额、扣除范围和标准、资产的税务处理、亏损弥补等。

一、收入总额

企业的收入总额包括以货币形式和非货币形式从各种来源取得的收入，具体有：销售货物收入、提供劳务收入、转让财产收入、股息、红利等权益性投资收益，以及利息收入、租金收入、特许权使用费收入、接受捐赠收入、其他收入。

企业取得收入的货币形式包括现金、存款、应收账款、应收票据、准备持有至到期的债券投资及债务的豁免等；纳税人以非货币形式取得的收入，包括固定资产、生物资产、无形资产、股权投资、存货、不准备持有至到期的债券投资、劳务，以及有关权益等，这些非货币资产应当按照公允价值确定收入额，公允价值是指按照市场价格确定的价值。收入的具体构成为：

（一）一般收入的确认

1. 销售货物收入。销售货物收入是指企业销售商品、产品、原材料、包装物、低值易耗品及其他存货取得的收入。

2. 劳务收入。劳务收入是指企业从事建筑安装、修理修配、交通运输、仓储租赁、金融保险、邮电通信、咨询经纪、文化体育、科学研究、技术服务、教育培训、餐饮住宿、中介代理、卫生保健、社区服务、旅游、娱乐、加工及其他劳务服务活动取得的收入。

3. 转让财产收入。转让财产收入是指企业转让固定资产、生物资产、无形资产、股权、债权等财产取得的收入。

4. 股息、红利等权益性投资收益。股息、红利等权益性投资收益是指企业因权益性投资从被投资方取得的收入。股息、红利等权益性投资收益，除国务院财政、税务主管部门另有规定外，按照被投资方做出利润分配决定的日期确认收入的实现。

5. 利息收入。利息收入是指企业将资金提供他人使用但不构成权益性投资，或者因他人占用本企业资金取得的收入，包括存款利息、贷款利息、债券利息、欠款利息等收入。利息收入按照合同约定的债务人应付利息的日期确认收入的实现。

6. 租金收入。租金收入是指企业提供固定资产、包装物或者其他有形资产的使用权取得的收入。租金收入，按照合同约定的承租人应付租金的日期确认收入的实现。

7. 特许权使用费收入。特许权使用费收入是指企业提供专利权、非专利技术、商标权、著作权，以及其他特许权的使用权取得的收入。特许权使用费收入按照合同约定的特许权使用人应付特许权使用费的日期确认收入的实现。

8. 接受捐赠收入。接受捐赠收入是指企业接受的来自其他企业、组织或者个人无偿给予的货币性资产、非货币性资产。接受捐款收入按照实际收到捐款资产的日期确认收入的实现。

9. 其他收入。其他收入是指企业取得的除以上收入外的其他收入，包括企业资产溢余收入、逾期未退包装物押金收入、确实无法偿付的应付款项、已做坏账损失处理后又收回的应收款项、债务重组收入、补贴收入、违约金收入、汇兑收益等。

（二）特殊收入的确定

1. 以分期收款方式销售货物的，按照合同约定的收款日期确认收入的实现。

2. 采用售后回购方式销售商品，销售的商品按售价确认收入，回购的商品作为购进商品处理。

3. 采取以旧换新方式销售商品，应当按照销售商品收入的确认条件确认收入，回收的商品作为购进商品处理。

4. 采取商业折扣（折扣销售）方式销售商品：企业为促进商品销售而在商品价格上给予的价格扣除属于商业折扣。商品销售涉及商业折扣的，应当按照扣除商业折扣后的金额确定销售商品收入金额。

5. 采取现金折扣（销售折扣）方式销售商品：债权人为鼓励债务人在规定的期限内付款而向债务人提供的债务扣除属于现金折扣。销售商品涉及现金折扣的，应当按扣除现金折扣前的金额确定销售商品收入金额，现金折扣在实际发生时作为财务费用扣除。

6. 采取折让退回方式销售商品：企业因售出商品的质量不合格等原因而在售价上给予的减让属于销售折让；企业因售出商品质量、品种不符合要求等原因而发生的退货属于销售退回。企业已经确认销售收入的售出商品发生销售折让或销售退回的，应当在发生当期冲减当期销售商品收入。

7. 采取“买一赠一”等方式组合销售本企业商品：不属于捐赠，应将总的销售金额按各项商品的公允价值的比例来分摊确认各项的销售收入。

8. 企业受托加工制造大型机械设备、船舶、飞机等，以及从事建筑、安装、装配业务或者提供劳务等：持续时间超过12个月的，按照纳税年度内完工进度或者完成的工作量确认收入的实现。

9. 采取产品分成方式取得收入的，按照企业分得产品的日期确认收入的实现，其收入额按照产品的公允价值确定。

10. 企业发生非货币性资产交换，以及将货物、财产、劳务用于捐赠、偿债、赞助、集资、广告、样品、职工福利和进行利润分配等用途，应当视同销售货物、转让财产和提供劳务，但国务院财政、税务主管部门另有规定的除外。

（三）处置资产收入的确认

1. 企业发生下列情形的处置资产，除将资产转移至境外以外，由于资产所有权属在形式和实质上均不发生改变，可作为内部处置资产，不视同销售确认收入，相关资产的计税基础延续计算。

（1）将资产用于生产、制造、加工另一产品。

（2）改变资产形状、结构或性能。

（3）改变资产用途（如自建商品房转为自用或经营）。

（4）将资产在总机构及其分支机构之间转移。

（5）上述两种或两种以上情形的混合。

（6）其他不改变资产所有权属的用途。

2. 企业将资产移送他人的下列情形，因资产所有权属已发生改变而不属于内部处置资产，应按规定视同销售确定收入。

（1）用于市场推广或销售。

（2）用于交际应酬。

（3）用于职工奖励或福利。

（4）用于股息分配。

（5）用于对外捐赠。

（6）其他改变资产所有权属的用途。

3. 企业发生以上第（2）条规定情形的，除另有规定外，应按照被移送资产的公允价值确定销售收入。

二、不征税收入和免税收入

国家为了扶持和鼓励某些特殊的纳税人和特殊的项目，或者避免因征税影响企业的正常经营，对企业取得的某些收入予以不征税或免税的特殊政策，以减轻企业的负担，促进经济的协调发展。

（一）不征税收入

1. 财政拨款。是指各级人民政府对纳入预算管理的事业单位、社会团体等组织拨付的财政资金，但国务院和国务院财政、税务主管部门另有规定的除外。

2. 依法收取并纳入财政管理的行政事业性收费、政府性基金是指依照法律法规等有关规定，按照国务院规定程序批准，在实施社会公共管理，以及在向公民、法人或者其他组织提供特定公共服务过程中，向特定对象收取并纳入财政管理的费用。政府性基金，是指企业依照法律、行政法规等有关规定，代政府收取的具有专项用途的财政资金。

3. 国务院规定的其他不征税收入。是指企业取得的，由国务院财政、税务主管部门规定专项用途并经国务院批准的财政性资金。

【特别提示】　企业的不征税收入用于支出所形成的费用，不得在计算应纳税所得额时扣除；企业的不征税收入用于支出所形成的资产，其计算的折旧、摊销不得在计算应纳税所得额时扣除。

（二）免税收入

1. 国债利息收入。

2. 符合条件的居民企业之间的股息、红利等权益性收益。是指居民企业直接投资于其他居民企业取得的投资收益。

3. 在中国境内设立机构、场所的非居民企业从居民企业取得与该机构、场所有实际联系的股息、红利等权益性投资收益。该收益都不包括连续持有居民企业公开发行并上市流通的股票不足12个月取得的投资收益。

4. 符合条件的非营利组织的收入。符合条件的非营利组织是指：

（1）依法履行非营利组织登记手续。

（2）从事公益性或者非营利性活动。

（3）取得的收入除用于与该组织有关的、合理的支出外，全部用于登记核定或者章程规定的公益性或者非营利性事业。

（4）财产及其孳生息不用于分配。

（5）按照登记核定或者章程规定，该组织注销后的剩余财产用于公益性或者非营利性目的，或者由登记管理机关转赠给与该组织性质、宗旨相同的组织，并向社会公告。

（6）投入人对投入该组织的财产不保留或者享有任何财产权利。

（7）工作人员工资福利开支控制在规定的比例内，不变相分配该组织的财产。

（8）国务院财政、税务主管部门规定的其他条件。

企业所得税法第二十六条第4项所称符合条件的非营利组织的收入，不包括非营利组织从事营利性活动取得的收入，但国务院财政、税务主管部门另有规定的除外。

三、准予扣除项目

（一）税前扣除项目的原则

企业申报的扣除项目和金额要真实、合法。所谓真实是指能提供证明有关支出确属已经实际发生；合法是指符合国家税法的规定，若其他法规规定与税收法规规定不一致，应以税收法规的规定为标准。除税收法规另有规定外，税前扣除一般应遵循以下原则：

1. 权责发生制原则。企业费用应在发生的所属期扣除，而不是在实际支付时确认扣除。

2. 配比原则。企业发生的费用应当与收入配比扣除。除特殊规定外，企业发生的费用不得提前或滞后申报扣除。

3. 相关性原则。企业可扣除的费用从性质和根源上必须与取得应税收入直接相关。

4. 确定性原则。企业可扣除的费用不论何时支付，其金额必须是确定的。

5. 合理性原则。符合生产经营活动常规，应当计入当期损益或者有关资产成本的必要和正常的支出。

（二）扣除项目的范围

企业所得税法规定，企业实际发生的与取得收入有关的、合理的支出，包括成本、费用、税金、损失和其他支出，准予在计算应纳税所得额时扣除。在实际中，计算应纳税所得额时还应注意三方面的内容：①企业发生的支出应当区分收益性支出和资本性支出。收益性支出在发生当期直接扣除；资本性支出应当分期扣除或者计入有关资产成本，不得在发生当期直接扣除。②企业的不征税收入用于支出所形成的费用或者财产，不得扣除或者计算对应的折旧、摊销扣除。③除企业所得税法和本条例另有规定外，企业实际发生的成本、费用、税金、损失和其他支出，不得重复扣除。

1. 成本

是指企业在生产经营活动中发生的销售成本、销货成本、业务支出，以及其他耗费，即企业销售商品（产品、材料、下脚料、废料、废旧物资等）、提供劳务、转让固定资产、无形资产（包括技术转让）的成本。

企业必须将经营活动中发生的成本合理划分为直接成本和间接成本。直接成本是可直接计入有关成本计算对象或劳务的经营成本中的直接材料、直接人工等。间接成本是指多个部门为同一成本对象提供服务的共同成本，或者同一种投入可以制造、提供两种或两种以上的产品或劳务的联合成本。

直接成本可根据有关会计凭证、记录直接计入有关成本计算对象或劳务的经营成本中。间接成本必须根据与成本计算对象之间的因果关系、成本计算对象的产量等，以合理的方法分配计入有关成本计算对象中。

2. 费用

是指企业每一个纳税年度为生产、经营商品和提供劳务等所发生的销售（经营）费用、管理费用和财务费用。已经计入成本的有关费用除外。

销售费用是指应由企业负担的为销售商品而发生的费用，包括广告费、运输费、装卸费、包装费、展览费、保险费、销售佣金（能直接认定的进口佣金调整商品进价成本）、代销手续费、经营性租赁费及销售部门发生的差旅费、工资、福利费等费用。

管理费用是指企业的行政管理部门为管理组织经营活动提供各项支援性服务而发生的费用。

财务费用是指企业筹集经营性资金而发生的费用，包括利息净支出、汇总净损失、金融机构手续费及其他非资本化支出。

3. 税金

是指企业发生的除企业所得税和允许抵扣的增值税以外的企业缴纳的各项税金及其附加。即企业按规定缴纳的消费税、营业税、城市维护建设税、关税、资源税、土地增值税、房产税、车船税、土地使用税、印花税、教育费附加等产品销售税金及附加。这些已纳税金准予税前扣除。准许扣除的税金有两种方式：一是在发生当期扣除；二是在发生当期计入相关资产的成本，在以后各期分摊扣除。

4. 损失

是指企业在生产经营活动中发生的固定资产和存货的盘亏、毁损、报废损失，转让财产损失，呆账损失，坏账损失，自然灾害等不可抗力因素造成的损失及其他损失。

【政策解疑】 企业发生的损失减除责任人赔偿和保险赔款后的余额，依照国务院财政、税务主管部门的规定扣除；企业已经作为损失处理的资产，在以后纳税年度又全部收回或者部分收回时，应当计入当期收入。

5. 扣除的其他支出

是指除成本、费用、税金、损失外，企业在生产经营活动中发生的与生产经营活动有关的、合理的支出。

（三）扣除项目的标准

在计算应纳税所得额时，下列项目可按照实际发生额或规定的标准扣除（见表 8-1）。

1. 工资、薪金支出

企业发生的合理的工资、薪金支出准予据实扣除。工资、薪金支出是企业每一纳税年度支付给本企业任职或与其有雇佣关系的员工的所有现金或非现金形式的劳动报酬，包括基本工资、奖金、津贴、补贴、年终加薪、加班工资，以及与任职或者是受雇佣有关的其他支出。

2. 职工福利费、工会经费、职工教育经费

企业发生的职工福利费、工会经费、职工教育经费按标准扣除，未超过标准的按实际数扣除，超过标准的只能按标准扣除（见表 8-1）。

（1）企业发生的职工福利费支出，不超过工资薪金总额14%的部分准予扣除。

（2）企业拨缴的工会经费，不超过工资薪金总额2%的部分准予扣除。

（3）除国务院财政、税务主管部门另有规定外，企业发生的职工教育经费支出，不超过工资薪金总额8%的部分准予扣除，超过部分准予结转以后纳税年度扣除。

表8-1 三项经费扣除标准及处理

项目	准予扣除的限度	超过规定比例部分的处理
职工福利费	不超过工资薪金总额14%的部分	不得扣除
工会经费	不超过工资薪金总额2%的部分	不得扣除
职工教育经费	不超过工资薪金总额8%的部分	准予在以后纳税年度结转扣除

【政策解疑】 软件企业职工培训费可以全额扣除，扣除职工培训费后的职工教育经费的余额应按照工资、薪金的8%的比例扣除。

3. 社会保险费

（1）企业依照国务院有关主管部门或者省级人民政府规定的范围和标准为职工缴纳的“五险一金”，即基本养老保险费、基本医疗保险费、失业保险费、工伤保险费、生育保险费等基本社会保险费和住房公积金准予扣除。

（2）企业为投资者或者职工支付的补充养老保险费、补充医疗保险费，在国务院财政、税务主管部门规定的范围和标准内，准予扣除。企业依照国家有关规定为特殊工种职工支付的人身安全保险费和符合国务院财政、税务主管部门规定可以扣除的商业保险费准予扣除。

（3）企业参加财产保险，按照规定缴纳的保险费准予扣除。企业为投资者或者职工支付的商业保险费不得扣除。

【政策解疑】 企业职工因公出差乘坐交通工具发生的人身意外保险费支出，准予企业在计算应纳税所得额时扣除。

4. 利息费用

企业在生产、经营活动中发生的利息费用，按下列规定扣除。

（1）非金融企业向金融企业借款的利息支出、金融企业的各项存款利息支出和同业拆借利息支出、企业经批准发行债券的利息支出可据实扣除。

（2）非金融企业向非金融企业借款的利息支出，不超过按照金融企业同期同类贷款利率计算的数额的部分可据实扣除，超过部分不许扣除。

（3）关联企业利息费用的扣除。企业实际支付给关联方的利息支出，不超过以下规定比例和税法及其实施条例有关规定计算的部分准予扣除，超过的部分不得在发生当期和以后年度扣除。

企业实际支付给关联方的利息支出，除符合规定外，其接受关联方债权性投资与其权益性投资比例为：金融企业为5∶1；其他企业为2∶1。

【例 8-1】 某公司 2020 年度“财务费用”账户中利息，含有以年利率 8%向银行借入的 9 个月期的生产用 300 万元贷款的借款利息和 10.5 万元的向本企业职工借入与银行同期的生产用 100 万元资金的借款利息。该公司 2020 年度可在计算应纳税所得额时扣除的利息费用是多少?

【例题解析】 （1）可扣除的生产用贷款利息费用=300×8%÷12×9=18（万元）

（2）向本企业职工借入款项可扣除的利息费用限额=100×8%÷12×9=6（万元）

该企业支付职工的利息超过同类同期银行贷款利率，只可按照限额扣除。

（3）计算应纳税所得额时扣除的利息费用=18+6=24（万元）

【例 8-2】 某生产企业 2020 年度财务费用 100 万元，其中年初从关联方借款 1 200 万元，支付全年的利息费用 90 万元，已知关联企业对该居民企业的权益性投资额为 480 万元，金融企业的同期同类贷款年利率为 5.8%。计算该借款利息支出税前可扣除金额。

【例题解析】 企业实际支付给关联方的利息支出，不超过以下规定比例和税法及其实施条例有关规定计算的部分（其他企业为 2∶1）。

企业从关联企业借款允许税前扣除的利息支出=480×2×5.8%=55.68（万元）

5. 借款费用

（1）企业在生产经营活动中发生的合理的不需要资本化的借款费用准予扣除。

（2）企业为购置、建造固定资产、无形资产和经过 12 个月以上的建造才能达到预定可销售状态的存货发生借款的，在有关资产购置、建造期间发生的合理的借款费用，应予以资本化，作为资本性支出计入有关资产的成本；有关资产交付使用后发生的借款利息可在发生当期扣除。

6. 汇兑损失

企业在货币交易中及纳税年度终了时，将人民币以外的货币性资产、负债按照期末即期人民币汇率中间价折算为人民币时产生的汇兑损失，除已经计入有关资产成本及与向所有者进行利润分配相关的部分外，准予扣除。

7. 业务招待费

（1）企业发生的与生产经营活动有关的业务招待费支出，按照发生额的 60%扣除，但最高不得超过当年销售（营业）收入的 5‰。

（2）企业在筹建期间发生的与筹办活动有关的业务招待费支出，可按实际发生额的 60%计入企业筹办费并按有关规定在税前扣除。

（3）从事股权投资业务的企业（包括集团公司总部、创业投资企业等），其从被投资企业所分配的股息、红利及股权转让收入，可以按规定的比例计算业务招待费扣除限额。

【例 8-3】 某生产企业 2020 年销售商品收入 3 600 万元，出租办公楼取得租金收入 400 万元。当年实际发生业务招待费 30 万元，该企业当年可在所得税前列支的业务招待费金额是多少?

【例题解析】 （1）销售（营业）收入=3 600+400=4 000（万元）

（2）业务招待费实际发生额的 60%=30×60%=18（万元）

（3）业务招待费的扣除限额＝4 000×5‰＝20（万元）

（4）业务招待费实际发生额的60%（18万元）小于业务招待费的扣除限额（20万元）

当年可在所得税前列支的业务招待费金额是18万元。

8．广告费和业务宣传费

（1）企业发生的符合条件的广告费和业务宣传费支出，除国务院财政、税务主管部门另有规定外，不超过当年销售（营业）收入15%的部分准予扣除；超过部分准予结转以后纳税年度扣除。

（2）企业在筹建期间发生的广告费和业务宣传费，可按实际发生额计入企业筹办费并按有关规定在税前扣除。

（3）自2021年1月1日起至2025年12月31日止，对化妆品制造或销售、医药制造和饮料制造（不含酒类制造）企业发生的广告费和业务宣传费支出，不超过当年销售（营业）收入30%的部分准予扣除；超过部分准予在以后纳税年度结转扣除。

（4）烟草企业的烟草广告费和业务宣传费支出，一律不得在计算应纳税所得额时扣除。

（5）对签订广告费和业务宣传费分摊协议（以下简称分摊协议）的关联企业，其中一方发生的不超过当年销售（营业）收入税前扣除限额比例内的广告费和业务宣传费支出可以在本企业扣除，也可以将其中的部分或全部按照分摊协议归集至另一方扣除。另一方在计算本企业广告费和业务宣传费支出企业所得税税前扣除限额时，可将按照上述办法归集至本企业的广告费和业务宣传费不计算在内。

【例8-4】 某生产企业2020年销售商品收入3 600万元，出租办公楼取得租金收入400万元。当年实际发生广告费和业务宣传费1 000万元，计算该企业当年可在所得税前列支的广告费和业务宣传费。

【例题解析】 （1）销售（营业）收入＝3 600+400＝4 000（万元）

（2）广告费和业务宣传费的扣除限额＝4 000×15%＝600（万元）

（3）广告费和业务宣传费的扣除限额（600万元）小于广告费和业务宣传费实际发生额（1 000万元）。

当年可在所得税前列支的广告费和业务宣传费为600万元。

9．环境保护专项资金

企业依照法律、行政法规有关规定提取的用于环境保护、生态恢复等方面的专项资金准予扣除。上述专项资金提取后改变用途的，不得扣除。

10．保险费

企业参加财产保险，按照规定缴纳的保险费准予扣除。

11．租赁费

企业根据生产经营活动的需要租入固定资产支付的租赁费，按照以下方法扣除：

（1）以经营租赁方式租入固定资产发生的租赁费支出，按照租赁期限均匀扣除。经营性租赁是指所有权不转移的租赁。

（2）以融资租赁方式租入固定资产发生的租赁费用支出，按照规定构成融资租入固定资产价值的部分应当提取折旧费用，分期扣除。融资租赁是指在实质上转移与一项资产所有权有关的全部风险和报酬的一种租赁。

12. 劳动保护费

企业发生的合理的劳动保护支出准予扣除。

【特别提示】 自2011年7月1日起，企业根据其工作性质和特点，由企业统一制作并要求员工工作时统一着装所发生的工作服饰费用，根据《实施条例》第27条的规定，可以作为企业合理的支出给予税前扣除。

13. 公益性捐款支出

公益性捐赠是指企业通过公益性社会团体或者县级（含县级）以上人民政府及其部门，用于《中华人民共和国公益事业捐赠法》规定的公益事业的捐赠。

企业发生的公益性捐赠支出，不超过年度利润总额12%的部分准予扣除。超过年度利润总额12%的部分准予以后3年内在计算应纳税所得额时结转扣除。企业在对公益性捐赠支出计算扣除时，应先扣除以前年度结转的捐赠支出，再扣除当年发生的捐赠支出。

【特别提示】 年度利润总额是指企业按照国家统一会计制度的规定计算的年度会计利润。

【政策解疑】 公益性社会团体是指同时符合下列条件的基金会、慈善组织等社会团体：① 依法登记，具有法人资格；② 以发展公益事业为宗旨，且不以营利为目的；③ 全部资产及其增值为该法人所有；④ 收益和营运结余主要用于符合该法人设立目的的事业；⑤ 终止后的剩余财产不归属任何个人或者营利组织；⑥ 不经营与其设立目的无关的业务；⑦ 有健全的财务会计制度；⑧ 捐赠者不以任何形式参与社会团体财产的分配。

【政策解疑】 用于公益事业的捐赠支出是指《中华人民共和国公益事业捐赠法》规定的向公益事业的捐赠支出，具体范围包括：① 救助灾害、救济贫困、扶助残疾人等困难的社会群体和个人的活动；② 教育、科学、文化、卫生、体育事业；③ 环境保护、社会公共设施建设；④ 促进社会发展和进步的其他社会公共和福利事业。

【例8-5】 某居民企业2020年度实现利润总额300万元，通过公益性团体向某受灾地区捐赠50万元，直接向一所学校捐赠10万元，计算本年度计算应纳税所得额时准予扣除的捐赠支出。

【例题解析】

（1）可在所得税前列支的公益救济性捐赠限额＝300×12%＝36（万元）

（2）直接向受赠人进行的捐赠不予扣除

当年公益救济性捐赠超支额＝50−36＝14（万元）

（3）准予扣除的捐赠支出为36万元，超过限额的14万元结转下年度计算应纳税所得额时扣除。

14. 有关资产的费用

企业转让各类固定资产发生的费用允许扣除。企业按规定计算的固定资产折旧费、无形资产和递延资产的摊销费准予扣除。

15. 总机构分摊的费用

非居民企业在中国境内设立的机构、场所就其中国境外总机构发生的与该机构、场所生产经营有关的费用，能够提供总机构出具的费用汇集范围、定额、分配依据和方法等证明文件并合理分摊的，准予扣除。

16. 资产损失

企业当期发生的固定资产和流动资产盘亏、毁损净损失，由其提供清查盘存资料经主管税务机关审核后，准予扣除；企业因存货盘亏、毁损、报废等原因不得从销项税金中抵扣的进项税金，应视同企业财产损失，准予与存货损失一起在所得税前按规定扣除。

17. 手续费及佣金支出

（1）保险企业发生与其经营活动有关的手续费及佣金支出，不超过当年全部保费收入扣除退保金等后余额的18%（含本数）的部分，在计算应纳税所得额时准予扣除；超过部分，允许结转以后年度扣除。

（2）其他企业按与具有合法经营资格中介服务机构或个人（不含交易双方及其雇员、代理人和代表人等）所签订服务协议或合同确认的收入金额的5%计算限额。

（3）企业应与具有合法经营资格中介服务企业或个人签订代办协议或合同，并按国家有关规定支付手续费及佣金。

（4）企业不得将手续费及佣金支出计入回扣、业务提成、返利、进场费等费用。

（5）企业已计入固定资产、无形资产等相关资产的手续费及佣金支出，应当通过折旧、摊销等方式分期扣除，不得在发生当期直接扣除。

（6）企业支付的手续费及佣金不得直接冲减服务协议或合同金额，应如实入账。

（7）企业应当如实向当地主管税务机关提供当年手续费及佣金计算分配表和其他相关资料，并依法取得合法真实凭证。

18. 依照有关法律、行政法规和国家有关税法规定准予扣除的其他项目

如会员费、合理的会议费、差旅费、违约金、诉讼费用等。

四、不得扣除的项目

在计算应纳税所得额时，下列支出不得扣除：

1. 向投资者支付的股息、红利等权益性投资收益款项。

2. 企业所得税税款。

3. 税收滞纳金，是指纳税人违反税收法规，被税务机关处以的滞纳金。

4. 罚金、罚款和被没收财物的损失，是指纳税人违反国家有关法律、法规规定，被有关部门处以的罚款，以及被司法机关处以的罚金和被没收财物。

5. 超过规定标准的捐赠支出。

6. 赞助支出，是指企业发生的与生产经营活动无关的各种非广告性质支出。

7. 未经核定的准备金支出，是指不符合国务院财政、税务主管部门规定的各项资产减值准备、风险准备等准备金支出。

8. 企业之间支付的管理费、企业内营业机构之间支付的租金和特许权使用费，以及非银行企业内营业机构之间支付的利息，不得扣除。

9. 企业以其取得的不征税收入用于支出所形成的费用或资产（包括对资产计提的折旧、摊销）不得在税前扣除，但企业取得的各项免税收入所对应的各项成本费用，除另有规定外，可以在计算企业应纳税所得额时扣除。

10. 与取得收入无关的其他支出。

五、亏损弥补

亏损是指企业依照企业所得税法和暂行条例的规定，将每一纳税年度的收入总额减除不征税收入、免税收入和各项扣除后小于零的数额。税法规定，企业某一纳税年度发生的亏损可以用下一年度的所得弥补，下一年度的所得不足以弥补的，可以逐年延续弥补，但最长不得超过5年。而且，企业在汇总计算缴纳企业所得税时，其境外营业机构的亏损不得抵减境内营业机构的盈利。

【例8-6】　假设某生产企业10年的盈利情况如表8-2所示，请分步说明弥补亏损并计算10年内应纳税所得税额，企业所得税税率为25%。

表8-2　盈利情况

万元

年度	2011	2012	2013	2014	2015	2016	2017	2018	2019	2020
盈利情况	-90	-60	-50	30	20	30	40	60	80	100

【例题解析】　亏损弥补原则：先亏先补，经营期间不论盈亏都作为实际弥补期。

（1）2011年亏损90万元，其弥补期为2012—2016年（5年）。

弥补后余额=-90+30+20+30=-10（万元）

税前弥补80万元，弥补后的-10万元需待以后年度税后弥补。

（2）2012年亏损60万元，其弥补期为2013—2017年（5年）。

弥补后余额=-60+40=-20（万元）

税前弥补40万元，弥补后的-20万元需待以后年度税后弥补。

（3）2013年亏损50万元，其弥补期为2014—2018年（5年）。

弥补后余额=-50+60=10（万元）

税前弥补50万元，弥补后的10万元正常纳税，2018年为开始获利年度。

（4）需纳税年度为2018年、2019年和2020年。

2018年应纳税额=10万×25%=2.5（万元）

2019年应纳税额=80万×25%=20（万元）

2020年应纳税额=100万×25%=25（万元）

（5）10 年应纳企业所得税合计 = 2.5+20+25 = 47.5（万元）

【特别提示】 自 2018 年 1 月 1 日起，当年具备高新技术企业或科技型中小企业资格的企业，其具备资格年度之前 5 个年度发生的尚未弥补完的亏损，准予结转以后年度弥补，最长结转年限由 5 年延长至 10 年。

第四节　资产的税务处理

税法规定，纳入税务处理范围的资产形式主要有固定资产、生物资产、无形资产、长期待摊费用、投资资产、存货等，均以历史成本为计税基础。企业持有各项资产期间资产增值或者减值，除国务院财政、税务主管部门规定可以确认损益外，不得调整该资产的计税基础。

一、固定资产的税务处理

固定资产是指企业为生产产品、提供劳务、出租或者经营管理而持有的、使用时间超过 12 个月的非货币性资产，包括房屋、建筑物、机器、机械、运输工具，以及其他与生产经营活动有关的设备、器具、工具等。

（一）固定资产计税基础

1. 外购的固定资产，以购买价款和支付的相关税费及直接归属于使该资产达到预定用途发生的其他支出为计税基础。
2. 自行建造的固定资产，以竣工结算前发生的支出为计税基础。
3. 融资租入的固定资产，以租赁合同约定付款总额和承租人在签订租赁合同过程中发生的相关费用为计税基础，租赁合同未约定付款总额的，以该资产的公允价值和承租人在签订租赁合同过程中发生的相关费用为计税基础。
4. 盘盈的固定资产，以同类固定资产的重置完全价值为计税基础。
5. 通过捐赠、投资、非货币性资产交换、债务重组等方式取得的固定资产，以该资产的公允价值和支付的相关税费为计税基础。
6. 改建的固定资产，除已足额提取折旧的固定资产和租入的固定资产以外的其他固定资产，以改建过程中发生的改建支出作为计税基础。

（二）固定资产折旧的范围

在计算应纳税所得额时，企业按照规定计算的固定资产折旧准予扣除。下列固定资产不得计算折旧扣除：

1. 房屋、建筑物以外未投入使用的固定资产。
2. 以经营租赁方式租入的固定资产。

3. 以融资租赁方式租出的固定资产。

4. 已足额提取折旧仍继续使用的固定资产。

5. 与经营活动无关的固定资产。

6. 单独估价作为固定资产入账的土地。

7. 其他不得计算折旧扣除的固定资产。

（三）固定资产折旧的计提方法

1. 企业应当自固定资产投入使用月份的次月起计算折旧；停止使用的固定资产，应当自停止使用月份的次月起停止计算折旧。

2. 企业应当根据固定资产的性质和使用情况，合理确定固定资产的预计净残值。固定资产的预计净残值一经确定，不得变更。

3. 固定资产按照直线法计算的折旧准予扣除。

（四）固定资产折旧的计提年限

除国务院财政、税务主管部门另有规定外，固定资产计算折旧的最低年限如下：

1. 房屋、建筑物为 20 年。

2. 飞机、火车、轮船、机器、机械和其他生产设备为 10 年。

3. 与生产经营活动有关的器具、工具、家具等为 5 年。

4. 飞机、火车、轮船以外的运输工具为 4 年。

5. 电子设备为 3 年。

从事开采石油、天然气等矿产资源的企业，在开始商业性生产前发生的费用和有关固定资产的折耗、折旧方法，由国务院财政、税务主管部门另行规定。

二、生物资产的税务处理

生物资产是指有生命的动物和植物。生物资产分为消耗性生物资产、生产性生物资产和公益性生物资产。消耗性生物资产是指为出售而持有的，或在将来收获为农产品的生物资产，包括生长中的农田作物、蔬菜、用材林及存栏待售的牲畜等。生产性生物资产是指为产出农产品、提供劳务或者出租等目的而持有的生物资产，包括经济林、薪炭林、产畜和役畜等。公益性生物资产是指以防护、环境保护为主要目的的生物资产，包括防风固沙林、水土保持林和水源涵养林等。上述三类生物资产中，只有生产性生物资产可以计提折旧。

（一）生物资产的计税基础

生产性生物资产按照以下方法确定计税基础：

1. 外购的生产性生物资产，以购买价款和支付的相关税费为计税基础。

2. 通过捐赠、投资、非货币性资产交换、债务重组等方式取得的生产性生物资产，以该资产的公允价值和支付的相关税费为计税基础。

（二）生物资产的折旧方法和折旧年限

生产性生物资产按照直线法计算的折旧准予扣除。企业应当自生产性生物资产投入使用月份的次月起计算折旧；停止使用的生产性生物资产，应当自停止使用月份的次月起停止计算折旧。

企业应当根据生产性生物资产的性质和使用情况，合理确定生产性生物资产的预计残值。生产性生物资产的预计残值一经确定，不得变更。

生产性生物资产的计算折旧的最低年限如下：

1. 林木类生产性生物资产为 10 年。
2. 畜类生产性生物资产为 3 年。

三、无形资产的税务处理

无形资产是指企业长期使用但没有实物形态的资产，包括专利权、商标权、著作权、土地使用权、非专利技术、商誉等。

（一）无形资产的计税基础

无形资产按照以下方法确定计税基础：

1. 外购的无形资产，以购买价款和支付的相关税费，以及直接归属于使该资产达到预定用途发生的其他支出为计税基础。
2. 自行开发的无形资产，以开发过程中该资产符合资本化条件后至达到预定用途前发生的支出为计税基础。
3. 通过捐赠、投资、非货币性资产交换、债务重组等方式取得的无形资产，以该资产的公允价值和支付的相关税费为计税基础。

（二）无形资产摊销的范围

在计算应纳税所得额时，企业按照规定计算的无形资产摊销费用准予扣除。

下列无形资产不得计算摊销费用扣除：

1. 自行开发的支出已在计算应纳税所得额时扣除的无形资产。
2. 自创商誉。
3. 与经营活动无关的无形资产。
4. 其他不得计算摊销费用扣除的无形资产。

（三）无形资产的摊销方法及年限

无形资产的摊销采取直线法计算。无形资产的摊销年限不得低于 10 年。作为投资或者受让的无形资产，有关法律规定或者合同约定了使用年限的，可以按照规定或者约定的使用年限分期摊销。外购商誉的支出，在企业整体转让或者清算时，准予扣除。

四、长期待摊费用的税务处理

长期待摊费用是指企业发生的应在一个年度以上或几个年度进行摊销的费用。在计算应纳税所得额时，企业发生的下列支出作为长期待摊费用，按照规定摊销的，准予扣除。

1. 已足额提取折旧的固定资产的改建支出。
2. 租入固定资产的改建支出。
3. 固定资产的大修理支出。
4. 其他应当作为长期待摊费用的支出。

企业的固定资产修理支出可在发生当期直接扣除。企业的固定资产改良支出，如果有关固定资产尚未提足折旧，可增加固定资产价值；如有关固定资产已提足折旧，可作为长期待摊费用，在规定的期间内平均摊销。

固定资产的改建支出是指改变房屋或者建筑物结构、延长使用年限等发生的支出。已足额提取折旧的固定资产的改建支出，按照固定资产预计尚可使用年限分期摊销；租入固定资产的改建支出，按照合同约定的剩余租赁期限分期摊销；改建的固定资产延长使用年限的，除已足额提取折旧的固定资产、租入固定资产的改建支出外，其他的固定资产发生改建支出，应当适当延长折旧年限。

大修理支出按照固定资产尚可使用年限分期摊销。企业所得税法所指固定资产的大修理支出，是指同时符合下列条件的支出：

① 修理支出达到取得固定资产时的计税基础50%以上。

② 修理后固定资产的使用年限延长2年以上。

其他应当作为长期待摊费用的支出，自支出发生月份的次月起，分期摊销，摊销年限不得低于3年。

五、存货的税务处理

存货是指企业持有以备出售的产品或者商品、处在生产过程中的在产品、在生产或者提供劳务过程中耗用的材料和物料等。

（一）存货的计税基础

存货按照以下方法确定成本：

1. 通过支付现金方式取得的存货，以购买价款和支付的相关税费为成本。
2. 通过支付现金以外的方式取得的存货，以该存货的公允价值和支付的相关税费为成本。
3. 生产性生物资产收获的农产品，以产出或者采收过程中发生的材料费、人工费和分摊的间接费用等必要支出为成本。

（二）存货的成本计算方法

企业使用或者销售的存货的成本计算方法可以在先进先出法、加权平均法、个别计价法中选用一种。计价方法一经选用，不得随意变更。

企业转让以上资产，在计算企业应纳税所得额时，资产的净值允许扣除。其中，资产的净值是指有关资产、财产的计税基础减除已经按照规定扣除的折旧、折耗、摊销、准备金等后的余额。

除国务院财政、税务主管部门另有规定外，企业在重组过程中，应当在交易发生时确认有关资产的转让所得或者损失，相关资产应当按照交易价格重新确定计税基础。

六、投资资产的税务处理

投资资产是指企业对外进行权益性投资和债权性投资而形成的资产。

（一）投资资产的成本

投资资产按以下方法确定投资成本：

1. 通过支付现金方式取得的投资资产，以购买价款为成本。

2. 通过支付现金以外的方式取得的投资资产，以该资产的公允价值和支付的相关税费为成本。

（二）投资资产成本的扣除方法

企业对外投资期间，投资资产的成本在计算应纳税所得额时不得扣除，企业在转让或者处置投资资产时，投资资产的成本准予扣除。

（三）投资企业撤回或减少投资的税务处理

自 2011 年 7 月 1 日起，投资企业从被投资企业撤回或减少投资，其取得的资产中，相当于初始出资的部分应确认为投资收回；相当于被投资企业累计未分配利润和累计盈余公积按减少实收资本比例计算的部分应确认为股息所得；其余部分确认为投资资产转让所得。

【特别提示】 被投资企业发生的经营亏损，由被投资企业按照规定结转弥补，投资企业不得调整减低其投资成本，也不得将其确认为投资损失。

七、税法规定与会计规定差异的处理

税法规定与会计规定差异的处理是指企业在财务会计核算中与税法规定不一致的，应当依照税法规定予以调整。即企业在平时进行会计核算时，可以按会计制度的有关规定进行账务处理，但在申报纳税时，对税法规定和会计制度规定有差异的，要按税法规定进行纳税调整。

1. 企业不能提供完整、准确的收入及成本、费用凭证，不能正确计算应纳税所得额的，由税务机关核定其应纳税所得额。

2. 企业依法清算时，以其清算终了后的清算所得为应纳税所得额，按规定缴纳企业所得税。所谓清算所得，是指企业清算时的全部资产或者财产扣除各项清算费用、损失、负债、企业未分配利润、公益金和公积金后的余额，超过实缴资本的部分。

3. 企业应纳税所得额是根据税收法规计算出来的，它在数额上与依据财务会计制度计算的利润总额往往不一致。因此，税法规定，对企业按照有关财务会计规定计算的利润总额，要按照税法的规定进行必要调整后，才能作为应纳税所得额计算缴纳所得税。

第五节　税收优惠

税收优惠是指国家运用税收政策在税收法律、行政法规中规定对某一部分特定企业和课税对象给予减轻或免除税收负担的一种措施。税法规定的企业所得税的税收优惠方式包括免税收入、免税、减税、加计扣除、加速折旧、减计收入、税额抵免等。

一、免税收入

1. 债券利息收入。

（1）国债利息收入。

（2）对企业取得的 2012 年及以后年度发行的地方政府债券利息收入，免征企业所得税。

（3）自 2018 年 11 月 7 日至 2021 年 11 月 6 日止，对境外机构投资境内债券市场取得的债券利息收入暂免征收企业所得税。

（4）对企业投资者持有 2019—2023 年发行的铁路债券取得的利息收入，减半征收企业所得税。

2. 证券投资基金。

（1）对证券投资基金从证券市场中取得的收入，包括买卖股票、债券的差价收入，股权的股息、红利收入，债券的利息收入及其他收入，暂不征收企业所得税。

（2）对投资者从证券投资基金分配中取得的收入，暂不征收企业所得税。

（3）对证券投资基金管理人运用基金买卖股票、债券的差价收入，暂不征收企业所得税。

3. 符合条件的居民企业之间的股息、红利等权益性收益。

4. 在中国境内设立机构、场所的非居民企业从居民企业取得与该机构、场所有实际联系的股息、红利等权益性投资收益。该收益都不包括连续持有居民企业公开发行并上市流通的股票不足 12 个月取得的投资收益。

5. 符合条件的非营利组织的收入。

二、免、减税所得

（一）免税

企业从事下列项目的所得免征企业所得税：

1. 蔬菜、谷物、薯类、油料、豆类、棉花、麻类、糖料、水果、坚果的种植。
2. 农作物新品种的选育。
3. 中药材的种植。
4. 林木的培育和种植。
5. 牲畜、家禽的饲养。
6. 林产品的采集。
7. 灌溉、农产品初加工、兽医、农技推广、农机作业和维修等农、林、牧、渔服务业项目。
8. 远洋捕捞。

（二）减、免税

1. 企业从事下列项目的所得减半征收企业所得税。包括：① 花卉、茶及其他饮料作物和香料作物的种植；② 海水养殖、内陆养殖。企业从事国家限制和禁止发展的项目，不得享受本条规定的企业所得税优惠。

2. 符合条件的技术转让所得免征、减征企业所得税。符合条件的技术转让所得免征、减征企业所得税是指一个纳税年度内，居民企业转让技术所有权所得不超过500万元的部分免征企业所得税；超过500万元的部分减半征收企业所得税。

（三）两免三减半

1. 从事国家重点扶持的公共基础设施项目投资经营的所得

企业所得税法所称国家重点扶持的公共基础设施项目，是指《公共基础设施项目企业所得税优惠目录》规定的港口码头、机场、铁路、公路、电力、水利等项目。企业从事国家重点扶持的公共基础设施项目的投资经营的所得，自项目取得第一笔生产经营收入所属纳税年度起，第一年至第三年免征企业所得税，第四年至第六年减半征收企业所得税。企业承包经营、承包建设和内部自建自用本条规定的项目，不得享受本条规定的企业所得税优惠。

2. 从事符合条件的环境保护、节能节水项目的所得

环境保护、节能节水项目的所得，自项目取得第一笔生产经营收入所属纳税年度起，第一年至第三年免征企业所得税，第四年至第六年减半征收企业所得税。符合条件的环境保护、节能节水项目，包括公共污水处理、公共垃圾处理、沼气综合开发利用、节能减排技术改造、海水淡化等。项目的具体条件和范围由国务院财政、税务主管部门及国务院有关部门制定，报国务院批准后公布施行。但是以上规定享受减免税优惠的项目，在减免税期限内转让的，受让方自受让之日起，可以在剩余期限内享受规定的减免税优惠；减免税期限届满后转让的，受让方不得就该项目重复享受减免税优惠。

3. 集成电路设计企业和软件企业

国家鼓励的集成电路设计、装备、材料、封装、测试企业和软件企业，自获利年度起，第一年至第二年免征企业所得税，第三年至第五年按照25%的法定税率减半征收企业所得税。

（四）五年免税

1. 国家鼓励的重点集成电路设计企业和软件企业，自获利年度起，第一年至第五年免征企业所得税，接续年度减按10%的税率征收企业所得税。

2. 2019年1月1日至2023年12月31日，经营性文化事业单位转制为企业，自转制注册之日起五年内免征企业所得税。

三、加计扣除

（一）研究开发费用

1. 适用行业

除烟草制造业、住宿和餐饮业、批发和零售业、房地产业、租赁和商务服务业、娱乐业以外，其他企业均可享受。

2. 适用活动

企业为获得科学与技术新知识，创造性运用科学技术新知识，或实质性改进技术、产品（服务）、工艺而持续进行的具有明确目标的系统性活动。

【特别提示】 下列活动不适用税前加计扣除政策：① 企业产品（服务）的常规性升级；② 对某项科研成果的直接应用，如直接采用公开的新工艺、材料、装置、产品、服务或知识等；③ 企业在商品化后为顾客提供的技术支持活动；④ 对现存产品、服务、技术、材料或工艺流程进行的重复或简单改变；⑤ 市场调查研究、效率调查或管理研究；⑥ 作为工业（服务）流程环节或常规的质量控制、测试分析、维修维护；⑦ 社会科学、艺术或人文学方面的研究。

3. 除制造业以外的企业研发费用按75%加计扣除

除制造业以外的企业开展研发活动中实际发生的研发费用，未形成无形资产计入当期损益的，在2023年12月31日前，在按规定据实扣除的基础上，再按照实际发生额的75%在税前加计扣除；形成无形资产的，在上述期间按照无形资产成本的175%在税前摊销。

4. 制造业企业研发费用按100%加计扣除

开展研发活动中实际发生的研发费用，未形成无形资产计入当期损益的，在按规定据实扣除的基础上，自 2021 年 1 月 1 日起，再按照实际发生额的 100%在税前加计扣除；形成无形资产的，自 2021 年 1 月 1 日起，按照无形资产成本的 200%在税前摊销。

【特别提示】 所称制造业企业，是指以制造业业务为主营业务，享受优惠当年主营业务收入占收入总额的比例达到 50%以上的企业。

（二）残疾人员工资

企业安置残疾人员所支付的工资是指企业安置残疾人员的，在按照支付给残疾职工工资据实扣除的基础上，按照支付给残疾职工工资的 100%加计扣除。残疾人员的范围适用《中华人民共和国残疾人保障法》的有关规定。企业安置国家鼓励安置的其他就业人员所支付的工资的加计扣除办法，由国务院另行规定。

四、加速折旧

企业的固定资产由于技术进步等原因，确需加速折旧的，可以缩短折旧年限或者采取加速折旧的方法。可采用以上折旧方法的固定资产是指：

1. 由于技术进步，产品更新换代较快的固定资产。
2. 常年处于强震动、高腐蚀状态的固定资产。

采用缩短折旧年限方法的，最低折旧年限不得低于规定折旧年限的 60%；采用加速折旧方法的，可以采取双倍余额递减法或者年数总和法。

五、减计收入

（一）资源综合利用

企业综合利用资源，生产符合国家产业政策规定的产品所取得的收入，可以在计算应纳税所得额时减计收入。

综合利用资源是指企业以《资源综合利用企业所得税优惠目录》规定的资源作为主要原材料，生产国家非限制和禁止并符合国家和行业相关标准的产品取得的收入，减按 90%计入收入总额。所称原材料占生产产品材料的比例不得低于《资源综合利用企业所得税优惠目录》规定的标准。

（二）社区服务

为支持养老、托育、家政等社区家庭服务业发展，2019 年 6 月 1 日起至 2025 年 12 月 31 日，为社区提供养老、托育、家政等服务的机构提供社区养老、托育、家政服务取得的收入，在计算应纳税所得额时，减按 90%计入收入总额。

六、所得额抵扣

创投企业从事国家需要重点扶持和鼓励的创业投资，可以按投资额的一定比例抵扣应纳税所得额。创投企业优惠是指创业投资企业采取股权投资方式投资于未上市的中小高新技术企业2年以上的，可以按照其投资额的70%在股权持有满2年的当年抵扣该创业投资企业的应纳税所得额；当年不足抵扣的，可以在以后纳税年度结转抵扣。

七、税额抵免

企业购置并实际使用《环境保护专用设备企业所得税优惠目录》《节能节水专用设备企业所得税优惠目录》和《安全生产专用设备企业所得税优惠目录》规定的环境保护、节能节水、安全生产等专用设备的，该专用设备的投资额的10%可以从企业当年的应纳税额中抵免；当年不足抵免的，可以在以后5个纳税年度结转抵免。

1. 享受前款规定的企业所得税优惠的企业，应当实际购置并自身实际投入使用前款规定的专用设备；企业购置上述专用设备在5年内转让、出租的，应当停止享受企业所得税优惠，并补缴已经抵免的企业所得税税款。

2. 企业所得税优惠目录由国务院财政、税务主管部门商国务院有关部门制定，报国务院批准后公布施行。

3. 企业同时从事适用不同企业所得税待遇的项目的，其优惠项目应当单独计算所得，并合理分摊企业的期间费用；没有单独计算的，不得享受企业所得税优惠。

八、小型微利企业优惠

（一）小型微利企业认定

小型微利企业减按20%的所得税税率征收企业所得税。小型微利企业的条件如下：

1. 工业企业，年度应纳税所得额不超过50万元，从业人数不超过100人，资产总额不超过3 000万元。

2. 其他企业，年度应纳税所得额不超过50万元，从业人数不超过80人，资产总额不超过1 000万元。

（二）小型微利企业优惠政策

2021年1月1日至2022年12月31日，小型微利企业年应纳税所得额不超过100万元、超过100万元但不超过300万元的部分，分别减按12.5%、50%计入应纳税所得额，按20%的税率缴纳企业所得税。小型微利企业是指从事国家非限制和禁止行业，且同时符合年度应纳税所得额不超过300万元、从业人数不超过300人、资产总额不超过5 000万元等三个条件的企业。预缴企业所得税时，小型微利企业的资产总额、从业人数、年度应纳税所得额指标，暂按当年度截至本期申报所属期末的情况进行判断。

【例8-7】 A企业经过判断符合小型微利企业条件。2021年第1季度应纳税所得额为50万元；第2季度累计应纳税所得额为150万元，请计算第1季度和第2季度应纳税额。

【例题解析】

第 1 季度实际应纳税额＝50×12.5%×20%＝1.25（万元）。

第 2 季度实际应纳税额＝100×12.5%×20%+（150−100）×50%×20%
＝2.5+5＝7.5（万元）。

九、高新技术企业税收优惠

国家需要重点扶持的高新技术企业减按 15%的税率征收企业所得税。国家需要重点扶持的高新技术企业是指拥有核心自主知识产权，并同时符合下列条件的企业：

1. 企业申请认定时须注册成立一年以上。

2. 企业通过自主研发、受让、受赠、并购等方式，获得对其主要产品（服务）在技术上发挥核心支持作用的知识产权的所有权。

3. 对企业主要产品（服务）发挥核心支持作用的技术属于《国家重点支持的高新技术领域》规定的范围。

4. 企业从事研发和相关技术创新活动的科技人员占企业当年职工总数的比例不低于 10%。

5. 企业近三个会计年度（实际经营期不满三年的按实际经营时间计算，下同）的研究开发费用总额占同期销售收入总额的比例符合如下要求：① 最近一年销售收入小于 5 000 万元（含）的企业，比例不低于 5%；② 最近一年销售收入在 5 000 万元至 2 亿元（含）的企业，比例不低于 4%；③ 最近一年销售收入在 2 亿元以上的企业，比例不低于 3%。其中，企业在中国境内发生的研究开发费用总额占全部研究开发费用总额的比例不低于 60%。

6. 近一年高新技术产品（服务）收入占企业同期总收入的比例不低于 60%。

7. 企业创新能力评价应达到相应要求。

8. 企业申请认定前一年内未发生重大安全、重大质量事故或严重环境违法行为。

十、技术先进型服务企业税收优惠

自 2017 年 1 月 1 日起，在全国范围内对经认定的技术先进型服务企业，减按 15%的税率征收企业所得税。技术先进型服务企业必须同时符合以下条件：

1. 在中国境内（不包括港、澳、台地区）注册的法人企业；

2. 从事《技术先进型服务业务认定范围（试行）》中的一种或多种技术先进型服务业务，采用先进技术或具备较强的研发能力；

3. 具有大专以上学历的员工占企业职工总数的 50%以上；

4. 从事《技术先进型服务业务认定范围（试行）》中的技术先进型服务业务取得的收入占企业当年总收入的 50%以上；

5. 从事离岸服务外包业务取得的收入不低于企业当年总收入的 35%。

十一、民族自治地方的优惠

民族自治地方的自治机关对本民族自治地方的企业应缴纳的企业所得税中属于地方分享的部分，可以决定减征或者免征。自治州、自治县决定减征或者免征的，须报省、自治区、直辖市人民政府批准。

企业所得税法所称民族自治地方是指依照《中华人民共和国民族区域自治法》的规定，实行民族区域自治的自治区、自治州、自治县。

对民族自治地方内国家限制和禁止行业的企业，不得减征或者免征企业所得税。

十二、非居民企业优惠

非居民企业减按10%的所得税税率征收企业所得税。这里的非居民企业是指在中国境内未设立机构、场所的，或者虽设立机构、场所但取得的所得与其所设立机构、场所没有实际联系的企业。该类非居民企业取得下列所得免征企业所得税。

1. 外国政府向中国政府提供贷款取得的利息所得。

2. 国际金融组织向中国政府和居民企业提供优惠贷款取得的利息所得。

3. 经国务院批准的其他所得。

十三、西部大开发税收优惠

1. 适用范围

本政策的适用范围包括重庆市、四川省、贵州省、云南省、西藏自治区、陕西省、甘肃省、宁夏回族自治区、青海省、新疆维吾尔自治区、新疆生产建设兵团、内蒙古自治区和广西壮族自治区（上述地区统称“西部地区”）。湖南省湘西土家族苗族自治州、湖北省恩施土家族苗族自治州、吉林省延边朝鲜族自治州可以比照西部地区的税收优惠政策执行。

2. 具体内容

（1）对设在西部地区国家鼓励类产业的企业，在2021年至2030年期间，减按15%的所得税税率征收企业所得税。

国家鼓励类产业的企业是指以《西部地区鼓励类产业目录》中规定的产业项目为主营业务，其主营业务收入占企业总收入60%以上的企业。

（2）对在西部地区新办交通、电力、水利、邮政、广播电视企业，上述项目业务收入占企业总收入60%以上的，可以享受企业所得税如下优惠政策：内资企业自开始生产经营之日起，第一年至第二年免征企业所得税，第三年至第五年减半征收企业所得税。

新办交通企业，是指投资新办从事公路、铁路、航空、港口、码头运营和管道运输的企业；新办电力企业，是指投资新办从事电力运营的企业；新办水利企业，是指投资新办从事江河湖泊综合治理、防洪除涝、灌溉、供水、水资源保护、水力发电、水土保持、河道疏浚、河海堤防建设等开发水利、防治水害的企业；新办邮政企业，是指投资新办从事邮政运营的企业；新办广播电视企业，是指投资新办从事广播电视运营的企业。

上述企业同时符合本规定条件的，第三年至第五年减半征收企业所得税时，按15%所得税税率计算出应纳所得税额后减半执行。

上述所称企业，是指投资主体自建、运营上述项目的企业，单纯承揽上述项目建设的施工企业不得享受两年免征、三年减半征收企业所得税的政策。

（3）对实行汇总（合并）纳税企业，应当将西部地区的成员企业与西部地区以外的成员企业分开，分别汇总（合并）申报纳税，分别适用所得税税率。

十四、海南自由贸易港企业税收优惠

1. 对注册在海南自由贸易港并实质性运营的鼓励类产业企业，减按15%的税率征收企业所得税。

鼓励类产业企业是指以海南自由贸易港鼓励类产业目录中规定的产业项目为主营业务，且其主营业务收入占企业收入总额60%以上的企业。所称实质性运营，是指企业的实际管理机构设在海南自由贸易港，并对企业生产经营、人员、账务、财产等实施实质性全面管理和控制。对不符合实质性运营的企业，不得享受优惠。

对总机构设在海南自由贸易港的符合条件的企业，仅就其设在海南自由贸易港的总机构和分支机构的所得适用15%税率；对总机构设在海南自由贸易港以外的企业，仅就其设在海南自由贸易港内的符合条件的分支机构的所得适用15%税率。具体征管办法按照税务总局有关规定执行。

2. 对在海南自由贸易港设立的旅游业、现代服务业、高新技术产业企业新增境外直接投资取得的所得，免征企业所得税。新增境外直接投资所得应当符合以下条件：

（1）从境外新设分支机构取得的营业利润；从持股比例超过20%（含）的境外子公司分回的，与新增境外直接投资相对应的股息所得。

（2）被投资国（地区）的企业所得税法定税率不低于5%。

3. 对在海南自由贸易港设立的企业，新购置（含自建、自行开发）固定资产或无形资产，单位价值不超过500万元（含）的，允许一次性计入当期成本费用在计算应纳税所得额时扣除，不再分年度计算折旧和摊销；新购置（含自建、自行开发）固定资产或无形资产，单位价值超过500万元的，可以缩短折旧、摊销年限或采取加速折旧、摊销的方法。固定资产，是指除房屋、建筑物以外的固定资产。

第六节 应纳税额的计算

一、居民企业应纳税额的计算

居民企业应纳税额等于应纳税所得额乘以适用税率，基本计算公式为：

居民企业应纳税额=应纳税所得额×适用税率-减免税额-抵免税额

根据计算公式可以看出，居民企业应纳税额的多少，取决于应纳税所得额和适用税率两个因素。在实际过程中，应纳税所得额的计算一般有两种方法。

（一）直接计算法

在直接计算法下，居民企业每一纳税年度的收入总额减除不征税收入、免税收入、各项扣除及允许弥补的以前年度亏损后的余额为应纳税所得额。计算公式与前述相同，即为：

应纳税所得额=收入总额-不征税收入-免税收入-各项扣除金额-弥补亏损

（二）间接计算法

在间接计算法下，是在会计利润总额的基础上加或减按照税法规定调整的项目金额后，即为应纳税所得额。计算公式为：

应纳税所得额=会计利润总额±纳税调整项目金额

税收调整项目金额包括两方面的内容：一是企业的财务会计处理和税收规定不一致的应予以调整的金额；二是企业按税法规定准予扣除的税收金额。

【例 8-8】 假定某生产企业为居民企业，2021 年经营业务如下：

（1）取得主营业务收入 2 500 万元。

（2）主营业务成本 1 100 万元。

（3）发生销售费用 670 万元（其中广告费 450 万元）；管理费用 480 万元（其中业务招待费 15 万元）；财务费用 60 万元。

（4）税金及附加 40 万元。

（5）营业外收入 70 万元，营业外支出 50 万元（含通过公益性社会团体向贫困山区捐款 30 万元，支付税收滞纳金 5 万元）。

（6）计入成本、费用中的实发工资总额 150 万元、拨缴职工工会经费 3 万元、支出职工福利费 25 万元、支出职工教育经费 15 万元。

要求：计算该企业 2021 年度实际应纳的企业所得税。

【例题解析】

（1）会计利润总额=2 500+70-1 100-670-480-60-40-50=170（万元）

（2）广告费和业务宣传费调增所得额=450-2 500×15%=450-375=75（万元）

（3）2 500×5‰=12.5（万元）>15×60%=9（万元）

业务招待费调增所得额=15-9=6（万元）

（4）捐赠支出应调增所得额=30-170×12%=9.6（万元）

（5）150×2%=3（万元）；150×14%=21（万元）；150×8%=12（万元）

“三费”应调增所得额=（25-21）+（15-12）=7（万元）

（6）应纳税所得额=170+75+6+9.6+5+7=272.6（万元）

（7）应缴企业所得税 = 272.6×25% = 68.15（万元）

二、境外所得抵扣税额的计算

企业取得的下列所得已在境外缴纳的所得税税额，可以从其当期应纳税额中抵免，抵免限额为该项所得依照本法规定计算的应纳税额；超过抵免限额的部分，可以在以后5个年度内，用每年度抵免限额抵免当年应抵税额后的余额进行抵补：

1. 居民企业来源于中国境外的应税所得。

2. 非居民企业在中国境内设立机构、场所，取得发生在中国境外但与该机构、场所有实际联系的应税所得。

居民企业从其直接或者间接控制的外国企业分得的来源于中国境外的股息、红利等权益性投资收益，外国企业在境外实际缴纳的所得税税额中属于该项所得负担的部分，可以作为该居民企业的可抵免境外所得税税额，在企业所得税税法规定的抵免限额内抵免。

【政策解疑】 直接控制是指居民企业直接持有外国企业20%以上股份；间接控制是指居民企业以间接持股方式持有外国企业20%以上股份，具体认定办法由国务院财政、税务主管部门另行制定；已在境外缴纳的所得税税额，是指企业来源于中国境外的所得依照中国境外税收法律及相关规定应当缴纳并已经实际缴纳的企业所得税性质的税款。

企业依照企业所得税法的规定抵免企业所得税税额时，应当提供中国境外税务机关出具的税款所属年度的有关纳税凭证。

抵免限额是指企业来源于中国境外的所得，依照企业所得税法和本条例的规定计算的应纳税额。除国务院财政、税务主管部门另有规定外，该抵免限额应当分国（地区）不分项计算，计算公式为：

抵免限额 = 中国境内、境外所得依照企业所得税法和条例规定计算的应纳税总额×［来源于某国（地区）的应纳税所得额÷中国境内、境外应纳税所得总额］

在境内外国家均采用比例税率的情形下，该公式可以简化成：

抵免限额 = 来源于某国（地区）的应纳税所得额×我国法定税率

【特别提示】 前述5个年度，是指从企业取得的来源于中国境外的所得，已经在中国境外缴纳的企业所得税性质的税额超过抵免限额的当年的次年起连续5个纳税年度。

【例8-9】 某企业2020年度境内应纳税所得额为100万元，适用25%的企业所得税税率。另外，该企业分别在A、B两国设有分支机构（我国与A、B两国已经缔结避免双重征税协定），在A国分支机构的应纳税所得额为50万元，A国企业所得税税率为20%；在B国的分支机构的应纳税所得额为30万元，B国企业所得税税率为30%。假设该企业在A、B两国所得按我国税法计算的应纳税所得额和按A、B两国税法计算的应纳税所得额一致，两个分支机构在A、B两国分别缴纳了10万元和9万元的企业所得税。

要求：计算该企业汇总时在我国应缴纳的企业所得税。

【例题解析】

（1）该企业按我国税法计算境内、境外所得的应纳税额。

应纳税额=（100+50+30）×25%=45（万元）

（2）A、B 两国的扣除限额。

A 国扣除限额=45×［50÷（100+50+30）］=12.5（万元）

B 国扣除限额=45×［30÷（100+50+30）］=7.5（万元）

在 A 国缴纳的所得税为 10 万元，低于扣除限额 12.5 万元，可全额扣除。

在 B 国缴纳的所得税为 9 万元，高于扣除限额 7.5 万元，其超过扣除限额的部分 1.5 万元当年不能扣除。

（3）汇总在我国应缴纳的所得税=45-10-7.5=27.5（万元）

三、居民企业核定征收应纳税额的计算

（一）确定所得税核定征收的范围

居民企业纳税人具有下列情形之一的，核定征收企业所得税：

1. 依照法律、行政法规的规定可以不设置账簿的。

2. 依照法律、行政法规的规定应当设置但未设置账簿的。

3. 擅自销毁账簿或者拒不提供纳税资料的。

4. 虽设置账簿，但账目混乱或者成本资料、收入凭证、费用凭证残缺不全，难以查账的。

5. 发生纳税义务，未按照规定的期限办理纳税申报，经税务机关责令限期申报，逾期仍不申报的。

6. 申报的计税依据明显偏低，又无正当理由的。

【政策解疑】 特殊行业、特殊类型的纳税人和一定规模以上的纳税人不适用核定征收办法；专门从事股权（股票）投资业务的企业，不得核定征收企业所得税。

（二）核定征收办法的有关规定

税务机关应根据纳税人具体情况，对核定征收企业所得税的纳税人，核定应税所得率或者核定应纳所得税额。

1. 具有下列情形之一的，核定其应税所得率：

（1）能正确核算（查实）收入总额，但不能正确核算（查实）成本费用总额的。

（2）能正确核算（查实）成本费用总额，但不能正确核算（查实）收入总额的。

（3）通过合理方法，能计算和推定纳税人收入总额或成本费用总额的。

2. 纳税人不属于以上情形的，核定其应纳所得税额。

3. 税务机关采用下列方法核定征收企业所得税：

（1）参照当地同类行业或者类似行业中经营规模和收入水平相近的纳税人的税负水

平核定。

（2）按照应税收入额或成本费用支出额定率核定。

（3）按照耗用的原材料、燃料、动力等推算或测算核定。

（4）按照其他合理方法核定。

【政策解疑】 采用一种方法不足以正确核定应纳税所得额或应纳税额的，可以同时采用两种以上的方法核定。采用两种以上方法测算的应纳税额不一致时，可按测算的应纳税额从高核定。

4. 采用应税所得率方式核定征收企业所得税的，应纳所得税额计算公式如下：

应纳所得税额＝应纳税所得额×适用税率

应纳税所得额＝应税收入额×应税所得率

其中：应税收入额＝收入总额－不征税收入－免税收入

或应纳税所得额＝成本（费用）支出额÷（1－应税所得率）×应税所得率

【特别提示】 实行应税所得率方式核定征收企业所得税的纳税人，经营多业的，无论其经营项目是否单独核算，均由税务机关根据其主营项目确定适用的应税所得率。主营项目应为纳税人所有经营项目中，收入总额或者成本（费用）支出额或者耗用原材料、燃料、动力数量所占比重最大的项目。

应税所得率按表 8-3 规定的幅度标准确定。

表 8-3 应税所得率

行业	应税所得率（%）
农、林、牧、渔业	3～10
制造业	5～15
批发和零售贸易业	4～15
交通运输业	7～15
建筑业	8～20
饮食业	8～25
娱乐业	15～30
其他行业	10～30

【特别提示】 纳税人的生产经营范围、主营业务发生重大变化，或者应纳税所得额或应纳税额增减变化达到 20%的，应及时向税务机关申报调整已确定的应纳税额或应税所得率。

四、非居民企业应纳税额的计算

对于在中国境内未设立机构、场所的，或者虽设立机构、场所但取得的所得与其所设机构、场所没有实际联系的非居民企业的所得，按照下列方法计算应纳税所得额：

1. 股息、红利等权益性投资收益和利息、租金、特许权使用费所得，以收入全额为应纳税所得额。

【特别提示】 营改增试点中的非居民企业，应以不含增值税的收入全额作为应纳税所得额。

2. 转让财产所得，以收入全额减除财产净值后的余额为应纳税所得额。

财产净值是指财产的计税基础减除已经按照规定扣除的折旧、折耗、摊销、准备金等后的余额。

企业所得税法第十九条第二项规定的转让财产所得包含转让股权等权益性投资资产（以下称股权）所得。股权转让收入减除股权净值后的余额为股权转让所得应纳税所得额。

股权转让收入是指股权转让人转让股权所收取的对价，包括货币形式和非货币形式的各种收入。

股权净值是指取得该股权的计税基础。股权的计税基础是股权转让人投资入股时向中国居民企业实际支付的出资成本，或购买该项股权时向该股权的原转让人实际支付的股权受让成本。股权在持有期间发生减值或者增值，按照国务院财政、税务主管部门规定可以确认损益的，股权净值应进行相应调整。企业在计算股权转让所得时，不得扣除被投资企业未分配利润等股东留存收益中按该项股权所可能分配的金额。

多次投资或收购的同项股权被部分转让的，从该项股权全部成本中按照转让比例计算确定被转让股权对应的成本。

3. 其他所得，参照前两项规定的方法计算应纳税所得额。

4. 扣缴企业所得税应纳税额计算。

扣缴企业所得税应纳税额=应纳税所得额×税率（减按10%）

（1）扣缴义务人扣缴企业所得税的，应当按照扣缴义务发生之日人民币汇率中间价折合成人民币，计算非居民企业应纳税所得额。扣缴义务发生之日为相关款项实际支付或者到期应支付之日。

（2）取得收入的非居民企业在主管税务机关责令限期缴纳税款前自行申报缴纳应源泉扣缴税款的，应当按照填开税收缴款书之日前一日人民币汇率中间价折合成人民币，计算非居民企业应纳税所得额。

（3）主管税务机关责令取得收入的非居民企业限期缴纳应源泉扣缴税款的，应当按照主管税务机关作出限期缴税决定之日前一日人民币汇率中间价折合成人民币，计算非居民企业应纳税所得额。

五、非居民企业核定征收

非居民企业因会计账簿不健全，资料残缺难以查账，或者其他原因不能准确计算并据实申报其应纳税所得额的，税务机关有权采取以下方法核定其应纳税所得额。

1. 按收入总额核定应纳税所得额：适用于能够正确核算收入或通过合理方法推定收

入总额，但不能正确核算成本费用的非居民企业。计算公式如下：

应纳税所得额=收入总额×经税务机关核定的利润率

2. 按成本费用核定应纳税所得额：适用于能够正确核算成本费用，但不能正确核算收入总额的非居民企业。计算公式如下：

应纳税所得额=成本费用总额+（1-经税务机关核定的利润率）×经税务机关核定的利润率

3. 按经费支出换算收入核定应纳税所得额：适用于能够正确核算经费支出总额，但不能正确核算收入总额和成本费用的非居民企业。计算公式如下：

应纳税所得额=经费支出总额+（1-经税务机关核定的利润率）×经税务机关核定的利润率

4. 税务机关可按照以下标准确定非居民企业的利润率：

（1）从事承包工程作业、设计和咨询劳务的，利润率为15%~30%。

（2）从事管理服务的，利润率为30%~50%。

（3）从事其他劳务或劳务以外经营活动的，利润率不低于15%。

税务机关有根据认为非居民企业的实际利润率明显高于上述标准的，可以按照比上述标准更高的利润率核定其应纳税所得额。

5. 非居民企业与中国居民企业签订机器设备或货物销售合同，同时提供设备安装、装配、技术培训、指导、监督服务等劳务，其销售货物合同中未列明提供上述劳务服务收费金额，或者计价不合理的，主管税务机关可以根据实际情况，参照相同或相近业务的计价标准核定劳务收入。无参照标准的，以不低于销售货物合同总价款的10%为原则，确定非居民企业的劳务收入。

6. 非居民企业为中国境内客户提供劳务取得的收入，凡其提供的劳务全部发生在中国境内的，应全额在中国境内申报缴纳企业所得税；凡其提供的劳务同时发生在中国境内外的，应以劳务发生地为原则划分其境内外收入，并就其在中国境内取得的劳务收入申报缴纳企业所得税。

7. 采取核定征收方式征收企业所得税的非居民企业，在中国境内从事适用不同核定利润率的经营活动，并取得应税所得的，应分别核算并适用相应的利润率计算缴纳企业所得税；凡不能分别核算的，应从高适用利润率计算缴纳企业所得税。

第七节　征收管理

一、纳税期限

企业所得税按年计征，分月或者分季预缴，年终汇算清缴，多退少补。

企业所得税的纳税年度，自公历1月1日起至12月31日止。企业在一个纳税年度的中间开业，或者由于合并、关闭等原因终止经营活动，使该纳税年度的实际经营期不足12个月的，应当以其实际经营期为1个纳税年度。企业清算时，应当以清算期间作为1个纳税年度。

企业应自年度终了之日起5个月内，向税务机关报送年度企业所得税纳税申报表，并汇算清缴，结清应缴应退税款。

企业在年度中间终止经营活动的，应当自实际经营终止之日起60日内，向税务机关办理当期企业所得税汇算清缴。

二、纳税地点

1. 除税收法律、行政法规另有规定外，居民企业以企业登记注册地为纳税地点；但登记注册地在境外的，以实际管理机构所在地为纳税地点。企业注册登记地是指企业依照国家有关规定登记注册的住所地。

2. 居民企业在中国境内设立不具有法人资格的营业机构的，应当汇总计算并缴纳企业所得税。企业汇总计算并缴纳企业所得税时，应当统一核算应纳税所得额，具体办法由国务院财政、税务主管部门另行制定。

3. 非居民企业在中国境内设立机构、场所的，应当就其所设机构、场所取得的来源于中国境内的所得，以及发生在中国境外但与其所设机构、场所有实际联系的所得，以机构、场所所在地为纳税地点。非居民企业在中国境内设立两个或者两个以上机构、场所的，经税务机关审核批准，可以选择由其主要机构、场所汇总缴纳企业所得税。非居民企业经批准汇总缴纳企业所得税后，需要增设、合并、迁移、关闭机构、场所或者停止机构、场所业务的，应当事先由负责汇总申报缴纳企业所得税的主要机构、场所向其所在地税务机关报告；需要变更汇总缴纳企业所得税的主要机构、场所的，依照前款规定办理。

4. 非居民企业在中国境内未设立机构、场所的，或者虽设立机构、场所但取得的所得与其所设机构、场所没有实际联系的所得，以扣缴义务人所在地为纳税地点。

5. 除国务院另有规定外，企业之间不得合并缴纳企业所得税。

三、纳税申报

按月或按季预缴的，应当自月份或者季度终了之日起15日内，向税务机关报送预缴企业所得税纳税申报表，预缴税款。

企业在报送企业所得税纳税申报表时，应当按照规定附送财务会计报告和其他有关资料。

企业应当在办理注销登记前，就其清算所得向税务机关申报并依法缴纳企业所得税。依照企业所得税法缴纳的企业所得税以人民币计算。所得以人民币以外的货币计算的，应当折合成人民币计算并缴纳税款。

企业在纳税年度内无论盈利或者亏损，都应当依照《企业所得税法》第五十四条规定的期限，向税务机关报送预缴企业所得税纳税申报表、年度企业所得税纳税申报表、财务会计报告和税务机关规定应当报送的其他有关资料。纳税人进行清算时，应当在办理工商注销登记之前，向当地主管税务机关办理所得税申报。

四、扣缴义务人

1. 对非居民企业在中国境内未设立机构、场所的，或者虽设立机构、场所但取得的所得与其所设机构、场所没有实际联系的所得应缴纳的所得税，实行源泉扣缴，以支付人为扣缴义务人。税款由扣缴义务人在每次支付或者到期应支付时，从支付或者到期应支付的款项中扣缴。

【政策解疑】 支付人是指依照有关法律规定或者合同约定对非居民企业直接负有支付相关款项义务的单位或者个人；支付包括现金支付、汇拨支付、转账支付和权益兑价支付等货币支付和非货币支付；到期应支付的款项，是指支付人按照权责发生制原则应当计入相关成本、费用的应付款项。

2. 对非居民企业在中国境内取得工程作业和劳务所得应缴纳的所得税，税务机关可以指定工程价款或者劳务费的支付人为扣缴义务人。

五、扣缴方法

1. 扣缴义务人扣缴税款时，按前述第六节非居民企业计算方法计算税款。

2. 应当扣缴的所得税，扣缴义务人未依法扣缴或者无法履行扣缴义务的，由企业在所得发生地缴纳。企业未依法缴纳的，税务机关可以从该企业在中国境内其他收入项目的支付人应付的款项中，追缴该企业的应纳税款。

【政策解疑】 所得发生地是指依照《实施条例》第七条规定的原则确定的所得发生地。在中国境内存在多处所得发生地的，由企业选择其中之一申报缴纳企业所得税；该企业在中国境内其他收入，是指该企业在中国境内取得的其他各种来源的收入。

3. 税务机关在追缴该企业应纳税款时，应当将追缴理由、追缴数额、缴纳期限和缴纳方式等告知该企业。

4. 扣缴义务人每次代扣的税款，应当自代扣之日起 7 日内缴入国库，并向所在地的税务机关报送扣缴企业所得税报告表。

六、纳税申报表的填写

表 8-4 是企业所得税年度纳税申报表。

表 8-4　中华人民共和国企业所得税年度纳税申报表（A 类）

行次	类别	项　　目	金　额
1	利润总额计算	一、营业收入（填写 A101010＼101020＼103000）	
2		减：营业成本（填写 A102010＼102020＼103000）	
3		减：税金及附加	
4		减：销售费用（填写 A104000）	
5		减：管理费用（填写 A104000）	
6		减：财务费用（填写 A104000）	
7		减：资产减值损失	
8		加：公允价值变动收益	
9		加：投资收益	
10		二、营业利润（1-2-3-4-5-6-7+8+9）	
11		加：营业外收入（填写 A101010＼101020＼103000）	
12		减：营业外支出（填写 A102010＼102020＼103000）	
13		三、利润总额（10+11-12）	
14	应纳税所得额计算	减：境外所得（填写 A108010）	
15		加：纳税调整增加额（填写 A105000）	
16		减：纳税调整减少额（填写 A105000）	
17		减：免税、减计收入及加计扣除（填写 A107010）	
18		加：境外应税所得抵减境内亏损（填写 A108000）	
19		四、纳税调整后所得（13-14+15-16-17+18）	
20		减：所得减免（填写 A107020）	
21		减：弥补以前年度亏损（填写 A106000）	
22		减：抵扣应纳税所得额（填写 A107030）	
23		五、应纳税所得额（19-20-21-22）	

续表

24	应纳税额计算	税率（25%）	
25		六、应纳所得税额（23×24）	
26		减：减免所得税额（填写 A107040）	
27		减：抵免所得税额（填写 A107050）	
28		七、应纳税额（25-26-27）	
29		加：境外所得应纳所得税额（填写 A108000）	
30		减：境外所得抵免所得税额（填写 A108000）	
31		八、实际应纳所得税额（28+29-30）	
32		减：本年累计实际已缴纳的所得税额	
33		九、本年应补（退）所得税额（31-32）	
34		其中：总机构分摊本年应补（退）所得税额（填写 A109000）	
35		财政集中分配本年应补（退）所得税额（填写 A109000）	
36		总机构主体生产经营部门分摊本年应补（退）所得税额（填写 A109000）	

名词与术语

企业所得税　居民纳税人　非居民纳税人　应纳税所得额　关联企业

简答题

1. 在计算企业所得税应纳税所得额时，不得扣除的项目有哪些？
2. 试述从被投资企业分回利润，在投资方计算缴纳企业所得税时的处理方法。
3. 试述企业所得税的亏损弥补政策。
4. 居民企业核定征收的范围和方法。

计算分析题

1. 某食品生产企业属于外商投资企业，2019 年企业有关生产、经营情况如下：

（1）取得产品销售收入 2 300 万元、购买国库券利息收入 50 万元、从境内投资公司分回税后利润 180 万元。

（2）发生产品销售成本 1 100 万元；发生销售费用 380 万元，其中广告费 50 万元、业务宣传费 30 万元；发生产品销售税金及附加 50 万元。

（3）发生财务费用 220 万元，其中：1 月 1 日以集资方式筹集生产经营性资金 300 万元，期限 1 年，支付利息费用 30 万元（同期银行贷款年利率 6%）。

（4）发生管理费用 260 万元，其中含业务招待费 190 万元。

（5）“营业外支出”账户记载金额 53.52 万元。其中：合同违约金 4 万元；通过民政局对灾区捐赠现金 49.52 万元。

（6）其他相关资料：本年预缴所得税 20 万元。

要求：计算该企业全年应纳企业所得税。

2. 某市一生产企业，为增值税一般纳税人，2020 年销售产品取得不含税收入 2 000 万元，会计利润 500 万元，已预缴所得税 50 万元。经会计师事务所审核，发现以下问题：

（1）期间费用中广告费 450 万元、业务招待费 15 万元、研究开发费用 120 万元。

（2）营业外支出 50 万元（含通过公益性社会团体向贫困山区捐款 35 万元，直接向受赠人捐赠 8 万元）。

（3）计入成本、费用中的实发工资总额 150 万元、拨缴职工工会经费 3 万元、支出职工福利费 23 万元和职工教育经费 15 万元。

（4）4 月购置并投入使用的安全生产专用设备企业未进行账务处理。取得购置设备增值税专用发票上注明价款 120 万元，增值税 15.6 万元，预计使用 10 年。（假设不适用一次扣除政策）。

（5）12 月实缴“增值税和消费税”40 万元，企业未作城建税、教育费附加及地方教育附加的处理。

（6）在 A 国设有分支机构，A 国分支机构当年应纳税所得额 400 万元，其中生产经营所得 300 万元，A 国规定税率为 20%；特许权使用费所得 100 万元，A 国规定的税率为 30%；从 A 国分回税后利润 310 万元，尚未入账处理。

要求：（1）计算专用设备对会计利润的影响额；

（2）计算企业当年广告费的调整额；

（3）计算企业当年业务招待费的调整额；

（4）计算企业当年调账后的会计利润总额；

（5）计算企业当年应缴纳的城建税、教育费附加及地方教育附加；

（6）计算企业当年对外捐赠的纳税调整额；

（7）计算企业当年“三费”应调整的所得额；

（8）计算企业当年境内所得应纳税所得额；

（9）A 国分支机构在我国应补缴企业所得税额；

（10）年终汇算清缴实际缴纳的企业所得税。

3. 某高新技术企业为增值税一般纳税人，2020 年取得商品销售收入 5 600 万元，转让固定资产的净收益为 50 万元，投资收益为 80 万元；发生商品销售成本 2 200 万元，税金及附加为 120 万元，发生销售费用 1 900 万元、管理费用 960 万元、财务费用 180 万元、营业外支出 100 万元，实现利润总额 270 万元，企业自行计算缴纳企业所得税 40.5 万元（270 万元×15%）。经税务师审核，发现本年该企业存在如下问题：

（1）12 月购进一台符合《安全生产专用设备企业所得税优惠目录》规定的安全生产

专用设备，取得增值税专用发票上注明价款 550 万元、增值税 6.5 万元，当月投入使用，企业将该设备购买价款 550 万元一次性在成本中列支。该设备生产的产品全部在当月销售，相关成本已结转。

（2）管理费用中含业务招待费 120 万元。

（3）销售费用中含广告费 800 万元、业务宣传费 400 万元。

（4）财务费用中含支付给银行的借款利息 60 万元（借款金额 1 000 万元期限 1 年）；支付给关联方借款利息 72 万元（借款金额 1 200 万元，期限 1 年），已知关联方的权益性投资为 400 万元，此项交易活动不符合独立交易原则且该企业实际税负高于境内关联方。

（5）营业外支出中含通过公益性社会团体向灾区捐款 65 万元、因违反合同约定支付给其他企业违约金 28 万元、因违反工商管理规定被工商局处以罚款 7 万元。

（6）投资收益中含国债利息收入 20 万元；从境外 A 国子公司分回税后收益 32 万元，A 国政府规定的所得税税率为 20%；从境外 B 国子公司分回税后投资收益 25 万元，B 国政府规定的所得税税率为 10%。某生产产业抵免限额按照分国（地区）不分项计算。甲企业选择“分国（地区）不分项”的方法来计算其来源于境外的应纳税所得额。

（7）已计入成本、费用中的全年实发合理的工资总额为 500 万元，实际拨缴工会经费 7 万元，发生职工福利费 80 万元、职工教育经费 20 万元。

要求：

（1）计算准予在企业所得税前扣除的业务招待费金额。

（2）计算准予在企业所得税前扣除的广告费和业务宣传费金额。

（3）计算准予在企业所得税前扣除的利息费用。

（4）计算准予在企业所得税前扣除的营业外支出金额。

（5）计算应纳税所得额时工会经费、职工福利费和职工教育经费应调整应纳税所得额的金额。

（6）计算本年度境内应纳税所得额。

（7）计算境外所得应在我国补缴的企业所得税。

（8）计算应补（退）企业所得税。

第九章 个人所得税

9

本章导读

个人所得税法是指国家制定的用以调整个人所得税征收与缴纳之间权利及义务关系的法律规范。个人所得税是世界各国普遍征收的一个税种，在一些国家已成为主体税种。随着我国市场经济发展，个人所得税在促进公平收入分配方面发挥着积极作用。我国现行个人所得税是 2018 年 8 月 31 日第十三届全国人民代表大会常务委员会第五次会议第七次修改通过并于 2019 年 1 月 1 日起施行的《中华人民共和国个人所得税法》。

学习目的与要求

本章主要研究个人所得税纳税人、征收范围、税率结构特点，个人所得税应税收入项目、费用扣除标准、应纳税额计算方法，个人所得税减免税、申报缴纳等问题。本章重点掌握个人所得税的综合征收和分类征收制度，正确计算应纳税额和正确进行纳税申报。

第一节 纳税义务人

个人所得税的纳税义务人，包括中国公民、个体工商业户、个人独资企业、合伙企业投资者、在中国有所得的外籍人员（包括无国籍人员，下同）和香港、澳门、台湾同胞。上述纳税义务人依据住所和居住时间两个标准，区分为居民个人和非居民个人，分别承担不同的纳税义务。

一、居民个人

在中国境内有住所，或者无住所而一个纳税年度内在中国境内居住累计满 183 天的个人，为居民个人。居民个人从中国境内和境外取得的所得，依照个人所得税法的规定缴纳个人所得税。

居民个人负有无限纳税义务。其所取得的应纳税所得，无论是来源于中国境内还是中国境外任何地方，都要在中国缴纳个人所得税。

【政策解疑】 在中国境内有住所的个人是指因户籍、家庭、经济利益关系，而在中国境内习惯性居住的个人；习惯性居住是判定纳税义务人属于居民还是非居民的一个重要依据，它是指个人因学习、工作、探亲等原因消除之后，没有理由在其他地方继续居留时，所要回到的地方，而不是指实际居住或在某一个特定时期内的居住地；在境内居住满 183 天，是指在一个纳税年度（即公历 1 月 1 日起至 12 月 31 日止，下同）内，在中国境内居住满 183 日。

【特别提示】 在计算居住天数时，按其一个纳税年度内在境内的实际居住时间确定，取消了原有的临时离境规定。即境内无住所的某人在一个纳税年度内无论出境多少次，只要在我国境内累计实际居住满 183 天，即可判定为我国的居民个人。

综上可知，个人所得税的居民个人包括以下两类：

1. 在中国境内定居的中国公民和外国侨民。但不包括虽具有中国国籍，却并没有在中国大陆定居，而是侨居海外的华侨和居住在香港、澳门、台湾的同胞。

2. 从公历 1 月 1 日起至 12 月 31 日止，在中国境内累计居住满 183 天的外国人、海外侨胞和香港、澳门、台湾同胞。

【特别提示】 现行税法中关于“中国境内”的概念，是指中国大陆地区，目前还不包括香港、澳门和台湾地区。

二、非居民个人

在中国境内无住所又不居住，或者无住所而一个纳税年度内在中国境内居住累计不满 183 天的个人，为非居民个人。非居民个人从中国境内取得的所得，依照个人所得税法规定缴纳个人所得税。

非居民个人承担有限纳税义务，即仅就其来源于中国境内的所得，向中国缴纳个人所得税。

第二节　征税对象

个人所得税的征税对象是个人取得的应税所得。个人所得的形式，包括现金、实物、有价证券和其他形式的经济利益（见表9-1）。

个人应税所得包括工资、薪金所得；劳务报酬所得；稿酬所得；特许权使用费所得；经营所得；利息、股息、红利所得；财产租赁所得；财产转让所得；偶然所得。

居民个人取得前款第一项至第四项所得（以下称综合所得），按纳税年度合并计算个人所得税；非居民个人取得前款第一项至第四项所得，按月或者按次分项计算个人所得税。纳税人取得前款第五项至第九项所得，依照规定分别计算个人所得税。

表9-1　个人所得税征税对象及征收方式

征收方式	所得项目
综合征收	（一）工资、薪金所得
	（二）劳务报酬所得
	（三）稿酬所得
	（四）特许权使用费所得
分类征收	（五）经营所得
	（六）利息、股息、红利所得
	（七）财产租赁所得
	（八）财产转让所得
	（九）偶然所得

一、工资、薪金所得

工资、薪金所得是指个人因“任职或者受雇”而取得的工资、薪金、奖金、年终加薪、劳动分红、津贴、补贴及与任职或者受雇有关的其他所得。

“年终加薪、劳动分红”不分种类和取得情况，一律按工资、薪金所得征税。

一般来说，工资、薪金所得属于非独立个人劳动所得。所谓非独立个人劳动，是指个人所从事的是由他人指定、安排并接受管理的劳动，工作或服务于公司、工厂、行政、事业单位的人员（私营企业主除外）均为非独立劳动者。他们从上述单位取得的劳动报酬，是以工资、薪金的形式体现的。

除工资、薪金以外，奖金、年终加薪、劳动分红、津贴、补贴也被确定为工资、薪金范畴。其中，年终加薪、劳动分红不分种类和取得情况，一律按工资、薪金所得课税。奖金是指所有具有工资性质的奖金，免税奖金的范围在税法中另有规定。公司职工取得的用于购买企业国有股权的劳动分红，按“工资、薪金所得”项目计征个人所得税。出租汽车经营单位对出租车驾驶员采取单车承包或承租方式运营，出租车驾驶员从事客货营运取得的收入，按工资、薪金所得征税。

不属于工资、薪金性质的补贴、津贴或者不属于纳税人本人工资、薪金所得项目的收入，不予征税。这些项目包括：独生子女补贴；执行公务员工资制度未纳入基本工资总额的补贴、津贴差额和家属成员的副食品补贴；托儿补助费；差旅费津贴、误餐补助；外国来华留学生领取的津贴费、奖学金。

二、劳务报酬所得

劳务报酬所得是指个人从事劳务取得的所得，包括从事设计、装潢、安装、制图、化验、测试、医疗、法律、会计、咨询、讲学、翻译、审稿、书画、雕刻、影视、录音、录像、演出、表演、广告、展览、技术服务、介绍服务、经纪服务、代办服务及其他劳务取得的所得。

上述各项所得一般属于个人独立从事自由职业取得的所得或属于独立个人劳动所得。

1. 设计。指按照客户的要求，代为制定工程、工艺等各类设计业务。

2. 装潢。指接受委托，对物体进行装饰、修饰，使之美观或具有特定用途的作业。

3. 安装。指按照客户的要求，对各种机器、设备的装配、安置，以及与机器、设备相连的附属设施的装设和被安装机器设备的绝缘、防腐、保温、油漆等工程作业。

4. 制图。指托按实物或设想物的形象，依体积、面积、距离等，用一定比例绘制成平面图、立体图、透视图等的业务。

5. 化验。指受托用物理或化学的方法，检验物质的成分和性质等业务。

6. 测试。指利用仪器仪表或其他手段代客对物品的性能和质量进行检测试验的业务。

7. 医疗。指从事各种病情诊断、治疗等医护业务。

8. 法律。指受托担任辩护律师、法律顾问，撰写辩护词、起诉书等法律文书的业务。

9. 会计。指受托从事会计核算的业务。

10. 咨询。指对客户提出的政治、经济、科技、法律、会计、文化等方面的问题进行解答、说明的业务。

11. 讲学。指应邀（聘）进行讲课、作报告、介绍情况等业务。

12. 翻译。指受托从事中、外语言或文字的翻译（包括笔译和口译）的业务。

13. 审稿。指对文字作品或图形作品进行审查、核对的业务。

14. 书画。指按客户要求，或自行从事书法、绘画、题词等业务。

15. 雕刻。指代客镌刻图章、牌匾、碑、玉器、雕塑等业务。

16. 影视。指应邀或应聘在电影、电视节目中出任演员，或担任导演、音响、化妆、道具、制作、摄影等与拍摄影视节目有关的业务。

17. 录音。指用录音器械代客录制各种音响带的业务，或者应邀演讲、演唱、采访而被录音的服务。

18. 录像。指用录像器械代客录制各种图像、节目的业务，或者应邀表演、采访被录像的业务。

19. 演出。指参加戏剧、音乐、舞蹈、曲艺等文艺演出活动的业务。

20. 表演。指从事杂技、体育、武术、健美、时装、气功及其他技巧性表演活动的业务。

21. 广告。指利用图书、报纸、杂志、广播、电视、电影、招贴、路牌、橱窗、霓虹灯、灯箱、墙面及其他载体，为介绍商品、经营服务项目、文体节目或通告、声明等事项，所做的宣传和提供相关服务的业务。

22. 展览。指举办或参加书画展、影展、盆景展、邮展、个人收藏品展、花鸟虫鱼展等各种展示活动的业务。

23. 技术服务。指利用一技之长而进行技术指导、提供技术帮助的业务。

24. 介绍服务。指介绍供求双方商谈，或者介绍产品、经营服务项目等服务的业务。

25. 经纪服务。指经纪人通过居间介绍，促成各种交易和提供劳务等服务的业务。

26. 代办服务。指代委托人办理受托范围内的各项事宜的业务。

27. 其他劳务。指以上列举劳务项目之外的各种劳务。

【政策解疑】 对商品营销活动中，企业和单位对其营销业绩突出的非雇员以培训班、研讨会、工作考察等名义组织旅游活动，通过免收差旅费、旅游费对个人实行的营销业绩奖励（包括实物、有价证券等），应根据所发生费用的全额作为该营销人员当期的劳务收入，按照“劳务报酬所得”项目征收个人所得税，并由提供上述费用的企业和单位代扣代缴；在校学生因参与勤工俭学活动（包括参与学校组织的勤工俭学活动）而取得的应税所得项目的所得，按照“劳务报酬所得”征收个人所得税。

【特别提示】 在实际操作过程中正确区分工资薪金所得与劳务报酬所得，工资、薪金所得是属于非独立个人劳务活动，强调是“任职受雇”；而劳务报酬所得，则是个人独立从事各种技艺、提供各项劳务取得的报酬，劳务报酬关系不存在管理约束限制。

三、稿酬所得

稿酬所得是指个人因其作品以图书、报刊形式出版、发表而取得的所得。作品包括文学作品、书画作品、摄影作品，以及其他作品。作者去世后，财产继承人取得的遗作稿酬，也应征收个人所得税。考虑作品是依靠智力创作的精神产品、报酬相对偏低，通常会对稿酬所得给予适当税收优惠。

四、特许权使用费所得

特许权使用费所得是指个人提供专利权、商标权、著作权、非专利技术及其他特许权的使用权取得的所得；提供著作权的使用权取得的所得不包括稿酬所得。

专利权是由国家专利主管机关依法授予专利申请人或其权利继承人在一定期间内实施其发明创造的专有权。对于专利权，许多国家只将提供他人使用取得的所得列入特许权使用费，而将转让专利权所得列为资本利得税的征税对象。

商标权即商标注册人享有的商标专用权。著作权，即版权，是作者依法对文学、艺术和科学作品享有的专有权。个人提供或转让商标权、著作权、专有技术或技术秘密、技术诀窍取得的所得，应当依法缴纳个人所得税。

（1）根据《个人所得税法实施条例》规定，提供著作权的使用权取得的所得，不包括稿酬所得；作者将自己的文字作品手稿原件或复印件公开拍卖（竞价）取得的所得，属于提供著作权的使用所得，故应按“特许权使用费所得”项目征收个人所得税。

（2）个人取得特许权的经济赔偿收入，应按“特许权使用费所得”项目计征个人所得税，税款由支付赔偿的单位或个人代扣代缴。

（3）从 2002 年 5 月 1 日起，编剧从电视剧的制作单位取得的剧本使用费，不再区分剧本的使用方是否为其任职单位，统一按“特许权使用费所得”项目计征个人所得税。

五、经营所得

经营所得是指：① 个体工商户从事生产、经营活动取得的所得，个人独资企业投资人、合伙企业的个人合伙人来源于境内注册的个人独资企业、合伙企业生产、经营的所得；② 个人依法从事办学、医疗、咨询及其他有偿服务活动取得的所得；③ 个人对企业、事业单位承包经营、承租经营以及转包、转租取得的所得；④ 个人从事其他生产、经营活动取得的所得。

【政策解疑】 出租车归属为个人的，属于“经营所得”，包括：从事个体出租车运营的出租车驾驶员取得的收入；出租车属个人所有，但挂靠出租汽车经营单位或企事业单位，驾驶员向挂靠单位缴纳管理费的；出租汽车经营单位将出租车所有权转移给驾驶员的，出租车驾驶员从事客货运营取得的收入。出租汽车经营单位对出租车驾驶员采取单车承包或承租方式运营，出租车驾驶员从事客运取得的收入，按“工资、薪金所得”项目征收个人所得税。

【特别提示】 个体工商户、个人独资企业和合伙企业或个人从事种植业、养殖业、饲养业、捕捞业取得的所得，暂不征收个人所得税。个体工商户和从事生产经营的个人，取得与生产、经营活动无关的其他各项应税所得，应分别按照有关规定，计算征收个人所得税。

六、利息、股息、红利所得

利息、股息、红利所得，是指个人拥有债权、股权而取得的利息、股息、红利所得。利息包括存款利息、贷款利息和各种债券的利息。按税法规定，个人取得的利息所得，除国债和国家发行的金融债券利息外，应当依法缴纳个人所得税。按照一定的比率对每股股权发给的息金叫股息；公司、企业应分配的利润，按股份分配的叫红利。股息、红利所得，除另有规定外，都应当缴纳个人所得税。

除个人独资企业、合伙企业以外的其他企业的个人投资者，以企业资金为本人、家庭成员及其相关人员支付与企业生产经营无关的消费性支出及购买汽车、住房等财产性支出，视为企业对个人投资者的红利分配，依照“利息、股息、红利所得”项目计征个人所得税。企业的上述支出不允许在所得税前扣除。

纳税年度内个人投资者从其投资企业（个人独资企业、合伙企业除外）借款，在该纳税年度终了后既不归还又未用于企业生产经营的，其未归还的借款可视为企业对个人投资者的红利分配，依照“利息、股息、红利所得”项目计征个人所得税。

【特别提示】　个人取得国债利息、国家发行的金融债券利息、教育储蓄存款利息，均免征个人所得税。自 2008 年 10 月 9 日起对储蓄存款利息所得，暂免征收个人所得税。

七、财产租赁所得

财产租赁所得，是指个人出租建筑物、土地使用权、机器设备、车船及其他财产取得的所得。

个人取得的财产转租收入，属于“财产租赁所得”的征税范围，由财产转租人缴纳个人所得税。在确定纳税义务人时，应以产权凭证为依据，对无产权凭证的，由主管税务机关根据实际情况确定；产权所有人死亡，在未办理产权继承手续期间，该财产出租而有租金收入的，以领取租金的个人为纳税义务人。

八、财产转让所得

财产转让所得，是指个人转让有价证券、股权、合伙企业中的财产份额、不动产、机器设备、车船及其他财产取得的所得。

【特别提示】　转让境内上市公司股票净所得暂免征收个人所得税，但 2010 年 1 月 1 日起，对个人转让上市公司限售股征收个人所得税。转让境外上市公司股票所得按照财产转让所得缴纳个人所得税。

【政策解疑】　集体所有制企业在改制为股份合作制企业时：对职工个人以股份形式取得的拥有所有权的企业量化资产，暂缓征收个人所得税；待个人将股份转让时，就其转让收入额，减除个人取得该股份时实际支付的费用支出和合理转让费用后的余额，按“财产转让所得”项目征收个人所得税。

九、偶然所得

偶然所得是指个人得奖、中奖、中彩及其他偶然性质的所得。得奖是指参加各种有奖竞赛活动，取得名次得到的奖金；中奖、中彩是指参加各种有奖活动，如有奖销售、有奖储蓄，或者购买彩票，经过规定程序，抽中、摇中号码而取得的奖金。偶然所得应缴纳的个人所得税税款，一律由发奖单位或机构代扣代缴。

1. 房屋产权所有人将房屋产权无偿赠与他人的，受赠人因无偿受赠房屋取得的受赠收入，按照“偶然所得”项目计算缴纳个人所得税，税法规定免税的情形除外。

2. 企业在业务宣传、广告等活动中，随机向本单位以外的个人赠送礼品（包括网络红包，下同），以及企业在年会、座谈会、庆典及其他活动中向本单位以外的个人赠送礼品，个人取得的礼品收入，按照“偶然所得”项目计算缴纳个人所得税，但企业赠送的具有价格折扣或折让性质的消费券、代金券、抵用券、优惠券等礼品除外。

第三节　税率

一、综合所得税率

综合所得包括工资、薪金所得，劳务报酬所得，稿酬所得和特许权使用费所得，适用七级超额累进税率，税率为5%~45%（见表9-2）。

表9-2　综合所得个人所得税税率表

级数	全年应纳税所得额	税率（%）	速算扣除数（元）
1	不超过36 000元的部分	3	0
2	超过36 000元~144 000元的部分	10	2 520
3	超过144 000元~300 000元的部分	20	16 920
4	超过300 000元~420 000元的部分	25	31 920
5	超过420 000元~660 000元的部分	30	52 920
6	超过660 000元~960 000元的部分	35	85 920
7	超过960 000元的部分	45	181 920

注：本表所称全年应纳税所得额是指依照税法的规定，居民个人取得综合所得以每一纳税年度收入额减除费用六万元及专项扣除、专项附加扣除和依法确定的其他扣除后的余额；非居民个人取得工资、薪金所得，劳务报酬所得，稿酬所得和特许权使用费所得，依照本表按月换算后计算应纳税额。

二、经营所得税率

经营所得，适用5%~35%的五级超额累进税率（见表9-3）。

表 9-3　经营所得税率表

级数	全年应纳税所得额	税率（%）	速算扣除数（元）
1	不超过 30 000 元的	5	0
2	超过 30 000 元~90 000 元的部分	10	1 500
3	超过 90 000 元~300 000 元的部分	20	10 500
4	超过 300 000 元~500 000 元的部分	30	40 500
5	超过 500 000 元的部分	35	65 500

注：本表所称全年应纳税所得额是指以每一纳税年度的收入总额减除成本、费用及损失后的余额。

承包、承租人按照承包、承租经营合同（协议）规定取得所得的形式不同适用税率也不一致。

1. 承包、承租人对企业经营成果不拥有所有权，仅是按合同（协议）规定取得一定所得的，其所得按“工资、薪金”所得项目征税，纳入年度综合所得适用 3%~45%的七级超额累进税率。

2. 承包、承租人按合同（协议）的规定只向发包、出租方缴纳一定费用后，企业经营成果归其所有的，承包、承租人取得的所得，按对企事业单位的承包经营、承租经营所得项目，适用 5%~35%的五级超额累进税率征税。

三、其他所得适用税率

财产租赁所得，财产转让所得，利息、股息、红利所得和偶然所得，适用比例税率 20%。

第四节　税收优惠

《个人所得税法》及其实施条例，以及财政部、国家税务总局的若干规定，都对个人所得项目给予了减税、免税的优惠。

一、免征项目

1. 省级人民政府、国务院部委和中国人民解放军军以上单位，以及外国组织颁发的科学、教育、技术、文化、卫生、体育、环境保护等方面的奖金。

2. 国债和国家发行的金融债券利息。这里所说的国债利息，是指个人持有中华人民共和国财政部发行的债券和 2012 年及以后年度发行的地方政府债券而取得的利息所得；所说的国家发行的金融债券利息，是指个人持有经国务院批准发行的金融债券而取得的利息所得。

3. 按照国家统一规定发给的补贴、津贴。是指按照国务院规定发给的政府特殊津贴和国务院规定免纳个人所得税的补贴、津贴。

4. 福利费、抚恤费、救济金。这里所说的福利费，是指根据国家有关规定，从企业、事业单位、国家机关、社会团体提留的福利费或者工会经费中支付给个人的生活补助费；所说的救济金，是指国家民政部门支付给个人的生活困难补助费。

5. 保险赔款。

6. 军人的转业费、复员费。

7. 按照国家统一规定发给干部、职工的安家费、退职费、退休工资、离休工资、离休生活补助费。

8. 依照我国有关法律规定应予免税的各国驻华使馆、领事馆的外国代表、领事官员和其他人员的所得。

上述“所得”，是指依照《中华人民共和国外交特权与豁免条例》和《中华人民共和国领事特权与豁免条例》规定免税的所得。

9. 中国政府参加的国际公约及签订的协议中规定免税的所得。

10. 关于发给见义勇为者的奖金问题。对乡、镇（含乡、镇）以上人民政府或县（含县）以上人民政府主管部门批准成立的机构、有章程的见义勇为基金或者类似性质组织，奖励见义勇为者的奖金或装饰品，经主管税务机关核准，免征个人所得税。

11. 企业和个人按照省级以上人民政府规定的比例提取并缴付的住房公积金、医疗保险金、基本养老保险金、失业保险金，不计入个人当期的工资、薪金收入，免予征收个人所得税。超过规定的比例缴付的部分计征个人所得税。

个人领取原提存的住房公积金、医疗保险金、基本养老保险金时，免予征收个人所得税。

12. 对个人取得的教育储蓄存款利息所得及国务院财政部门确定的其他专项储蓄存款或者储蓄性专项基金存款的利息所得，免征个人所得税。

13. 储蓄机构内从事代扣代缴工作的办税人员取得的扣缴利息税手续费所得，免征个人所得税。

14. 经国务院财政部门批准免税的所得。

二、减征项目

1. 残疾、孤老人员和烈属的所得。

2. 因严重自然灾害造成重大损失的。

3. 其他经国务院财政部门批准减税的。

三、暂免、暂减征税项目

1. 外籍个人以非现金形式或实报实销形式取得的住房补贴、伙食补贴、搬迁费、洗衣费。

2. 外籍个人按合理标准取得的境内、境外出差补贴。

3. 外籍个人取得的语言训练费、子女教育费等，经当地税务机关审核批准为合理的部分。

4. 外籍个人从外商投资企业取得的股息、红利所得。

5. 个人在上海、深圳证券交易所转让从上市公司公开发行和转让市场取得的股票，转让所得暂不征收个人所得税。

6. 自2018年11月1日（含）起，对个人转让全国中小企业股份转让系统（新三板）挂牌公司非原始股取得的所得，暂免征收个人所得税。

7. 个人举报、协查各种违法、犯罪行为而获得的奖金。

8. 个人转让自用达5年以上，并且是唯一的家庭生活用房取得的所得。

9. 对个人购买福利彩票、赈灾彩票、体育彩票，一次中奖收入在1万元以下（含1万元）的，暂免征收个人所得税；超过1万元的，全额征收个人所得税。

10. 个人取得单张有奖发票奖金所得不超过800元（含800元）的，暂免征收个人所得税；个人取得单张有奖发票奖金所得超过800元的，应全额按照《个人所得税法》规定的“偶然所得”项目征收个人所得税。

11. 达到离休、退休年龄，但确因工作需要，适当延长离休、退休年龄的高级专家（指享受国家发放的政府特殊津贴的专家、学者），其在延长离休、退休期间的工资、薪金所得，视同离休、退休工资。

12. 对国有企业职工，因企业依法被宣告破产，从破产企业取得的一次性安置费收入。

13. 职工与用人单位解除劳动关系取得的一次性补偿收入（包括用人单位发放的经济补偿金、生活补助费和其他补助费用），在当地上年职工年平均工资3倍数额以内的部分，可免征个人所得税；超过该标准的一次性补偿收入，应按照国家有关规定征收个人所得税。

14. 城镇企业、事业单位及其职工个人按照《失业保险条例》规定的比例，实际缴付的失业保险费，均不计入职工个人当期的工资、薪金所得，免予征收个人所得税。

15. 企业和个人按照国家或地方政府规定的比例，提取并向指定金融机构实际缴付的住房公积金、医疗保险金、基本养老保险金。

16. 个人领取原提存的住房公积金、医疗保险金、基本养老保险金，以及具备《失业保险条例》中规定条件的失业人员领取的失业保险金。

17. 个人取得的教育储蓄存款利息所得和按照国家或省级人民政府规定的比例缴付的住房公积金、医疗保险金、基本养老保险金、失业保险金存入银行个人账户所取得的利息所得。

18. 自2008年10月9日（含）起，对储蓄存款利息所得暂免征收个人所得税。

19. 对个人转让上市公司股票取得的所得暂免征收个人所得税。自2008年10月9日起，对证券市场个人投资者取得的证券交易结算资金利息所得，暂免征收个人所得税，即证券市场个人投资者的证券交易结算资金在2008年10月9日后（含10月9日）孳生的利息所得，暂免征收个人所得税。

20. 个人从公开发行和转让市场取得的上市公司股票，持股期限超过1年的，股息红利所得暂免征收个人所得税。个人从公开发行和转让市场取得的上市公司股票，持股期限在1个月以内（含1个月）的，其股息红利所得全额计入应纳税所得额；持股期限在1个月以上至1年（含1年）的，暂减按50%计入应纳税所得额；上述所得统一适用20%的税率计征个人所得税。本规定自2015年9月8日起施行。

自2019年7月1日至2024年6月30日，个人持有全国中小企业股份转让系统挂牌公司的股票，对股息红利差异化个人所得税政策参照上述政策执行。

21. 对被拆迁人按照国家有关城镇房屋拆迁管理办法规定的标准取得的拆迁补偿款，免征个人所得税。

22. 自2009年5月25日（含）起，以下情形的房屋产权无偿赠与，对当事双方不征收个人所得税：

（1）房屋产权所有人将房屋产权无偿赠与配偶、父母、子女、祖父母、外祖父母、孙子女、外孙子女、兄弟姐妹；

（2）房屋产权所有人将房屋产权无偿赠与对其承担直接抚养或者赡养义务的抚养人或者赡养人；

（3）房屋产权所有人死亡，依法取得房屋产权的法定继承人、遗嘱继承人或者受遗赠人。

23. 个体工商户、个人独资企业和合伙企业或个人从事种植业、养殖业、饲养业、捕捞业取得的所得。

24. 企业在销售商品（产品）和提供服务过程中向个人赠送礼品，属于下列情形之一的，不征收个人所得税：

（1）企业通过价格折扣、折让方式向个人销售商品（产品）和提供服务；

（2）企业在向个人销售商品（产品）和提供服务的同时给予赠品，如通信企业对个人购买手机赠话费、入网费，或者购话费赠手机等；

（3）企业对累积消费达到一定额度的个人按消费积分反馈礼品。

25. 自2019年1月1日至2023年12月31日，广东省、深圳市按内地与香港个人所得税税负差额，对在大湾区工作的境外（含港澳台，下同）高端人才和紧缺人才给予补贴，该补贴免征个人所得税。

26. 自2020年1月1日至2024年12月31日，对在海南自由贸易港工作的高端人才和紧缺人才，其个人所得税实际税负超过15%的部分，予以免征。

27. 自2019年1月1日起至2023年12月31日，一个纳税年度内在船航行时间累计满183天的远洋船员，其取得的工资薪金收入减按50%计入应纳税所得额，依法缴纳个人所得税。

第五节　应纳税所得额

由于个人所得税的应税项目不同，并且取得某项所得所需费用也不相同，因此，计算个人应纳税所得额，需按不同应税项目分项计算。以某项应税项目的收入额减去税法规定的该项费用减除标准后的余额，为该项应纳税所得额。

一、综合所得应纳税所得额

（一）居民个人取得综合所得，以每年收入额减除费用 60 000 元，以及专项扣除、专项附加扣除和依法确定的其他扣除后的余额，为应纳税所得额。

1. 专项扣除，包括居民个人按照国家规定的范围和标准缴纳的基本养老保险、基本医疗保险、失业保险等社会保险费和住房公积金等。

2. 专项附加扣除，包括子女教育、继续教育、大病医疗、住房贷款利息或者住房租金、赡养老人等支出，具体范围、标准和实施步骤由国务院确定，并报全国人民代表大会常务委员会备案。

3. 依法确定的其他扣除，包括个人缴付符合国家规定的企业年金、职业年金，个人购买符合国家规定的商业健康保险、税收递延型商业养老保险的支出，以及国务院规定可以扣除的其他项目。

4. 专项扣除、专项附加扣除和依法确定的其他扣除，以居民个人一个纳税年度的应纳税所得额为限额；一个纳税年度扣除不完的，不结转以后年度扣除。

（二）专项附加扣除标准。

1. 子女教育

纳税人年满 3 岁的子女接受学前教育和学历教育的相关支出，按照每个子女每月 1 000 元（每年 12 000 元）的标准定额扣除。

学前教育包括年满 3 岁至小学入学前教育；学历教育包括义务教育（小学、初中教育）、高中阶段教育（普通高中、中等职业、技工教育）、高等教育（大学专科、大学本科、硕士研究生、博士研究生教育）。父母可以选择由其中一方按扣除标准的 100% 扣除，也可以选择由双方分别按扣除标准的 50% 扣除，具体扣除方式在一个纳税年度内不能变更。纳税人子女在中国境外接受教育的，纳税人应当留存境外学校录取通知书、留学签证等相关教育的证明资料备查。

2. 继续教育

纳税人在中国境内接受学历（学位）继续教育的支出，在学历（学位）教育期间按照每月 400 元（每年 4 800 元）定额扣除。同一学历（学位）继续教育的扣除期限不能超过 48 个月（4 年）。纳税人接受技能人员职业资格继续教育、专业技术人员职业资格继续教育支出，在取得相关证书的当年，按照 3 600 元定额扣除。

个人接受本科及以下学历（学位）继续教育，符合税法规定扣除条件的，可以选择由其父母扣除，也可以选择由本人扣除。纳税人接受技能人员职业资格继续教育、专业技术人员职业资格继续教育的，应当留存相关证书等资料备查。

3. 大病医疗

在一个纳税年度内，纳税人发生的与基本医保相关的医药费用支出，扣除医保报销后个人负担（指医保目录范围内的自付部分）累计超过 15 000 元的部分，由纳税人在办理年度汇算清缴时，在 80 000 元限额内据实扣除。

纳税人发生的医药费用支出可以选择由本人或者其配偶扣除；未成年子女发生的医药费用支出可以选择由其父母一方扣除。纳税人及其配偶、未成年子女发生的医药费用支出，应按前述规定分别计算扣除额。纳税人应当留存医药服务收费及医保报销相关票据原件（或复印件）等资料备查。医疗保障部门应当向患者提供在医疗保障信息系统记录的本人年度医药费用信息查询服务。

4. 住房贷款利息

纳税人本人或配偶，单独或共同使用商业银行或住房公积金个人住房贷款，为本人或其配偶购买中国境内住房，发生的首套住房贷款利息支出，在实际发生贷款利息的年度，按照每月 1 000 元（每年 12 000 元）的标准定额扣除，扣除期限最长不超过 240 个月（20 年）。纳税人只能享受一套首套住房贷款利息扣除。所称首套住房贷款是指购买住房享受首套住房贷款利率的住房贷款。

经夫妻双方约定，可以选择由其中一方扣除，具体扣除方式在确定后，一个纳税年度内不得变更。夫妻双方婚前分别购买住房发生的首套住房贷款，其贷款利息支出，婚后可以选择其中一套购买的住房，由购买方按扣除标准的 100% 扣除，也可以由夫妻双方对各自购买的住房分别按扣除标准的 50% 扣除，具体扣除方式在一个纳税年度内不能变更。纳税人应当留存住房贷款合同、贷款还款支出凭证备查。

5. 住房租金

纳税人在主要工作城市没有自有住房而发生的住房租金支出，可以按照以下标准定额扣除：

直辖市、省会（首府）城市、计划单列市及国务院确定的其他城市，扣除标准为每月 1 500 元（每年 18 000 元）。除上述所列城市外，市辖区户籍人口超过 100 万的城市，扣除标准为每月 1 100 元（每年 13 200 元）；市辖区户籍人口不超过 100 万的城市，扣除标准为每月 800 元（每年 9 600 元）。

夫妻双方主要工作城市相同的，只能由一方扣除住房租金支出。住房租金支出由签订租赁住房合同的承租人扣除。纳税人及其配偶在一个纳税年度内不得同时分别享受住房贷款利息专项附加扣除和住房租金专项附加扣除。纳税人应当留存住房租赁合同、协议等有关资料备查。

6. 赡养老人

纳税人赡养一位及以上被赡养人的赡养支出，统一按以下标准等额扣除。

纳税人为独生子女的，按照每月 2 000 元（每年 24 000 元）的标准定额扣除；纳税人为非独生子女的，由其与兄弟姐妹分摊每月 2 000 元（每年 24 000 元）的扣除额度，每人分摊的额度最高不得超过每月 1000 元（每年 12 000 元）。可以由赡养人均摊或者约定分摊，也可以由被赡养人指定分摊。约定或者指定分摊的须签订书面分摊协议，指定分摊优于约定分摊。具体分摊方式和额度在一个纳税年度内不得变更。所称被赡养人是指年满 60 岁的父母，以及子女均已去世的年满 60 岁的祖父母、外祖父母。具体见表 9-4。

表 9-4　专项附加扣除标准

专项附加扣除项目	扣除标准	扣除方法
子女教育	按照每个子女每月 1 000 元（每年 12 000 元）的标准定额	父母一方按扣除标准的 100% 扣除或双方分别按 50% 扣除
继续教育	学历教育：按照每月 400 元（每年 4 800 元）定额扣除	本科及以下学历（学位）继续教育，可以选择由其父母扣除或由本人扣除
	职业资格教育：按照 3 600 元定额扣除	在取得相关证书的当年
大病医疗	在 80 000 元限额内据实扣除，由纳税人在办理年度汇算清缴时扣除	纳税人发生的由本人或者其配偶扣除；未成年子女发生的由父母一方扣除
住房贷款利息	首套住房贷款利息支出按照每月 1 000 元（每年 12 000 元）的标准定额扣除	夫妻一方 100% 扣除或双方各按 50% 扣除
住房租金	直辖市、省会（首府）城市、计划单列市：每月 1 500 元（每年 18 000 元）；市辖区户籍人口超过 100 万的城市：每月 1 100 元（每年 13 200 元）；市辖区户籍人口不超过 100 万城市：每月 800 元（每年 9 600 元）。	住房租金支出由签订租赁住房合同的承租人扣除
赡养老人	按照每月 2 000 元（每年 24 000 元）的标准定额扣除	纳税人为非独生子女的，赡养人均摊、约定分摊、指定扣除

（三）劳务报酬所得、稿酬所得、特许权使用费所得以收入减除 20% 的费用后的余额为收入额。稿酬所得的收入额减按 70% 计算。个人兼有不同的劳务报酬所得，应当分别减除费用，计算缴纳个人所得税。

二、非居民个人工资、薪金所得，劳务报酬所得，稿酬所得，特许权使用费所得

扣缴义务人向非居民个人支付工资、薪金所得，劳务报酬所得，稿酬所得和特许权使用费所得时，应当按以下方法按月或者按次代扣代缴个人所得税：

1. 非居民个人的工资、薪金所得，以每月收入额减除费用 5 000 元后的余额为应纳税所得额。

2. 劳务报酬所得、稿酬所得、特许权使用费所得，以每次收入额为应纳税所得额，

适用按月换算后的非居民个人月度税率表计算应纳税额。其中，劳务报酬所得、稿酬所得、特许权使用费所得以收入减除20%的费用后的余额为收入额。稿酬所得的收入额减按70%计算。

三、经营所得应纳税所得额

经营所得，以每一纳税年度的收入总额减除成本、费用及损失后的余额为应纳税所得额。

所称成本、费用，是指生产、经营活动中发生的各项直接支出和分配计入成本的间接费用及销售费用、管理费用、财务费用；所称损失，是指生产、经营活动中发生的固定资产和存货的盘亏、毁损、报废损失，转让财产损失，坏账损失，自然灾害等不可抗力因素造成的损失及其他损失。

取得经营所得的个人，没有综合所得的，计算其每一纳税年度的应纳税所得额时，应当减除费用60 000元、专项扣除、专项附加扣除及依法确定的其他扣除。专项附加扣除在办理汇算清缴时减除。

个人独资企业的投资者以全部生产经营所得为应纳税所得额；合伙企业的投资者按照合伙企业的全部生产经营所得和合伙协议约定的分配比例，确定应纳税所得额，合伙协议没有约定分配比例的，以全部生产经营所得和合伙人数量平均计算每个投资者的应纳税所得额。

对个体工商户业主、个人独资企业和合伙企业自然人投资者的生产经营所得依法计征个人所得税时，个体工商户业主、个人独资企业和合伙企业是自然人投资者本人的费用扣除标准统一确定为60 000元/年（5 000元/月）。

对企事业单位的承包经营、承租经营所得，以每一纳税年度的收入总额减除必要费用后的余额作为应纳税所得额。每一纳税年度的收入总额，是指纳税义务人按照承包经营、承租经营合同规定分得的经营利润和工资、薪金性质的所得；所说的减除必要费用，是指按年减除60 000元。

四、财产租赁所得应纳税所得额

财产租赁所得，以一个月内取得的收入为一次。财产租赁所得，每次收入不超过4 000元的，减除费用800元；4 000元以上的，减除20%的费用，其余额为应纳税所得额。

1. 每次（月）收入不超过4 000元的：

应纳税所得额=每次（月）收入额-准予扣除项目-修缮费用（800元为限）-800元

2. 每次（月）收入超过4 000元的：

应纳税所得额=［每次（月）收入额-准予扣除项目-修缮费用（800元为限）］×（1-20%）

3. 个人出租财产取得的财产租赁收入，在计算缴纳个人所得税时，应依次扣除以下费用：

（1）准予扣除项目：主要指财产租赁过程中缴纳的税费。

（2）由纳税人负担的该出租财产实际开支的修缮费用。修缮费的扣除以每次800元为限，一次扣除不完的，准予在下一次继续扣除，直到扣完为止。

（3）税法规定的费用扣除标准（即定额减除费用800元或定率减除20%的费用）。

个人出租房屋的个人所得税应税收入不含增值税，计算房屋出租所得可扣除的税费不包括本次出租缴纳的增值税。个人转租房屋的，其向房屋出租方支付的租金及增值税税额，在计算转租所得时予以扣除。免征增值税的，确定计税依据时，租金收入不扣减增值税税额。

五、财产转让所得应纳税所得额

财产转让所得，以转让财产的收入额减除财产原值和合理费用后的余额，为应纳税所得额。其计算公式为：

应纳税所得额=收入总额-财产原值-合理费用

财产原值，按照下列方法确定：

1. 有价证券，为买入价及买入时按照规定交纳的有关费用；

2. 建筑物，为建造费或者购进价格及其他有关费用；

3. 土地使用权，为取得土地使用权所支付的金额、开发土地的费用及其他有关费用；

4. 机器设备、车船，为购进价格、运输费、安装费及其他有关费用。

其他财产参照上述规定的方法确定财产原值。

纳税人未提供完整、准确的财产原值凭证，不能按照以上规定的方法确定财产原值的，由主管税务机关核定财产原值。

合理费用是指卖出财产时按照规定支付的有关费用。

【特别提示】 个人转让房屋的个人所得税应税收入不含增值税，其取得房屋时所支付价款中包含的增值税计入财产原值，计算转让所得时可扣除的税费不包括本次转让缴纳的增值税。免征增值税的，确定计税依据时，转让房地产取得的收入不扣减增值税税额。

六、利息、股息和红利所得和偶然所得应纳税所得额

利息、股息、红利所得和偶然所得，以每次收入额为应纳税所得额。

第六节 应纳税额的计算

一、居民个人综合所得应纳税额的计算

（一）居民个人综合所得预扣预缴个人所得税的计算

自2019年1月1日起，扣缴义务人向居民个人支付工资、薪金所得，劳务报酬所得，稿酬所得，特许权使用费所得时，按以下方法预扣预缴个人所得税，并向主管税务机关报送《个人所得税扣缴申报表》。

年度预扣预缴税额与年度应纳税额不一致的，由居民个人于次年3月1日至6月30日向主管税务机关办理综合所得年度汇算清缴，税款多退少补。

1. 扣缴义务人向居民个人支付工资、薪金所得预扣预缴个人所得税的计算

扣缴义务人向居民个人支付工资、薪金所得时，应当按照累计预扣法计算预扣税款，并按月办理全员全额扣缴申报。

具体计算公式如下：

本期应预扣预缴税额=（累计预扣预缴应纳税所得额×预扣率-速算扣除数）-累计减免税额-累计已预扣预缴税额

累计预扣预缴应纳税所得额=累计收入-累计免税收入-累计减除费用-累计专项扣除-累计专项附加扣除-累计依法确定的其他扣除

式中，累计减除费用，按照5 000元/月乘以纳税人当年截至本月在本单位的任职受雇月份数计算；专项扣除，包括居民个人按照国家规定的范围和标准缴纳的基本养老保险、基本医疗保险、失业保险等社会保险费和住房公积金等；专项附加扣除，包括子女教育、继续教育、大病医疗、住房贷款利息或者住房租金、赡养老人等支出，具体范围、标准和实施步骤由国务院确定，并报全国人民代表大会常务委员会备案。

上述公式中，计算居民个人工资、薪金所得预扣预缴税额的预扣率、速算扣除数，按表9-5执行。

表9-5 个人所得税预扣率表一

（居民个人工资、薪金所得预扣预缴适用）

级数	累计预扣预缴应纳税所得额	预扣率（%）	速算扣除数（元）
1	不超过36 000元的部分	3	0
2	超过36 000元~144 000元的部分	10	2 520
3	超过144 000元~300 000元的部分	20	16 920

续表

级数	累计预扣预缴应纳税所得额	预扣率（%）	速算扣除数（元）
4	超过 300 000 元~420 000 元的部分	25	31 920
5	超过 420 000 元~660 000 元的部分	30	52 920
6	超过 660 000 元~960 000 元的部分	35	85 920
7	超过 960 000 元的部分	45	181 920

2. 扣缴义务人向居民个人支付劳务报酬所得、稿酬所得、特许权使用费所得预扣预缴个人所得税的计算

扣缴义务人向居民个人支付劳务报酬所得、稿酬所得、特许权使用费所得，按次或者按月预扣预缴个人所得税。

具体预扣预缴方法如下：

劳务报酬所得、稿酬所得、特许权使用费所得以收入减除费用后的余额为收入额。其中，稿酬所得的收入额减按 70%计算。劳务报酬所得、稿酬所得、特许权使用费所得每次收入不超过 4 000 元的，减除费用按 800 元计算；每次收入 4 000 元以上的，减除费用按 20%计算。

劳务报酬所得、稿酬所得、特许权使用费所得，以每次收入额为预扣预缴应纳税所得额。劳务报酬所得适用 20%~40%的超额累进预扣率（见表 9-6），稿酬所得、特许权使用费所得适用 20%的比例预扣率。

表 9-6　个人所得税预扣率表二

（居民个人劳务报酬所得预扣预缴适用）

级数	预扣预缴应纳税所得额	预扣率（%）	速算扣除数（元）
1	不超过 20 000 元的	20	0
2	超过 20 000 元~50 000 元的部分	30	2 000
3	超过 50 000 元的部分	40	7 000

劳务报酬所得应预扣预缴税额=预扣预缴应纳税所得额×预扣率−速算扣除数

稿酬所得、特许权使用费所得应预扣预缴税额=预扣预缴应纳税所得额×20%

（二）居民个人综合所得汇算清缴个人所得税的计算

依据税法规定，年度终了后，居民个人需要汇总本年 1 月 1 日至 12 月 31 日取得的工资薪金、劳务报酬、稿酬、特许权使用费等四项所得（以下称“综合所得”）的收入额，减除费用 6 万元及专项扣除、专项附加扣除、依法确定的其他扣除和符合条件的公益慈善事业捐赠（以下简称“捐赠”）后，适用综合所得个人所得税税率并减去速算扣除数，计算本年度最终应纳税额，再减去本年度已预缴税额，得出应退或应补税额，向税务机关申报并办理退税或补税。具体计算公式如下：

1. 年度应纳税额=年应纳税所得额×适用税率−速算扣除数

=（每一纳税年度的综合所得收入额−60 000−专项扣除−专项附加扣除−依法确定的其他扣除−捐赠）×适用税率−速算扣除数

=［工资、薪金收入额+劳务报酬收入×（1−20%）+稿酬收入×（1−20%）×70%+特许权使用费收入×（1−20%）−60 000−专项扣除−专项附加扣除−依法确定的其他扣除−捐赠］×适用税率−速算扣除数

2. 计算年度应退或应补税额=年度应纳税额−本年度已预缴税额

【特别提示】 劳务报酬所得、稿酬所得、特许权使用费所得预扣预缴个人所得税时费用扣除标准：所得每次收入不超过 4 000 元的，减除费用按 800 元计算；每次收入 4 000 元以上的，减除费用按 20%计算；汇算清缴时劳务报酬所得、稿酬所得、特许权使用费所得费用扣除标准：减除费用按 20%计算。

【例 9-1】 刘先生在 A 企业任职，某年 1—12 月每月在 A 企业取得工资薪金收入 16 000 元，无免税收入，每季度最后一个月取得 30 000 元季度考核奖金收入；每月缴纳“三险一金”3 200 元，每月可以办理的专项附加扣除为 3 000 元，无其他扣除。另外，3 月取得劳务报酬收入 3 000 元，稿酬收入 2 000 元，6 月取得劳务报酬收入 30 000 元，特许权使用费收入 2 000 元。请计算各月预扣个人所得税及年底汇算清缴个人所得税。

【例题解析】

1. 工资薪金所得预扣预缴计算

（1）1 月工资薪金所得预扣预缴税额

1 月累计预扣预缴应纳税所得额=累计收入−累计免税收入−累计基本减除费用−累计专项扣除−累计专项附加扣除−累计依法确定的其他扣除=16 000−5 000−3 200−3 000=4 800（元），对应税率为 3%。

1 月应预扣预缴税额=（累计预扣预缴应纳税所得额×预扣率−速算扣除数）−累计减免税额−累计已预扣预缴税额=4 800×3%=144（元）

（2）2 月工资薪金所得预扣预缴税额

2 月累计预扣预缴应纳税所得额=累计收入−累计免税收入−累计基本减除费用−累计专项扣除−累计专项附加扣除−累计依法确定的其他扣除=32 000−10 000−6 400−6 000=9 600 元，对应税率为 3%。

2 月应预扣预缴税额=（累计预扣预缴应纳税所得额×预扣率−速算扣除数）−累计减免税额−累计已预扣预缴税额=9 600×3%−144=288−144=144（元）

表 9-7　工资薪金所得预扣预缴计算表

元

月份	工资、薪金	季度奖金	费用扣除标准	专项扣除	专项附加扣除	应纳税所得额	税率（%）	累计应纳税额	当月应纳税额
1 月	16 000		5 000	3 200	3 000	4 800	3	144	144
2 月累计	32 000		10 000	6 400	6 000	9 600	3	288	144
3 月累计	48 000	30 000	15 000	9 600	9 000	44 400	10	1 920	1 632
4 月累计	64 000	30 000	20 000	12 800	12 000	49 200	10	2 400	480
5 月累计	80 000	30 000	25 000	16 000	15 000	54 000	10	2 880	480
6 月累计	96 000	60 000	30 000	19 200	18 000	88 800	10	6 360	3 480
7 月累计	112 000	60 000	35 000	22 400	21 000	93 600	10	6 840	480
8 月累计	128 000	60 000	40 000	25 600	24 000	98 400	10	7 320	480
9 月累计	144 000	90 000	45 000	28 800	27 000	133 200	10	10 800	3 480
10 月累计	160 000	90 000	50 000	32 000	30 000	138 000	10	11 280	480
11 月累计	176 000	90 000	55 000	35 200	33 000	142 800	10	11 760	480
12 月累计	192 000	120 000	60 000	38400	36 000	177 600	20	18 600	6 840

2. 其他综合所得（劳务报酬、稿酬、特许权使用费所得）预扣预缴个人所得税计算

（1）3 月，取得劳务报酬收入 3 000 元，稿酬收入 2 000 元

① 计算劳务报酬所得预缴个人所得税

劳务报酬所得预缴个人所得税 =（3 000−800）×20% = 440（元）

② 计算稿酬所得预缴个人所得税

稿酬所得预缴个人所得税 =（2 000−800）×（1−30%）×20% = 168（元）

3 月工资薪金收入预扣预缴税款为 1 632 元；3 月合计预扣预缴：1 632+440+168 = 2 240（元）

（2）6 月，取得劳务报酬 30 000 元，特许权使用费所得 2 000（元）

① 劳务报酬收入预扣预缴个人所得税 = ［30 000×（1−20%）］×30%−2 000 = 5 200（元）

② 特许权使用费所得预扣预缴个人所得税 =（2 000−800）×20% = 240（元）

6 月工资薪金收入预扣预缴税款为 3 480 元，6 月合计预扣预缴：3 480+5 200+240 = 8 920（元）

3. 汇算清缴

（1）计算年度收入额

① 工资薪金收入额 = 192 000（工资）+120 000（季度考核奖金）

劳务报酬所得、稿酬所得、特许权使用费所得以收入减除 20% 的费用后的余额为收

入额。稿酬所得的收入额减按 70%计算。

② 劳务报酬收入额=（3 000+30 000）×（1-20%）

③ 稿酬收入额=2 000×（1-20%）×70%

④ 特许权使用费收入额=2 000×（1-20%）

⑤ 年度收入额=192 000+120 000+（3 000+30 000）×（1-20%）+2 000×（1-20%）×70%+2 000×（1-20%）=341 120（元）

（2）计算应纳税所得额

居民个人的综合所得，以每一纳税年度的收入额减除费用 60 000 元及专项扣除、专项附加扣除和依法确定的其他扣除后的余额为应纳税所得额。

应纳税所得额=341 120-60 000-38 400-36 000=20 6720（元）

（3）应纳税额=206 720×20%-16 920=24 424（元）

（4）本年度已预缴税额=18 600+440+168+5 200+240=24 648（元）

（5）年度应退或应补税额=年度应纳税额-本年度已预缴税额

=24 648-24 424=224（元）

【特别提示】 雇员取得除全年一次性奖金以外的其他各种名目奖金，如半年奖、季度奖、加班奖、先进奖、考勤奖等，一律与当月工资、薪金收入合并，按税法规定缴纳个人所得税。

二、非居民个人工资、薪金所得，劳务报酬所得，特许权使用费所得应纳税额的计算

非居民个人工资、薪金所得，劳务报酬所得，稿酬所得，特许权使用费所得适用七级超额累进税率，具体税率参见表 9-8。

1. 非居民个人的工资、薪金所得适用七级超额累进税率，其应纳税额的计算公式为：

应纳税额=月应纳税所得额×适用税率-速算扣除数=（每月工资、薪金收入额-5 000）×适用税率-速算扣除数

2. 非居民个人的劳务报酬所得适用七级超额累进税率，其应纳税额的计算公式为：

应纳税额=应纳税所得额×适用税率-速算扣除数=每次收入额×适用税率-速算扣除数=劳务报酬收入×（1-20%）×适用税率-速算扣除数

3. 非居民个人的稿酬所得适用七级超额累进税率，其应纳税额的计算公式为：

应纳税额=应纳税所得额×适用税率-速算扣除数=每次收入额×适用税率-速算扣除数=稿酬收入×（1-20%）×70%×适用税率-速算扣除数

4. 非居民个人的特许权使用费所得适用七级超额累进税率，其应纳税额的计算公式为：

应纳税额=应纳税所得额×适用税率-速算扣除数=每次收入额×适用税率-速算扣除数=特许权使用费收入×（1-20%）×适用税率-速算扣除数

表 9-8 非居民工资、薪金所得，劳务报酬所得，特许权使用费所得税率表

级数	全月应纳税所得额	税率（%）	速算扣除数（元）
1	不超过 3 000 元的部分	3	0
2	超过 3 000 元~12 000 元的部分	10	210
3	超过 12 000 元~25 000 元的部分	20	1 410
4	超过 25 000 元~35 000 元的部分	25	2 660
5	超过 35 000 元~55 000 元的部分	30	4 410
6	超过 55 000 元~80 000 元的部分	35	7 160
7	超过 80 000 元的部分	45	15 160

【例 9-2】 某年 1 月，非居民约翰在中国境内任职单位税前工资、薪金所得 48 000 元，取得一次性劳务报酬收入 24 000 元；取得一次性特许权使用费所得 360 000 元。请计算其应纳个人所得税。

【例题解析】

（1）工资、薪金应纳税所得额＝48 000−5 000＝43 000（元）

工资、薪金所得应纳税额＝43 000×30%−4 410＝8 490（元）

（2）劳务报酬应纳税所得额＝24 000×（1−20%）＝19 200（元）

劳务报酬所得应纳税额＝19 200×20%×1 410＝2 430（元）

（3）特许权使用费应纳税所得额＝360 000×（1−20%）＝288 000（元）

特许权使用费所得应纳税额＝288 000×45%−15 160＝114 440（元）

约翰本年 1 月工资薪金所得应纳个人所得税 8 490 元，由支付所得的单位代扣代缴；1 月由支付劳务报酬单位代扣代缴劳务报酬所得个人所得税 2 430 元；由支付特许权使用费的单位代扣代缴特许权使用费所得个人所得税 114 440 元。

三、经营所得应纳税额的计算

经营所得，以每一纳税年度的收入总额减除成本、费用以及损失后的余额为应纳税所得额。

经营所得个人所得税的计算公式为：

应纳税额＝应纳税所得额×适用税率−速算扣除数＝（全年收入总额−成本、费用、损失）×适用税率−速算扣除数

经营所得适用税率参见表 9-3“经营所得税率表”。

（一）个体工商户应纳个人所得税的计算

1. 个体工商户实际支付给从业人员的合理的工资薪金支出，准予扣除。个体工商户业主的费用扣除标准确定为 60 000 元/年。个体工商户业主的工资薪金支出不得税前

扣除。

2. 个体工商户向当地工会组织拨缴的工会经费、实际发生的职工福利费支出、职工教育经费支出分别在工资薪金总额的2%、14%、2.5%的标准内据实扣除。

3. 个体工商户发生的与生产经营活动有关的业务招待费，按照实际发生额的60%扣除，但最高不得超过当年销售（营业）收入的5‰。业主自申请营业执照之日起至开始生产经营之日止所发生的业务招待费，按照实际发生额的60%计入个体工商户的开办费。

4. 个体工商户通过公益性社会团体或者县级以上人民政府及其部门，用于《中华人民共和国公益事业捐赠法》规定的公益事业的捐赠，捐赠额不超过其应纳税所得额30%的部分可以据实扣除。个体工商户直接对受益人的捐赠不得扣除。

5. 个体工商户研究开发新产品、新技术、新工艺所发生的开发费用，以及研究开发新产品、新技术而购置单台价值在10万元以下的测试仪器和试验性装置的购置费准予直接扣除；单台价值在10万元以上（含10万元）的测试仪器和试验性装置，按固定资产管理，不得在当期直接扣除。

6. 个体工商户的生产经营活动中，应当分别核算生产经营费用和个人、家庭费用。对于生产经营与个人、家庭生活混用难以分清的费用，其40%视为与生产经营有关费用，准予扣除。

【例9-3】 某运输公司为个体工商户，账证健全，2020年12月取得经营收入300 000元，准许扣除的当月成本、费用（不含业主工资）及相关税金共计260 000元。1-11月累计应纳税所得额为860 000元（未扣除业主费用减除标准），累计已预缴个人所得税235 200元。除经营所得外，业主本人没有其他收入，且2020年全年均享受赡养2位老人一项专项附加扣除。不考虑专项扣除和符合税法规定的其他扣除，请计算该个体工商户就2020年度汇算清缴时应申请的个人所得税退税额。

【例题解析】

（1）全年应纳税所得额=300 000-260 000+860 000-60 000-24 000=816 000（元）；

赡养老人专项附加扣除时只能扣除一位老人赡养专项附加扣除。

（2）全年应缴纳个人所得税=816 000×35%-65 500=220 100（元）。

（3）该个体工商户2020年度应申请的个人所得税退税额=235 200-220 100=15 100（元）。

（二）个人独资企业和合伙企业应纳个人所得税的计算

对个人独资企业和合伙企业生产经营所得，其个人所得税应纳税额的计算有以下两种方法：

1. 查账征税

（1）自2019年1月1日起，个人独资企业和合伙企业投资者的生产经营所得依法计征个人所得税时，个人独资企业和合伙企业投资者本人的费用扣除标准统一确定为5 000元/月。投资者的工资不得在税前扣除。

（2）投资者及其家庭发生的生活费用不允许在税前扣除。

（3）企业生产经营和投资者及其家庭生活共用的固定资产难以划分的，由主管税务机关根据企业的生产经营类型、规模等具体情况，核定准予在税前扣除的折旧费用的数额或比例。

（4）企业实际发生的工会经费、职工福利费、职工教育经费分别在其计税工资总额的2%、14%、2.5%的标准内据实扣除。

（5）企业每一纳税年度发生的广告和业务宣传费用不超过当年销售（营业）收入15%的部分，可据实扣除；超过部分在以后的纳税年度结转扣除。

（6）企业每一纳税年度发生的与其生产经营业务直接相关的业务招待费，按照发生额的60%扣除，但最高不得超过当年销售（营业）收入的5‰。

2. 核定征收

核定征收方式，包括定额征收、核定应税所得率征收及其他合理的征收方式。

实行核定应税所得率征收方式的，应纳税所得额的计算公式如下：

（1）应纳所得税额=应纳税所得额×适用税率

（2）应纳税所得额=收入总额×应税所得率

或 =成本费用额÷（1-应税所得率）×应税所得率

应税所得率应按表9-9规定的标准执行。

表9-9 个人所得税核定征收应税所得率表

行业	应税所得率（%）
工业、交通运输业、商业	5~20
建筑业、房地产开发业	7~20
饮食服务业	7~25
娱乐业	20~40
其他行业	10~30

【特别提示】 企业经营多业的，无论其经营项目是否单独核算，均应根据其主营项目确定其适用的应税所得率；实行核定征税的投资者，不能享受个人所得税的优惠政策；实行查账征税方式的个人独资企业和合伙企业改为核定征税方式后，在查账征税方式下认定的年度经营亏损未弥补完的部分，不得再继续弥补。

四、财产租赁所得应纳税额的计算

应纳税额的计算公式为：

1. 每次（月）收入不超过4 000元的：

应纳税额=［每次（月）收入额-准予扣除项目-修缮费用（800元为限）-800元］×20%

2. 每次（月）收入超过 4 000 元的：

应纳税额=［每次（月）收入额-准予扣除项目-修缮费用（800 元为限）］×（1-20%）×20%

【政策解疑】 自 2001 年 1 月 1 日起，对个人按市场价格出租的居民住房取得的所得，暂减按 10%的税率征收个人所得税。

【例 9-5】 李某于 2020 年 1 月将其自有的房屋出租给张某作经营场所，租期 2 年。李某每月取得租金收入 6 500 元，全年租金收入 78 000 元。计算李某全年租金收入应缴纳的个人所得税。

【例题解析】

财产租赁收入以每月内取得的收入为一次，因此，李某每月及全年应纳税额为：

（1）每月应纳税额=6 500×（1-20%）×10%=520（元）

（2）全年应纳税额=520×12=6 240（元）

五、财产转让所得应纳税额的计算

应纳税额=应纳税所得额×适用税率=（收入总额-财产原值-合理税费）×20%

【例 9-6】 某人本年出售转让一套房屋，售价 2 600 000 元，在卖房过程中按规定支付交易费等有关费用 84 500 元，该房屋购进时的原价为 1 800 000 元。计算其应纳个人所得税税额。

【例题解析】

（1）应纳税所得额=财产转让收入-财产原值-合理费用

=2 600 000-1 800 000-84 500=715 500（元）

（2）应纳税额=715 500×20%=143 100（元）

【特别提示】 纳税人未提供完整、准确的房屋原值凭证，不能正确计算房屋原值和应纳税额的，税务机关可对其实行核定征税，按纳税人住房转让收入的一定比例核定应纳个人所得税额。具体比例由省级地方税务局或者省级地方税务局授权的地市级地方税务局根据纳税人出售住房的所处区域、地理位置、建造时间、房屋类型、住房平均价格水平等因素，在住房转让收入 1%~3%的幅度内确定。

六、利息、股息、红利所得应纳税额的计算

利息、股息、红利所得应纳税额的计算公式为：

应纳税额=应纳税所得额×适用税率=每次收入额×20%

七、偶然所得应纳税额的计算

应纳税额=应纳税所得额×适用税率=每次收入额×20%

八、应纳税额计算中的特殊问题

（一）对个人取得全年一次性奖金等计算征收个人所得税的方法

居民个人取得除全年一次性奖金以外的其他各种名目奖金，如半年奖、季度奖、加班奖、先进奖、考勤奖等，一律与当月工资、薪金收入合并，按税法规定缴纳个人所得税。自2022年1月1日起，居民个人取得全年一次性奖金，应并入当年综合所得计算缴纳个人所得税。

（二）境外所得已纳税款抵免的计算

下列所得，为来源于中国境外的所得：

1. 因任职、受雇、履约等在中国境外提供劳务取得的所得；
2. 中国境外企业以及其他组织支付且负担的稿酬所得；
3. 许可各种特许权在中国境外使用而取得的所得；
4. 在中国境外从事生产、经营活动而取得的与生产、经营活动相关的所得；
5. 从中国境外企业、其他组织及非居民个人取得的利息、股息、红利所得；
6. 将财产出租给承租人在中国境外使用而取得的所得；
7. 转让中国境外的不动产、转让对中国境外企业及其他组织投资形成的股票、股权及其他权益性资产（以下称权益性资产）或者在中国境外转让其他财产取得的所得。但转让对中国境外企业及其他组织投资形成的权益性资产，该权益性资产被转让前三年（连续36个公历月份）内的任一时间，被投资企业或其他组织的资产公允价值50%以上直接或间接来自位于中国境内的不动产的，取得的所得为来源于中国境内的所得。
8. 中国境外企业、其他组织及非居民个人支付且负担的偶然所得；
9. 财政部、税务总局另有规定的，按照相关规定执行。

居民个人从中国境外取得的所得，可以从其应纳税额中抵免已在境外缴纳的个人所得税税额，但抵免额不得超过该纳税人境外所得依照我国个人所得税法规定计算的应纳税额。

居民个人从中国境内和境外取得的综合所得、经营所得，应当分别合并计算应纳税额；从中国境内和境外取得的其他所得，应当分别单独计算应纳税额。

纳税人境外所得依照个人所得税法规定计算的应纳税额，是居民个人抵免已在境外缴纳的综合所得、经营所得及其他所得的个人所得税税额的限额。除国务院财政、税务主管部门另有规定外，来源于中国境外一个国家（地区）的综合所得抵免限额、经营所得抵免限额及其他所得抵免限额之和，为来源于该国家（地区）所得的抵免限额。

居民个人在中国境外一个国家（地区）实际已经缴纳的个人所得税税额，低于依照以上规定计算出的来源于该国家（地区）所得的抵免限额的，应当在中国缴纳差额部分的税款；超过来源于该国家（地区）所得的抵免限额的，其超过部分不得在本纳税年度的应纳税额中抵免，但是可以在以后纳税年度来源于该国家（地区）所得的抵免限额的余额中补扣。补扣期限最长不得超过 5 年。

【例 9-7】 中国居民刘先生在某年度从甲国取得特许权使用费所得 40 000 元，取得彩票收入 5 000 元；刘先生特许权使用费所得在甲国缴纳个人所得税 6 000 元，彩票收入在甲国缴纳个人所得税 500 元。本年度刘先生在国内取得工资、薪金所得 240 000 元，假设年度费用扣除 60 000 元，专项附加扣除 8 000 元，不考虑其他费用扣除和国内预缴税额因素，计算刘先生应纳个人所得税税额。

【例题解析】

（1）境内、外全部综合所得收入额＝240 000+40 000×（1−20%）＝272 000（元）

（2）境内、外全部综合所得收入额应纳税额＝（272 000−60 000−8 000）×20%−16 920
＝23 880（元）

（3）甲国综合所得抵免限额＝23 880×32 000÷（240 000+32 000）＝2 809. 21（元）

（4）甲国其他分类所得抵免限额＝5 000×20%＝1 000（元）

（5）甲国所得抵免限额＝2 809. 21+1 000＝3 809. 21（元）

（6）应纳税额＝23 880+5 000×20%−3 809. 21＝21 070. 79（元）

（三）企业年金、职业年金个人所得税问题

1. 企业和事业单位根据国家有关政策规定的办法和标准，为在本单位任职或者受雇的全体职工缴付的企业年金或职业年金单位缴费部分，在计入个人账户时，个人暂不缴纳个人所得税。

2. 个人根据国家有关政策规定缴付的年金个人缴费部分，在不超过本人缴费工资计税基数的 4%标准内的部分，暂从个人当期的应纳税所得额中扣除。

（四）取得公务交通、通信补贴收入的个人所得税问题

个人因公务用车和通信制度改革而取得的公务用车、通信补贴收入，扣除一定标准的公务费用后，按照“工资、薪金”所得项目计征个人所得税。按月发放的，并入当月“工资、薪金”所得计征个人所得税；不按月发放的，分解到所属月份并与该月份“工资、薪金”所得合并后计征个人所得税。

（五）在外商投资企业、外国企业和外国驻华机构工作的中方人员取得的工资、薪金所得的征税问题

在外商投资企业、外国企业和外国驻华机构工作的中方人员取得的工资、薪金收入，凡是由雇佣单位和派遣单位分别支付的，支付单位应按税法规定代扣代缴个人所得税。同时，按税法规定，纳税义务人应以每月全部工资、薪金收入减除规定费用后的余额为应纳税所得额。为了有利于征管，对雇佣单位和派遣单位分别支付工资、薪金的，采取由支付者中的一方减除费用的方法，即只由雇佣单位在支付工资、薪金时，按税法规定

减除费用，计算扣缴个人所得税；派遣单位支付的工资、薪金不再减除费用，以支付金额直接确定适用税率，计算扣缴个人所得税。

（六）关于公益慈善事业捐赠个人所得税政策

个人通过中华人民共和国境内公益性社会组织、县级以上人民政府及其部门等国家机关，向教育、扶贫、济困等公益慈善事业的捐赠（以下简称公益捐赠）发生的公益捐赠支出，可以按照个人所得税法有关规定在计算应纳税所得额时扣除。所称境内公益性社会组织，包括依法设立或登记并按规定条件和程序取得公益性捐赠税前扣除资格的慈善组织、其他社会组织和群众团体。

1. 个人发生的公益捐赠支出金额，按照以下规定确定：

（1）捐赠货币性资产的，按照实际捐赠金额确定。

（2）捐赠股权、房产的，按照个人持有股权、房产的财产原值确定。

（3）捐赠除股权、房产以外的其他非货币性资产的，按照非货币性资产的市场价格确定。

2. 居民个人按照以下规定扣除公益捐赠支出：

（1）居民个人发生的公益捐赠支出可以在财产租赁所得、财产转让所得、利息股息红利所得、偶然所得（以下统称分类所得）、综合所得或者经营所得中扣除。在当期一个所得项目扣除不完的公益捐赠支出，可以按规定在其他所得项目中继续扣除。

（2）居民个人发生的公益捐赠支出，在综合所得、经营所得中扣除的，扣除限额分别为当年综合所得、当年经营所得应纳税所得额的30%；在分类所得中扣除的，扣除限额为当月分类所得应纳税所得额的30%。

（3）居民个人根据各项所得的收入、公益捐赠支出、适用税率等情况，自行决定在综合所得、分类所得、经营所得中扣除的公益捐赠支出的顺序。

3. 居民个人在综合所得中扣除公益捐赠支出的，应按照以下规定处理：

（1）居民个人取得工资薪金所得的，可以选择在预扣预缴时扣除，也可以选择在年度汇算清缴时扣除。

（2）居民个人取得劳务报酬所得、稿酬所得、特许权使用费所得的，预扣预缴时不扣除公益捐赠支出，统一在汇算清缴时扣除。

（3）居民个人取得全年一次性奖金、股权激励等所得，且按规定采取不并入综合所得而单独计税方式处理的，公益捐赠支出扣除比照本公告分类所得的扣除规定处理。

4. 居民个人发生的公益捐赠支出，可在捐赠当月取得的分类所得中扣除。当月分类所得应扣除未扣除的公益捐赠支出，可以按照以下规定追补扣除：

（1）扣缴义务人已经代扣但尚未解缴税款的，居民个人可以向扣缴义务人提出追补扣除申请，退还已扣税款。

（2）扣缴义务人已经代扣且解缴税款的，居民个人可以在公益捐赠之日起90日内提请扣缴义务人向征收税款的税务机关办理更正申报追补扣除，税务机关和扣缴义务人应当予以办理。

（3）居民个人自行申报纳税的，可以在公益捐赠之日起90日内向主管税务机关办理更正申报追补扣除。

5. 在经营所得中扣除公益捐赠支出，应按以下规定处理：

（1）个体工商户发生的公益捐赠支出，在其经营所得中扣除。

（2）个人独资企业、合伙企业发生的公益捐赠支出，其个人投资者应当按照捐赠年度合伙企业的分配比例（个人独资企业分配比例为100%），计算归属于每一个人投资者的公益捐赠支出，个人投资者应将其归属的个人独资企业、合伙企业公益捐赠支出和本人需要在经营所得扣除的其他公益捐赠支出合并，在其经营所得中扣除。

（3）在经营所得中扣除公益捐赠支出的，可以选择在预缴税款时扣除，也可以选择在汇算清缴时扣除。

（4）经营所得采取核定征收方式的，不扣除公益捐赠支出。

6. 非居民个人发生的公益捐赠支出，未超过其在公益捐赠支出发生的当月应纳税所得额30%的部分，可以从其应纳税所得额中扣除。扣除不完的公益捐赠支出，可以在经营所得中继续扣除。

非居民个人按规定可以在应纳税所得额中扣除公益捐赠支出而未实际扣除的，可按照前述第5条规定追补扣除。

7. 国务院规定对公益捐赠全额税前扣除的，按照规定执行。个人同时发生按30%扣除和全额扣除的公益捐赠支出，自行选择扣除次序。

8. 公益性社会组织、国家机关在接受个人捐赠时，应当按照规定开具捐赠票据；个人索取捐赠票据的，应予以开具。

9. 个人通过扣缴义务人享受公益捐赠扣除政策，应当告知扣缴义务人符合条件可扣除的公益捐赠支出金额，并提供捐赠票据的复印件，其中捐赠股权、房产的还应出示财产原值证明。扣缴义务人应当按照规定在预扣预缴、代扣代缴税款时予以扣除，并将公益捐赠扣除金额告知纳税人。

（七）两个以上的纳税人共同取得同一项所得的计税问题

两个或两个以上的纳税义务人共同取得同一项所得的（如共同写作一部著作而取得稿酬所得），可以对每个人分得的收入分别减除费用，并计算各自应纳的税款，即按“先分、后扣、再税”的办法计算各自应该缴纳的个人所得税。

（八）个人兼职和退休人员再任职取得收入个人所得税的征税方法

个人兼职取得的收入应按照“劳务报酬所得”应税项目缴纳个人所得税；退休人员再任职取得的收入，在减除按个人所得税法规定的费用扣除标准后，按“工资、薪金所得”应税项目缴纳个人所得税。

第七节　征收管理

个人所得税的纳税办法，有自行申报纳税和全员全额扣缴申报纳税两种。

一、自行申报纳税

自行申报纳税，是由纳税人自行在税法规定的纳税期限内，向税务机关申报取得的应税所得项目和数额，如实填写个人所得税纳税申报表，并按照税法规定计算应纳税额，据此缴纳个人所得税的一种方法。

（一）个人所得税自行申报的范围

有下列情形之一的，纳税人应当依法办理纳税申报：

1. 取得综合所得需要办理汇算清缴。
2. 取得应税所得没有扣缴义务人。
3. 取得应税所得，扣缴义务人未扣缴税款。
4. 取得境外所得。
5. 因移居境外注销中国户籍。
6. 非居民个人在中国境内从两处以上取得工资、薪金所得。
7. 国务院规定的其他情形。

（二）取得综合所得需要办理汇算清缴的情形

1. 从两处以上取得综合所得，且综合所得年收入额减除专项扣除的余额超过60 000元。
2. 取得劳务报酬所得、稿酬所得、特许权使用费所得中一项或者多项所得，且综合所得年收入额减除专项扣除的余额超过60 000元。
3. 纳税年度内预缴税额低于应纳税额。
4. 纳税人申请退税。

（三）取得经营所得的纳税申报

纳税人取得经营所得，按年计算个人所得税，由纳税人在月度或者季度终了后15日内向税务机关报送纳税申报表并预缴税款；在取得所得的次年3月31日前办理汇算清缴。

（四）取得应税所得，扣缴义务人未扣缴税款的纳税申报

纳税人取得应税所得，扣缴义务人未扣缴税款的，应当区别以下情形办理纳税申报：

1. 非居民个人取得工资、薪金所得，劳务报酬所得，稿酬所得，特许权使用费所得的，应当在取得所得的次年6月30日前，向扣缴义务人所在地主管税务机关办理纳税申

报。有两个以上扣缴义务人均未扣缴税款的，选择向其中一处扣缴义务人所在地主管税务机关办理纳税申报。非居民个人在次年6月30日前离境（临时离境除外）的，应当在离境前办理纳税申报。

2. 纳税人取得利息、股息、红利所得，财产租赁所得，财产转让所得和偶然所得的，应当在取得所得的次年6月30日前，按相关规定向主管税务机关办理纳税申报。税务机关通知限期缴纳的，纳税人应当按照期限缴纳税款。

（五）取得境外所得的纳税申报

居民个人从中国境外取得所得的，应当在取得所得的次年3月1日至6月30日内，向中国境内任职、受雇单位所在地主管税务机关办理纳税申报；在中国境内没有任职、受雇单位的，向户籍所在地或中国境内经常居住地主管税务机关办理纳税申报；户籍所在地与中国境内经常居住地不一致的，选择其中一地主管税务机关办理纳税申报；在中国境内没有户籍的，向中国境内经常居住地主管税务机关办理纳税申报。

（六）因移居境外注销中国户籍的纳税申报

纳税人因移居境外注销中国户籍的，应当在申请注销中国户籍前，向户籍所在地主管税务机关办理纳税申报，进行税款清算。

1. 纳税人在注销户籍年度取得综合所得的，应当在注销户籍前，办理当年综合所得的汇算清缴。尚未办理上一年度综合所得汇算清缴的，应当在办理注销户籍纳税申报时一并办理。

2. 纳税人在注销户籍年度取得经营所得的，应当在注销户籍前，办理当年经营所得的汇算清缴。尚未办理上一年度经营所得汇算清缴的，应当在办理注销户籍纳税申报时一并办理。

3. 纳税人在注销户籍当年取得利息、股息、红利所得，财产租赁所得，财产转让所得和偶然所得的，应当在注销户籍前，申报当年上述所得的完税情况，并报送《个人所得税自行纳税申报表（A表）》（见表9-10）。

4. 纳税人有未缴或者少缴税款的，应当在注销户籍前，结清欠缴或未缴的税款。纳税人存在分期缴税且未缴纳完毕的，应当在注销户籍前，结清尚未缴纳的税款。

5. 纳税人办理注销户籍纳税申报时，需要办理专项附加扣除、依法确定的其他扣除的，应当向税务机关报送《个人所得税专项附加扣除信息表》《商业健康保险税前扣除情况明细表》《个人税收递延型商业养老保险税前扣除情况明细表》等。

（七）非居民个人在中国境内从两处以上取得工资、薪金所得的纳税申报

非居民个人在中国境内从两处以上取得工资、薪金所得的，应当在取得所得的次月15日内，向其中一处任职、受雇单位所在地主管税务机关办理纳税申报。

二、全员全额扣缴申报纳税

扣缴义务人向个人支付应税款项时，扣缴义务人应当依法办理全员全额扣缴申报。

全员全额扣缴申报，是指扣缴义务人应当在代扣税款的次月15日内，向主管税务机关报送其支付所得的所有个人的有关信息、支付所得数额、扣除事项和数额、扣缴税款的具体数额和总额及其他相关涉税信息资料。

（一）实行个人所得税全员全额扣缴申报的应税所得范围

1. 工资、薪金所得；
2. 劳务报酬所得；
3. 稿酬所得；
4. 特许权使用费所得；
5. 利息、股息、红利所得；
6. 财产租赁所得；
7. 财产转让所得；
8. 偶然所得。

（二）扣缴义务人责任和义务

1. 扣缴义务人应当按照纳税人提供的信息计算税款、办理扣缴申报，不得擅自更改纳税人提供的信息。

2. 扣缴义务人发现纳税人提供的信息与实际情况不符的，可以要求纳税人修改。纳税人拒绝修改的，扣缴义务人应当报告税务机关，税务机关应当及时处理。

3. 纳税人发现扣缴义务人提供或者扣缴申报的个人信息、支付所得、扣缴税款等信息与实际情况不符的，有权要求扣缴义务人修改。扣缴义务人拒绝修改的，纳税人应当报告税务机关，税务机关应当及时处理。

4. 扣缴义务人对纳税人提供的《个人所得税专项附加扣除信息表》，应当按照规定妥善保存备查。

5. 扣缴义务人应当依法对纳税人报送的专项附加扣除等相关涉税信息和资料保密。

6. 对扣缴义务人按照规定扣缴的税款，按年付给2%的手续费。不包括税务机关、司法机关等查补或者责令补扣的税款。

7. 扣缴义务人依法履行代扣代缴义务，纳税人不得拒绝。纳税人拒绝的，扣缴义务人应当及时报告税务机关。

三、申报纳税表的填写

表 9-10　个人所得税年度自行纳税申报表（A 表）

（仅取得境内综合所得年度汇算适用）

税款所属期：　　　年　　月　　日至　　　年　　月　　日

纳税人姓名：

纳税人识别号：□□□□□□□□□□□□□□□□□□□□□□□□□-□□　　　金额单位：人民币元（列至角分）

<table>
<tr><td colspan="6">基本情况</td></tr>
<tr><td>手机号码</td><td></td><td>电子邮箱</td><td></td><td>邮政编码</td><td>□□□□□□</td></tr>
<tr><td>联系地址</td><td colspan="5">省（区、市）　　市　　区（县）　　街道（乡、镇）</td></tr>
<tr><td colspan="6">纳税地点（单选）</td></tr>
<tr><td colspan="3">1. 有任职受雇单位的，需选本项并填写“任职受雇单位信息”：</td><td colspan="3">□任职受雇单位所在地</td></tr>
<tr><td rowspan="2">任职受雇单位信息</td><td>名称</td><td colspan="4"></td></tr>
<tr><td>纳税人识别号</td><td colspan="4">□□□□□□□□□□□□□□□□□□□□</td></tr>
<tr><td colspan="3">2. 没有任职受雇单位的，可以从本栏次选择一地：</td><td colspan="3">□ 户籍所在地　　□经常居住地</td></tr>
<tr><td colspan="2">户籍所在地/经常居住地</td><td colspan="4">省（区、市）　　市　　区（县）　　街道（乡、镇）</td></tr>
<tr><td colspan="6">申报类型（单选）</td></tr>
<tr><td colspan="6">□ 首次申报　　　　□更正申报</td></tr>
<tr><td colspan="6">综合所得个人所得税计算</td></tr>
<tr><td colspan="4">项目</td><td>行次</td><td>金额</td></tr>
<tr><td colspan="4">一、收入合计（第 1 行=第 2 行+第 3 行+第 4 行+第 5 行）</td><td>1</td><td></td></tr>
<tr><td colspan="4">（一）工资、薪金</td><td>2</td><td></td></tr>
<tr><td colspan="4">（二）劳务报酬</td><td>3</td><td></td></tr>
<tr><td colspan="4">（三）稿酬</td><td>4</td><td></td></tr>
<tr><td colspan="4">（四）特许权使用费</td><td>5</td><td></td></tr>
<tr><td colspan="4">二、费用合计［第 6 行=（第 3 行+第 4 行+第 5 行）×20%］</td><td>6</td><td></td></tr>
<tr><td colspan="4">三、免税收入合计（第 7 行=第 8 行+第 9 行）</td><td>7</td><td></td></tr>
<tr><td colspan="4">（一）稿酬所得免税部分［第 8 行=第 4 行×（1-20%）×30%］</td><td>8</td><td></td></tr>
<tr><td colspan="4">（二）其他免税收入（附报《个人所得税减免税事项报告表》）</td><td>9</td><td></td></tr>
<tr><td colspan="4">四、减除费用</td><td>10</td><td></td></tr>
<tr><td colspan="4">五、专项扣除合计（第 11 行=第 12 行+第 13 行+第 14 行+第 15 行）</td><td>11</td><td></td></tr>
</table>

续表

（一）基本养老保险费	12	
（二）基本医疗保险费	13	
（三）失业保险费	14	
（四）住房公积金	15	
六、专项附加扣除合计（附报《个人所得税专项附加扣除信息表》） （第 16 行=第 17 行+第 18 行+第 19 行+第 20 行+第 21 行+第 22 行）	16	
（一）子女教育	17	
（二）继续教育	18	
（三）大病医疗	19	
（四）住房贷款利息	20	
（五）住房租金	21	
（六）赡养老人	22	
七、其他扣除合计（第 23 行=第 24 行+第 25 行+第 26 行+第 27 行+第 28 行）	23	
（一）年金	24	
（二）商业健康保险（附报《商业健康保险税前扣除情况明细表》）	25	
（三）税延养老保险（附报《个人税收递延型商业养老保险税前扣除情况明细表》）	26	
（四）允许扣除的税费	27	
（五）其他	28	
八、准予扣除的捐赠额（附报《个人所得税公益慈善事业捐赠扣除明细表》）	29	
九、应纳税所得额 （第 30 行=第 1 行-第 6 行-第 7 行-第 10 行-第 11 行-第 16 行-第 23 行-第 29 行）	30	
十、税率（%）	31	
十一、速算扣除数	32	
十二、应纳税额（第 33 行=第 30 行×第 31 行-第 32 行）	33	
全年一次性奖金个人所得税计算 （无住所居民个人预判为非居民个人取得的数月奖金，选择按全年一次性奖金计税的填写本部分）		
一、全年一次性奖金收入	34	
二、准予扣除的捐赠额（附报《个人所得税公益慈善事业捐赠扣除明细表》）	35	
三、税率（%）	36	
四、速算扣除数	37	
五、应纳税额［第 38 行=（第 34 行-第 35 行）×第 36 行-第 37 行］	38	
税额调整		

续表

一、综合所得收入调整额（需在“备注”栏说明调整具体原因、计算方式等）		39	
二、应纳税额调整额		40	
应补/退个人所得税计算			
一、应纳税额合计（第 41 行=第 33 行+第 38 行+第 40 行）		41	
二、减免税额（附报《个人所得税减免税事项报告表》）		42	
三、已缴税额		43	
四、应补/退税额（第 44 行=第 41 行-第 42 行-第 43 行）		44	
无住所个人附报信息			
纳税年度内在中国境内居住天数		已在中国境内居住年数	
退税申请 （应补/退税额小于 0 的填写本部分）			
□ 申请退税（需填写“开户银行名称”“开户银行省份”“银行账号”）		□ 放弃退税	
开户银行名称		开户银行省份	
银行账号			
备注			
谨声明：本表是根据国家税收法律法规及相关规定填报的，本人对填报内容（附带资料）的真实性、可靠性、完整性负责。 纳税人签字： 年 月 日			

名词与术语

个人所得税　超额累进　工资薪金所得　综合所得　专项附加扣除

简答题

1. 居民纳税人与非居民纳税人的纳税义务有何区别？
2. 个人所得税的应税所得有哪些？
3. 我国综合所得包括哪些所得项目？
4. 简述我国个人所得税的专项附加扣除标准。
5. 个人所得税的缴纳方式有哪几种？

6. 个人独资企业和合伙企业如何纳税？

计算分析题

1. 中国公民张某2020年1月取得工资薪金所得10 000元，缴纳基本养老保险费、基本医疗保险费、失业保险费、住房公积金2 000元，支付首套住房贷款本息2 500元。计算张某当月工资应预扣预缴个人所得税。

2. 2020年小杨度综合性个人所得应纳税额收入额578 000元，当年发生的支出以下：

（1）按规定交纳的“三险一金”总共50 000元。

（2）发生符合扣除规范的住房贷款利息12 000元。

（3）发生符合扣除规范的孩子教育支出12 000元。

（5）发生符合扣除规范的赡养父母支出24 000元。

（6）通过红十字会向希望工程捐赠15万元。

要求：计算小杨2020年应交纳多少个人所得税。

3. 李某转让房屋取得收入160万元（不含增值税），该房屋买入时价格为120万元（含增值税），发生的合理税费为0.5万元（不含本次转让缴纳的增值税）。已知财产转让个人所得税税率为20%。计算李某应纳个人所得税。

4. 居民个人王某为独生子女，父母均已年满68周岁，其独生子女就读于某小学。2020年张某取得收入及部分支出如下：

（1）每月从单位领取扣除社保费用和住房公积金后的工资10 000元，截至11月底累计已预扣预缴个人所得税款330元。

（2）取得年终奖60 000元，选择单独计税。

（3）利用业余时间为某公司设计图纸，取得劳务报酬20 000元。

（4）每月按首套住房贷款利率偿还房贷5 000元。

以上专项附加扣除均由王某100%扣除。

要求：

（1）计算2020年12月王某取得的工资应预扣预缴的个人所得税额。

（2）计算王某取得的年终奖应缴纳的个人所得税额。

（3）计算王某取得的劳务报酬应预扣预缴的个人所得税额。

（4）计算王某取得的2020年综合所得应缴纳的个人所得税额。

（5）计算王某就2020年综合所得向主管税务机关办理汇算清缴时，应补缴的税款或申请的应退税额。

第十章 税收征收管理法

10

本章导读

税收征收管理法是为了加强税收征收管理，规范税收征收和缴纳行为，保障国家税收收入，保护纳税人的合法权益，促进经济和社会发展而制定的法律。现行《中华人民共和国税收征收管理法》（以下简称《税收征管法》）于2015年4月24日经第十二届全国人民代表大会常务委员会第14次会议修正。

学习目的与要求

本章主要介绍税收征收管理的概念、税务管理、征收管理、税务检查及法律责任。本章重点掌握税务登记、税款征收，了解税务管理及法律责任。

第一节 税务管理

税务管理是指税收征收管理机关为了贯彻、执行国家税收法律制度，加强税收工作，协调征税关系而开展的一项有目的的活动。税务管理是税收征收管理的重要内容，是税款征收的前提。税务管理包括税务登记管理、账簿和凭证管理、发票管理和纳税申报管理等内容。

一、税务登记管理

税务登记是税务机关依据税法规定对纳税人的生产经营活动进行登记管理的一项基本制度。

税务登记的基本类型有设立税务登记、变更税务登记、注销税务登记、停业复业登记、跨区域涉税事项报验管理等。

企业，企业在外地设立的分支机构和从事生产、经营的场所，以及个体工商户和从事生产、经营的事业单位，均应当按照规定办理税务登记。

县以上税务局（分局）按照国务院规定的税收征收管理范围，实施属地管理。有条件的城市，可以按照“各区分散受理、全市集中处理”的原则办理税务登记。

（一）设立税务登记

企业，企业在外地设立的分支机构和从事生产、经营的场所以及个体工商户和从事生产、经营的事业单位（以下统称从事生产、经营的纳税人），向生产、经营所在地税务机关申报办理税务登记。

1. “一照一码”。“一照一码”是指公司、个人独资企业、合伙企业、各类分支机构和个体工商户在办理设立登记时，不再发放商事主体的组织机构代码证、税务登记证、社保登记证、刻章许可证，只发放记载统一社会信用代码的营业执照。“一照”即营业执照，“一码”即统一社会信用代码。

2. 企业领取由市场监督管理部门核发加载法人和其他组织统一社会信用代码的“一照一码”营业执照后，新营业执照具有组织机构代码证、税务登记证、社保登记证、刻章许可证的功能，不需要再单独办理税务登记证。

企业在领取营业执照的同时，相关信息已通过市场监督管理部门共享到税务部门。但纳税人应在领取营业执照后15日内，去税务部门完成信息确认。在税务部门完成信息确认后，纳税人凭加载统一社会信用代码的营业执照即可代替税务登记证的使用。

（1）纳税人去税务部门完成信息确认时应提供：“一照一码”营业执照原件和公章。

（2）纳税人填报“税务登记表”。纳税人领取并填报“税务登记表”。

（二）变更税务登记

变更税务登记是指纳税人办理设立税务登记（“一照一码”登记之后为领取“一照一码”营业执照）后，因登记内容发生变化，需要对原有登记内容进行更改而向主管税务机关申报办理的税务登记。

1. 纳税人已在市场监督管理部门办理变更登记的，应当自市场监督管理部门变更登记之日起30日内，向原税务登记机关如实提供相关证件、资料，申报办理变更税务登记。

2. 纳税人按照规定不需要在市场监督管理部门办理变更登记，或者其变更登记的内容与市场监督管理无关的，应当自税务登记内容实际发生变化之日起30日内，或者自有关机关批准或者宣布变更之日起30日内，持相关证件到原税务登记机关申报办理变更税务登记。

3. “一照一码”纳税人工商登记信息发生变更（除生产经营地、财务负责人、核算方式等信息外），向市场监督管理部门办理变更登记，市场监督管理部门核准后将变更信息即时共享至省级信息交换平台，税务机关接收工商变更信息并更新税务系统内纳税人对应信息。

（三）停业复业登记

停业复业登记，是指实行定期定额征收方式的纳税人，因自身经营的需要暂停经营或恢复经营而向主管税务机关申请办理的税务登记手续。纳税人的停业期限不得超过1年。

1. 停业登记程序

纳税人在申报办理停业登记时，应如实填写“停业申请登记表”，说明停业理由、停业期限、停业前的纳税情况和发票的领、用、存情况，并结清应纳税款、滞纳金、罚款。税务机关应收存其发票领购簿、未使用完的发票和其他税务证件。

2. 复业登记程序

纳税人应当于恢复生产经营之前，向税务机关申报办理复业登记，如实填写“停、复业报告书”，领回并启用发票领购簿及其停业前领购的发票。

纳税人停业期满不能及时恢复生产经营的，应当在停业期满前到税务机关办理延长停业登记，并如实填写“停、复业报告书”。

（四）注销税务登记

注销税务登记是指纳税人由于出现法定情形终止纳税义务时，向原主管税务机关申请办理的取消税务登记的手续，办理注销税务登记的，该当事人不再接受原主管税务机关的管理。

办理注销登记的程序。首先，纳税人提出书面申请报告，并提供相关证件、资料。其次，填报《清税申报表》或《注销税务登记申请审批表》。清税完毕后由受理税务机关根据清税结果向纳税人统一出具《清税证明》。

（五）跨区域涉税事项报验管理

1. 将“外出经营活动税收管理”更名为“跨区域涉税事项报验管理”。

2. 纳税人跨区域经营前填报《跨区域涉税事项报告表》。纳税人跨省（自治区、直辖市和计划单列市）临时从事生产经营活动的，填报《跨区域涉税事项报告表》。

3. 跨区域涉税事项报验管理的有效期为跨区域经营合同执行期限。

4. 实行跨区域涉税事项报验管理信息电子化。

二、账簿、凭证、发票管理

账簿是纳税人、扣缴义务人连续地记录其各种经济业务的账册或簿籍。凭证是纳税人用来记录经济业务，明确经济责任，并据以登记账簿的书面证明。

（一）账簿、凭证管理

1. 从事生产、经营的纳税人应当自领取营业执照或者发生纳税义务之日起 15 日内，按照国家有关规定设置账簿。生产、经营规模小又确无建账能力的纳税人，可以聘请经批准从事会计代理记账业务的专业机构或者财会人员代为建账和办理账务。

2. 纳税人、扣缴义务人根据合法、有效凭证记账，进行核算。纳税人使用计算机记账的，应当在使用前将会计电算化系统的会计核算软件、使用说明书及有关资料报送主管税务机关备案。

3. 账簿、会计凭证和报表，应当使用中文。民族自治地方可以同时使用当地通用的一种民族文字。外商投资企业和外国企业可以同时使用一种外国文字。

4. 纳税人应当按照税务机关的要求安装、使用税控装置，并按照税务机关的规定报送有关数据和资料。

5. 账簿、记账凭证、完税凭证及其他有关资料不得伪造、变造或者擅自损毁。

6. 账簿、记账凭证、报表、完税凭证、发票、出口凭证及其他有关涉税资料应当保存 10 年。

（二）发票管理

发票，是指在购销商品、提供或者接受服务及从事其他经营活动中，开具、收取的收付款凭证。发票是确定经济收支行为发生的证明文件，是财务收支的法定凭证和会计核算的原始凭证，也是税务稽查的重要依据。

1. 发票的领购

（1）增值税普通发票、增值税专用发票领购簿的申请、核发和首次领购

首次申请领购增值税普通发票、增值税专用发票的纳税人应当凭税务登记证副本（“一照一码”登记之后为营业执照副本）到主管税务机关领取并填写“最高开票限额申

请表”“税务行政许可申请表”，同时提交如下材料：金税盘及报税盘、经办人身份证明（居民身份证或护照）、发票专用章印模及主管税务机关要求报送的其他材料。

主管税务机关发票管理环节对上述资料审核无误后，将核批的发票名称、种类、购票数量、购票方式（包括批量供应、验旧供新、交旧供新）等填在发票领购簿上，同时对发票领购簿号码进行登记。然后，纳税人可以首次领购发票。

（2）增值税普通发票、增值税专用发票的非首次领购

非首次领购增值税普通发票、增值税专用发票时，纳税人须报送金税盘和报税盘、税务登记证副本原件（“一照一码”登记之后为营业执照副本原件）、发票领购簿及经办人身份证明、正常开具的最后一份发票记账联（若最后一份发票已作废，则需携带作废发票的全部联次及正常开具的最后一份发票记账联）、税务部门规定的其他材料。然后，纳税人可以领购发票。

2. 发票的开具和保管

销售商品、提供服务及从事其他经营活动的单位和个人，对外发生经营业务收取款项，收款方应当向付款方开具发票。

（1）所有单位和从事生产、经营活动的个人在购买商品、接受服务及从事其他经营活动支付款项，应当向收款方取得发票。取得发票时，不得要求变更品名和金额。

（2）不符合规定的发票不得作为财务报销凭证，任何单位和个人有权拒收。

（3）开具发票应当按照规定的时限、顺序、栏目，全部联次一次性如实开具，并加盖发票专用章。具体来说，单位和个人在开具发票时，必须做到按照号码顺序填开，填写项目齐全，内容真实，字迹清楚，全部联次一次打印，内容完全一致，并在发票联和抵扣联加盖发票专用章。任何单位和个人不得有下列虚开发票行为：① 为他人、为自己开具与实际经营业务情况不符的发票；② 让他人为自己开具与实际经营业务情况不符的发票；③ 介绍他人开具与实际经营业务情况不符的发票。图 10-1 为增值税专用发票样票。

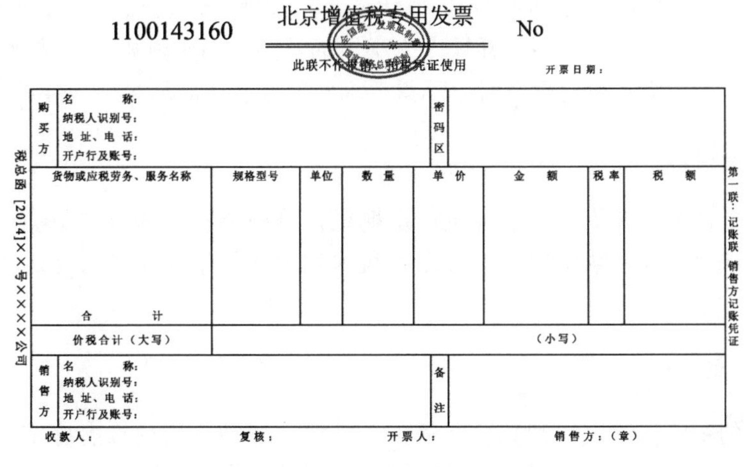
1100143160　北京增值税专用发票　No

此联不作报销、扣税凭证使用　开票日期：

购买方	名称： 纳税人识别号： 地址、电话： 开户行及账号：			密码区			
货物或应税劳务、服务名称	规格型号	单位	数量	单价	金额	税率	税额
合计							
价税合计（大写）					（小写）		
销售方	名称： 纳税人识别号： 地址、电话： 开户行及账号：			备注			

收款人：　复核：　开票人：　销售方：（章）

税总函[2014]××号×××公司

第一联：记账联　销售方记账凭证

图 10-1　增值税专用发票样票

（4）安装税控装置的单位和个人，应当按照规定使用税控装置开具发票，并按期向主管税务机关报送开具发票的数据。使用非税控电子器具开具发票的，应当将非税控电子器具使用的软件程序说明资料报主管税务机关备案，并按照规定保存、报送开具发票的数据。

（5）开具发票的单位和个人应当建立发票使用登记制度，设置发票登记簿，并定期向主管税务机关报告发票使用情况。

（6）自 2017 年 7 月 1 日起，购买方为企业的，索取增值税普通发票时，应向销售方提供纳税人识别号或统一社会信用代码；销售方为其开具增值税普通发票时，应在“购买方纳税人识别号”栏填写购买方的纳税人识别号或统一社会信用代码。不符合规定的发票，不得作为税收凭证。企业，包括公司、非公司制企业法人、企业分支机构、个人独资企业、合伙企业和其他企业。

（7）销售方开具增值税发票时，发票内容应按照实际销售情况如实开具，不得根据购买方要求填开与实际交易不符的内容。销售方开具发票时，通过销售平台系统与增值税发票税控系统后台对接，导入相关信息开票的，系统导入的开票数据内容应与实际交易相符，如不相符应及时修改完善销售平台系统。

（8）开具发票的单位和个人应当在办理变更或者注销税务登记的同时，办理发票和发票领购簿的变更、缴销手续。

（9）开具发票的单位和个人应当按照税务机关的规定存放和保管发票，不得擅自损毁。已经开具的发票存根联和发票登记簿，应当保存 5 年。保存期满，报经税务机关查验后销毁。

【例 10-1】 某单位会计到某商店购买了 500 元的办公用品，为了能够多报销，要求商店在发票上开成 800 元。商店为了能够增加销售，便同意了这一要求，但是为了不多纳税，商店便将发票的存根联、发票联和记账联分别填写。发票联、存根联上金额为 800 元，记账联上金额为 500 元。请问购销双方在发票使用上存在什么问题？

【案例解析】 根据发票管理规定，商店属于未按规定开具发票，因为按照规定，发票的所有联次应一次性填开，不得开具大头小尾的发票。购买方属于未按规定取得发票，因为按照规定，购买方在取得发票时，不得要求开票方变更商品名称和金额。

三、纳税申报管理

纳税申报是指纳税人依照税法规定，定期就计算缴纳税款的有关事项向税务机关提交书面报告的法定手续。纳税申报是确定纳税人是否履行纳税义务，界定法律责任的主要依据。

（一）纳税申报的主体

纳税申报的主体为纳税人和扣缴义务人。纳税人在纳税期内没有应纳税款的，也应当按照规定办理纳税申报。纳税人享受减税、免税待遇的，在减税、免税期间应当按照规定办理纳税申报。

（二）纳税申报的内容

税务机关应当建立、健全纳税人自行申报纳税制度。纳税人、扣缴义务人可以采取邮寄、数据电文方式办理纳税申报或者报送代扣代缴、代收代缴税款报告表。

纳税人、扣缴义务人的纳税申报或者代扣代缴、代收代缴税款报告表的主要内容包括：税种、税目，应纳税项目或者应代扣代缴、代收代缴税款项目，计税依据，扣除项目及标准，适用税率或者单位税额，应退税项目及税额、应减免税项目及税额，应纳税额或者应代扣代缴、代收代缴税额，税款所属期限、延期缴纳税款、欠税、滞纳金等。

（三）纳税申报的要求

纳税人办理纳税申报时，应当如实填写纳税申报表，并根据不同的情况相应报送下列有关证件、资料：

（1）财务会计报表及其说明材料；

（2）与纳税有关的合同、协议书及凭证；

（3）税控装置的电子报税资料；

（4）外出经营活动税收管理证明和异地完税凭证；

（5）境内或者境外公证机构出具的有关证明文件；

（6）税务机关规定应当报送的其他有关证件、资料。

纳税人、扣缴义务人，不论当期是否发生纳税义务，除经税务机关批准外，均应当按照规定办理纳税申报或者报送代扣代缴、代收代缴税款报告表；纳税人享受减税、免税待遇的，在减税、免税期间应当按照规定办理纳税申报；纳税人、扣缴义务人按照规定的期限办理纳税申报或者报送代扣代缴、代收代缴税款报告表确有困难，需要延期的，应当在规定的期限内向税务机关提出书面延期申请，经税务机关核准，在核准的期限内办理；纳税人和扣缴义务人在有效期间，没有取得应税收入或所得，没有应缴税款发生，或者已办理税务登记但未开始经营或开业期间没有经营收入的纳税人，除已办理停业审批手续的以外，必须按规定的纳税申报期间进行零申报。

（四）纳税申报的方式

纳税人、扣缴义务人可以直接到税务机关办理纳税申报，或者报送代扣代缴、代收代缴税款报告表，也可以按照规定采取邮寄、数据电文或者其他方式办理上述申报、报送事项。

1. 直接申报

直接申报是指纳税人自行到税务机关办理纳税申报。这是一种传统申报方式。

2. 邮寄申报

邮寄申报是指经税务机关批准的纳税人使用统一规定的纳税申报特快专递专用信封，

通过邮政部门办理交寄手续，并向邮政部门索取收据作为申报凭据的方式。

纳税人采取邮寄方式办理纳税申报的，应当使用统一的纳税申报专用信封，并以邮政部门收据作为申报凭据。邮寄申报以寄出的邮戳日期为实际申报日期。

3. 数据电文

数据电文是指经税务机关确定的电话语音、电子数据交换和网络传输等电子方式。例如，目前纳税人的网上申报，就是数据电文申报方式的一种形式。

纳税人采取电子方式办理纳税申报的，应当按照税务机关规定的期限和要求保存有关资料，并定期书面报送主管税务机关。纳税人、扣缴义务人采取数据电文方式办理纳税申报的，其申报日期以税务机关计算机网络系统收到该数据电文的时间为准。

除上述方式外，实行定期定额缴纳税款的纳税人，可以实行简易申报、简并征期等申报纳税方式。

第二节　税款征收

税款征收是税务机关依照税收法律、法规的规定，将纳税人依法应当缴纳的税款组织入库的一系列活动的总称。它是税收征收管理工作的中心环节，是全部税收征管工作的目的和归宿。

一、税款征收的原则

（一）税务机关是税款征收的主体

除税务机关、税务人员及经税务机关依照法律、行政法规委托的单位和个人外，任何单位和个人不得进行税款征收活动。采取税收保全措施、强制执行措施的权力，不得由法定的税务机关以外的单位和个人行使。

（二）税务机关必须依法征收税款

《税收征管法》第28条规定：“税务机关依照法律、行政法规的规定征收税款，不得违反法律、行政法规的规定开征、停征、多征、少征、提前征收、延缓征收或者摊派税款。”税务机关是执行税法的专职机构，既不得在税法生效之前先行向纳税人征收税款，也不得在税法尚未失效时，停止征收税款，更不得擅立章法，新开征一种税。

在税款征收过程中，税务机关应当按照税收法律、行政法规预先规定的征收标准进行征税。不得擅自增减改变税目、调高或降低税率、加征或减免税款、提前征收或延缓征收税款以及摊派税款。税收应贯彻“税收法定”原则。

（三）税款征收是税务机关将纳税人的应纳税款全部解缴入库、组织国家财政收入的行为

税务机关应当按照国家规定的税收征管范围和税款入库预算级次，将征收的税款缴入国库。

（四）税务机关征收税款必须遵守法定权限和法定程序的原则

税务机关执法必须遵守法定权限和法定的程序，这也是税款征收的一项基本原则。例如，采取税收保全措施或强制执行措施时；办理减税、免税、退税时；核定应纳税额时；进行纳税调整时；针对纳税人的欠税，进行清理，采取各种措施时；税务机关都必须按照法律或者行政法规规定的审批权限和程序进行操作，否则就是违法。

（五）税务机关征收税款或扣押、查封商品、货物或其他财产时，必须向纳税人开具完税凭证或开付扣押、查封的收据或清单

《税收征管法》第 34 条规定："税务机关征收税款时，必须给纳税人开具完税凭证。"第 47 条规定："税务机关扣押商品、货物或者其他财产时，必须开付收据；查封商品、货物或者其他财产时，必须开付清单。"

（六）税款、滞纳金、罚款统一由税务机关上缴国库

《税收征管法》第 53 条规定："国家税务局和地方税务局应当按照国家规定的税收征管范围和税款入库预算级次，将征收的税款缴入国库。"这也是税款征收的一个基本原则。

（七）税款优先的原则

税款优先的地位确定了税款征收在纳税人支付各种款项和偿还债务时的顺序。税款优先的原则不仅增强了税法的刚性，而且增强了税法在执行中的可操作性。

1. 税收优先于无担保债权。这里所说的税收优先于无担保债权是有条件的，也就是说并不是优先于所有的无担保债权，对于法律上另有规定的无担保债权，不能行使税收优先权。

2. 纳税人发生欠税在前的，税收优先于抵押权、质权和留置权的执行。这里有两个前提条件：其一，纳税人有欠税的情况；其二，欠税发生在前。即纳税人的欠税发生在以其财产设定抵押、质押或被留置之前。纳税人在有欠税的情况下设置抵押权、质权、留置权时，纳税人应当向抵押权人、质权人说明其欠税情况。

欠缴的税款是指纳税人发生纳税义务，但未按照法律、行政法规规定的期限或者未按照税务机关依照法律、行政法规的规定确定的期限向税务机关申报缴纳的税款或者少缴的税款。纳税人应缴纳税款的期限届满之次日即是纳税人欠缴税款的发生时间。

3. 税收优先于罚款、没收非法所得。

（1）纳税人欠缴税款，同时要被税务机关决定处以罚款，没收非法所得的，税收优先于罚款、没收非法所得。

（2）纳税人欠缴税款，同时又被税务机关以外的其他行政部门处以罚款、没收非法所得的，税款优先于罚款、没收非法所得。

二、税款征收方式

税款征收方式是指税务机关根据各税种的不同特点和纳税人的具体情况而确定的计算、征收税款的形式和方法。

（一）查账征收

查账征收是指税务机关根据纳税人提供的会计资料所反映的情况，依照税法相关规定计算征收税款的一种方式。它适用于经营规模较大、财务会计制度健全、能够如实核算和提供生产经营情况，并能正确计算税款，如实履行纳税义务的单位和个人。

（二）查定征收

查定征收是指税务机关根据纳税人的从业人员、生产设备、原材料耗用情况等因素，查实核定其在正常生产经营条件下应税产品的数量、销售额，并据以征收税款的一种方式。

（三）查验征收

查验征收是指税务机关对纳税人的应税产品，通过查验数量，按市场一般销售价格计算其销售收入并据以征税的方式。这种方式一般适用于经营品种比较单一，经营地点、时间和商品来源不固定的纳税单位。如城乡集贸市场的临时经营和机场、码头等场外经销商品的税款征收。

（四）定期定额征收

定期定额征收是指税务机关通过典型调查，逐户确定营业额和所得额并据以征税的方式。这种方式一般适用于无完整考核依据的小型纳税单位。

（五）委托代征

委托代征税款是指税务机关委托代征人以税务机关的名义征收税款，并将税款缴入国库的方式。这种方式一般适用于小额、零散税源的征收。

（六）邮件纳税

邮件纳税是一种新的纳税方式。这种方式主要适用于那些有能力按期纳税，但采用其他方式纳税又不方便的纳税人。

（七）其他方式

如利用网络申报、用IC卡纳税等。

三、税款征收制度

（一）代扣代缴、代收代缴制度

1. 对法律、行政法规没有规定负有代扣、代收税款义务的单位和个人，税务机关不得要求其履行代扣、代收税款义务。

2. 税法规定的扣缴义务人必须依法履行代扣、代缴税款义务，如果不履行义务，就要承担法律责任。

3. 扣缴义务人依法履行代扣、代收税款义务时，纳税人不得拒绝。纳税人拒绝的，扣缴义务人应当及时报告税务机关处理。

4. 税务机关按照规定付给扣缴义务人代扣、代收手续费。

（二）延期缴纳税款制度

《税收征管法》第31条规定："纳税人因有特殊困难，不能按期缴纳税款的，经省、自治区、直辖市国家税务局、地方税务局批准，可以延期缴纳税款，但是最长不得超过三个月。"

【政策解疑】　所称特殊困难：① 因不可抗力，导致纳税人发生较大损失，正常生产经营活动受到较大影响的；② 当期货币资金在扣除应付职工工资、社会保险费后，不足以缴纳税款的。

【特别提示】　① 纳税人需要延期缴纳税款的，应当在缴纳税款期限届满前提出申请；② 经省级的国家税务局、地方税务局批准；③ 延期纳税的最长时限不得超过3个月；④ 批准的延期内滞纳税款不征收滞纳金。

（三）税收滞纳金征收制度

《税收征管法》第32条规定："纳税人未按照规定期限缴纳税款的，扣缴义务人未按照规定期限解缴税款的，税务机关除责令限期缴纳外，从滞纳税款之日起，按日加收滞纳税款万分之五的滞纳金。"

滞纳金是税务机关对不按规定而逾期缴纳税款的纳税人给予经济制裁的一种措施。滞纳金的滞纳天数的起止时间的计算是税务机关依照法律、行政法规确定的税款缴纳期限届满次日起到纳税人、扣缴义务人实际缴纳或解缴税款的当日止。其计算公式为：

应缴滞纳金=滞纳税款×滞纳天数×滞纳金比率

税收征管法规定滞纳金的比率为日万分之五。拒绝缴纳滞纳金的，可以按不履行纳税义务实行强制执行措施，强制划拨或者强制征收。

（四）减免税收制度

减免税是指依据税收法律、法规及国家有关税收规定给予纳税人减税、免税。减税是指从应纳税款中减征部分税款；免税是指免征某一税种、某一项目的税款。

1. 纳税人享受减税、免税待遇的，在减税、免税期间应当按照规定办理纳税申报。

2. 享受减税、免税优惠的纳税人，减税、免税期满，应当自期满次日起恢复纳税；减税、免税条件发生变化的，应当在纳税申报时向税务机关报告；不再符合减税、免税条件的，应当依法履行纳税义务；未依法纳税的，税务机关应当予以追缴。

（五）税收保全措施

税收保全措施是指税务机关对可能由于纳税人的行为或者某种客观原因，致使以后税款的征收不能保证或难以保证的案件，采取限制纳税人处理或转移商品、货物或其他财产的措施。

《税收征管法》第 38 条规定：税务机关有根据认为从事生产、经营的纳税人有逃避纳税义务行为的，可以在规定的纳税期之前，责令限期缴纳应纳税款；在限期内发现纳税人有明显的转移、隐匿其应纳税的商品、货物，以及其他财产或者应纳税的收入的迹象的，税务机关可以责成纳税人提供纳税担保。如果纳税人不能提供纳税担保，经县以上税务局（分局）局长批准，税务机关可以采取下列税收保全措施：

1. 书面通知纳税人开户银行或者其他金融机构冻结纳税人的金额相当于应纳税款的存款；

2. 扣押、查封纳税人的价值相当于应纳税款的商品、货物或者其他财产。

纳税人在前款规定的限期内缴纳税款的，税务机关必须立即解除税收保全措施；限期期满仍未缴纳税款的，经县以上税务局（分局）局长批准，税务机关可以书面通知纳税人开户银行或者其他金融机构从其冻结的存款中扣缴税款，或者依法拍卖或者变卖所扣押、查封的商品、货物或者其他财产，以拍卖或者变卖所得抵缴税款。

个人及其所扶养家属维持生活必需的住房和用品，不在税收保全措施的范围之内。

【政策解疑】 所称其他财产包括纳税人的房地产、现金、有价证券等不动产和动产；机动车辆、金银饰品、古玩字画、豪华住宅或者一处以外的住房不属于所称“个人及其所扶养家属维持生活必需的住房和用品”。

（六）税收强制执行措施

税收强制执行措施是指纳税人、扣缴义务人、纳税担保人等税收管理相对人在税款到期后尚不能缴纳时，税务机关可以通知银行或其他金融机构扣缴当事人的存款或扣押、查封、拍卖、变卖部分财产以抵缴税款的强制执行措施。

《税收征管法》第 40 条规定：从事生产、经营的纳税人、扣缴义务人未按照规定的期限缴纳或者解缴税款，纳税担保人未按照规定的期限缴纳所担保的税款，由税务机关责令限期缴纳，逾期仍未缴纳的，经县以上税务局（分局）局长批准，税务机关可以采取下列强制执行措施。

1. 书面通知其开户银行或者其他金融机构从其存款中扣缴税款；

2. 扣押、查封、依法拍卖或者变卖其价值相当于应纳税款的商品、货物或者其他财产，以拍卖或者变卖所得抵缴税款。

【政策解疑】 税务机关采取强制执行措施时，对前款所列纳税人、扣缴义务人、纳税担保人未缴纳的滞纳金同时强制执行；个人及其所扶养家属维持生活必需的住房和用品，不在强制执行措施的范围之内。

1. 税收强制执行的适用范围

强制执行措施的适用范围仅限于未按照规定的期限缴纳或者解缴税款，经责令限期缴纳，逾期仍未缴纳的从事生产、经营的纳税人。

【政策解疑】 采取强制执行措施适用于扣缴义务人、纳税担保人，采取税收保全措施时则不适用。

2. 税收强制执行措施程序

（1）税款的强制征收（扣缴税款）

纳税人、扣缴义务人、纳税担保人在规定的期限内未缴纳或者解缴税款或者提供担保的，经主管税务机关责令限期缴纳，逾期仍未缴纳的，经县以上税务局（分局）局长批准，书面通知其开户银行或者其他金融机构，从其存款中扣缴税款。

【特别提示】 在扣缴税款的同时，主管税务机关应按照《税收征管法》第68条的规定，可以处以不缴或者少缴税款50%以上5倍以下的罚款。

（2）扣押、查封、拍卖或者变卖，以拍卖或者变卖所得抵缴税款

按照《税收征管法》第40条的规定，扣押、查封、拍卖或者变卖等行为具有连续性，即扣押、查封后，不再给纳税人主动履行纳税义务的期间，税务机关可以直接拍卖或者变卖其价值相当于应纳税款的商品、货物或者其他财产，以拍卖或者变卖所得抵缴税款。

3. 滞纳金的强行划拨

采取税收强制执行措施时，对纳税人、扣缴义务人、纳税担保人未缴纳的滞纳金必须同时强制执行。对纳税人已缴纳税款，但拒不缴纳滞纳金的，税务机关可以单独对纳税人应缴未缴的滞纳金采取强制执行措施。

4. 注意事项

（1）扣押、查封、拍卖或者变卖被执行人的商品、货物或者其他财产，应当以应纳税额和滞纳金等为限。对于被执行人必要的生产工具，他本人及其所供养家属的生活必需品应当予以保全，不得进行扣押、查封、拍卖或者变卖。

（2）对价值超过应纳税额且不可分割的商品、货物或者其他财产，税务机关在纳税人、扣缴义务人或者纳税担保人无其他可供强制执行财产的情况下，可以整体扣押、查

封、拍卖，以拍卖所得抵缴税款、滞纳金、罚款及扣押、查封、保管、拍卖等费用。

（3）实施扣押、查封时，对有产权证件的动产或者不动产，税务机关可以责令当事人将产权证件交税务机关保管，同时可以向有关机关发出协助执行通知书，有关机关在扣押、查封期间不再办理该动产或者不动产的过户手续。

（4）对查封的商品、货物或者其他财产，税务机关可以指令被执行人负责保管，保管责任由被执行人承担。

（5）税务机关将扣押、查封的商品、货物或者其他财产变价抵缴税款时，应当交由依法成立的拍卖机构拍卖；无法委托拍卖或者不适于拍卖的，可以交由当地商业企业代为销售，也可以责令纳税人限期处理；无法委托商业企业销售，纳税人也无法处理的，可以由税务机关变价处理，具体办法由国家税务总局规定。国家禁止自由买卖的商品，应当交由有关单位按照国家规定的价格收购。

拍卖或者变卖所得抵缴税款、滞纳金、罚款以及扣押、查封、保管、拍卖、变卖等费用后，剩余部分应当在3日内退还被执行人。

【例10-2】 某区制衣公司逾期未缴纳税款，区国税局征管科送达了《催缴税款通知书》进行催缴，制衣公司依然未按期缴纳税款，于是经该征管科科长批准，扣押了制衣公司价值相当于应纳税款的服装。问：该征管科的做法是否合法？为什么？

【案例解析】 该征管分局的做法不合法。根据《税收征管法》规定：税务机关采取强制执行措施时必须经县以上税务局（分局）局长批准。该征管科没有经区国税局局长批准，而是经征管科科长批准就决定对制衣公司采取强制执行措施，显然是不符合法定程序的。

第三节 税务检查

一、税务检查的概念和基本内容

税务检查，亦称纳税检查，它是税务机关根据国家税收法律、法规及财会制度的规定，对纳税人是否履行纳税义务的情况进行检查和监督的一种管理活动。

税务检查的基本内容包括：

1. 检查纳税人应纳税款是否及时足额入库，有无错缴、未缴、少缴、欠缴、偷税等问题；

2. 检查扣缴义务人代扣代缴、代收代缴的税款是否正确，报缴税款是否及时、足额，有无少扣、不扣或挪用税款的问题，以及扣税凭证的领、用、存情况；

3. 检查纳税人是否按规定办理税务登记、纳税申报等事项；

4. 检查纳税人是否按照发票管理规定领购、使用、保管发票，有无利用发票偷、逃税等问题，以及取得发票是否合法；

5. 检查纳税人是否有骗取减、免税款或不按规定使用减、免税款等问题；
6. 税务机关认为应检查的其他内容。

二、税务检查的形式

（一）重点检查

重点检查指对公民举报、上级机关交办或有关部门转来的有偷税行为或偷税嫌疑的，纳税申报与实际生产经营情况有明显不符的纳税人及有普遍逃税行为的行业的检查。

（二）分类计划检查

分类计划检查指根据纳税人历来纳税情况、纳税人的纳税规模及税务间隔时间的长短等综合因素，按事先确定的纳税人分类、计划检查时间及检查频率而进行的检查。

（三）集中性检查

集中性检查指税务机关在一定时间、一定范围内，统一安排、统一组织的税务检查，这种检查一般规模较大。

（四）临时性检查

临时性检查指由各级税务机关根据不同的经济形势、偷逃税趋势、税收任务完成情况等综合因素，在正常的检查计划之外安排的检查。

（五）专项检查

专项检查指税务机关根据税收工作实际，对某一税种或税收征收管理某一环节进行的检查。

三、税务机关在税务检查中的权利义务

（一）权利

1. 税务机关有权进行下列税务检查：

（1）检查纳税人的账簿 、记账凭证、报表和有关资料，检查扣缴义务人代扣代缴、代收代缴税款账簿、记账凭证和有关资料。

（2）到纳税人的生产、经营场所和货物存放地检查纳税人应纳税的商品、货物或者其他资产；检查扣缴义务人与代扣代缴、代收代缴税款有关的经营情况。

（3）责成纳税人、扣缴义务人提供与纳税或者代扣代缴、代收代缴税款有关的文件、证明材料和有关资料。

（4）询问纳税人、扣缴义务人与纳税或者代扣代缴、代收代缴税款有关的问题和

情况。

（5）到车站、码头、机场、邮政企业及其分支机构检查纳税人托运、邮寄应纳税商品、货物或者其他财产的有关单据、凭证和有关资料。

（6）经县以上税务局（分局）局长批准，凭全国统一格式的检查存款账户许可证明，查询从事生产、经营的纳税人、扣缴义务人在银行或者其他金融机构的存款账户。税务机关在调查税收违法案件时，经设区的市、自治州以上税务局（分局）局长批准，可以查询案件涉嫌人员的储蓄存款。税务机关查询所获得的资料，不得用于税收以外的用途。

2. 税务机关对从事生产、经营的纳税人以前纳税期的纳税情况依法进行税务检查时，发现纳税人有逃避纳税义务行为，并有明显的转移、隐匿其应纳税的商品、货物及其他财产或者应纳税的收入的迹象的，可以按照本法规定的批准权限采取税收保全措施或者强制执行措施。

3. 税务机关依法进行税务检查时，有权向有关单位和个人调查纳税人、扣缴义务人和其他当事人与纳税或者代扣代缴、代收代缴税款有关的情况，有关单位和个人有义务向税务机关如实提供有关资料及证明材料。

4. 税务机关调查税务违法案件时，对与案件有关的情况和资料，可以记录、录音、录像、照相和复制。

（二）义务

1. 持证检查。税务机关派出的税务人员在进行税务检查时，必须出示有效证件，这是保证税务检查依法进行的重要制度，也是避免非税务检查人员冒充税务检查人员进行违法犯罪的重要手段。税务机关在一般性检查中，应出示税务检查证和税务检查通知书；进行存款账户查核的，应出示检查存款账户许可证明。税务检查证件的格式皆由国家税务总局统一制定。

2. 保守秘密。税务机关及其税务人员对税务检查中所涉及的纳税人、扣缴义务人生产经营及其他情况，必须予以保密，对泄密者要给予行政处分。

3. 检查范围的适当性。税务机关所检查和询问的内容，都必须与纳税有关。

【例 10-3】 某税务稽查局工作人员张某，在对 S 软件设计有限公司依法进行税务检查时，调阅了该公司的纳税资料，发现该公司的核心技术资料，正是其朋友李某所在的 H 电脑网络有限公司所急需的技术资料，于是就将 S 软件设计有限公司的技术资料复印了一套给李某，张某的这一做法给 S 公司造成了无可挽回的经济损失。S 软件设计有限公司发现此事后，认为税务干部张某的行为，侵害了企业的合法权益，决定通过法律途径来维护企业的商业、技术保密权。问：纳税人可以请求保密权吗？

【案例解析】 纳税人可以请求保密权。根据规定，纳税人、扣缴义务人有权要求税务机关为纳税人、扣缴义务人的情况保密。税务机关应当依法为纳税人、扣缴义务人的情况保密。由此可见，请求保密权具有法律强制性，它既是法律赋予纳税人的一项基本权利，也是税务机关的法定义务。纳税人具有请求税务机关及其工作人员为自己保守秘密的权利，税务机关及其工作人员如果因自己的粗心大意或其他原因，泄露了纳税人的商业秘密或个人隐私，给纳税人的生产经营或个人名誉造成损害的，应当承担相应的法律责任。

第四节 法律责任

一、一般违反规定的法律责任

1. 纳税人有下列行为之一的，由税务机关责令限期改正，逾期不改正的，可以处以 2 000 元以下的罚款，情节严重的，处以 2 000 元以上 1 万元以下的罚款：

（1）未按规定的期限申报办理税务登记、变更或者注销登记的；

（2）未按规定设置、保管账簿或者保管记账凭证和有关资料的；

（3）未按规定将财务、会计制度或者财务、会计处理办法报送税务机关备查的；

（4）未按照规定将其全部银行账号向税务机关报告的；

（5）未按照规定安装、使用税控装置，或者损毁或擅自改动税控装置的；

（6）纳税人未按照规定办理税务登记证件验证或者换证手续的。

2. 纳税人不办理税务登记的，由税务机关责令限期改正；逾期不改正的，由市场监督管理机关吊销其营业执照。

3. 纳税人未按照规定使用税务登记证件，或者转借、涂改、损毁、买卖、伪造税务登记证件的，处 2 000 元以上 1 万元以下的罚款；情节严重的，处 1 万元以上 5 万元以下的罚款。

4. 纳税人通过提供虚假的证明资料等手段，骗取税务登记证的，处 2 000 元以下的罚款；情节严重的，处 2 000 元以上 1 万元以下的罚款。纳税人涉嫌其他违法行为的，按有关法律、行政法规的规定处理。

5. 扣缴义务人未按照规定办理扣缴税款登记的，税务机关应当自发现之日起 3 日内责令其限期改正，并可处以 1 000 元以下的罚款。

二、扣缴义务人违反账簿、凭证管理的处罚

扣缴义务人未按规定设置、保管代扣代缴、代收代缴税款账簿或者保管代扣代缴、代收代缴税款记账凭证及有关资料的，由税务机关责令限期改正，逾期不改的，可以处 2 000 元以下的罚款；情节严重的，处以 2 000 元以上 5 000 元以下的罚款。

三、纳税人、扣缴义务人未按规定进行纳税申报的法律责任

纳税人未按规定的期限办理纳税申报的，或者扣缴义务人未按规定的期限向税务机关报送代扣代缴、代收代缴税款报告表的，由税务机关责令限期改正，可以处以 2 000 元

以下的罚款，逾期不改的，可以处以 2 000 元以上 1 万元以下的罚款。

四、逃避缴纳税款行为的法律责任

1.《税收征管法》规定，纳税人采取伪造、变造、隐匿、擅自销毁账簿、记账凭证，或者在账簿上多列支出或者不列、少列收入，或者进行虚假的纳税申报的手段，不缴或者少缴税款的，是偷税。对纳税人偷税的，由税务机关追缴其不缴或者少缴的税款、滞纳金，并处不缴或者少缴的税款 50%以上 5 倍以下的罚款；构成犯罪的，依法追究刑事责任。

扣缴义务人采取前款所列手段，不缴或者少缴已扣、已收税款，由税务机关追缴其不缴或者少缴的税款、滞纳金，并处不缴或者少缴的税款 50%以上 5 倍以下的罚款；构成犯罪的，依法追究刑事责任。

2.《刑法》第 201 条规定："纳税人采取欺骗、隐瞒手段进行虚假纳税申报或者不申报，逃避缴纳税款数额较大并且占应纳税额 10%以上的，处 3 年以下有期徒刑或者拘役，并处罚金；数额巨大并且占应纳税额 30%以上的，处 3 年以上 7 年以下有期徒刑，并处罚金。

扣缴义务人采取前款所列手段，不缴或者少缴已扣、已收税款，数额较大的，依照前款的规定处罚。

对多次实施前两款行为，未经处理的，按照累计数额计算。

有第一款行为，经税务机关依法下达追缴通知后，补缴应纳税款，缴纳滞纳金，已受行政处罚的，不予追究刑事责任；但是，5 年内因逃避缴纳税款受过刑事处罚或者被税务机关给予两次以上行政处罚的除外。

五、进行虚假申报或不进行申报行为的法律责任

纳税人、扣缴义务人编造虚假计税依据的，由税务机关责令期限改正，并处 5 万元以下罚款。

纳税人不进行纳税申报，不缴或者少缴应纳税款的，由税务机关追缴其不缴或者少缴的税款、滞纳金，并处不缴或者少缴税款 50%以上五倍以下的罚款。

六、逃避追缴欠税的法律责任

纳税人欠缴应纳税款，采取转移或者隐匿财产的手段，致使税务机关无法追缴欠缴的税款，由税务机关追缴欠款的税款、滞纳金，并处欠缴税款 50%以上 5 倍以下的罚款；构成犯罪的，依法追究刑事责任。

纳税人欠缴应纳税款，采取转移或者隐匿财产的手段，致使税务机关无法追缴欠缴的税款，数额在 1 万元以上不满 10 万元的，处 3 年以下有期徒刑或者拘役，并处或者单处欠缴税款 1 倍以上 5 倍以下罚金；数额在 10 万元以上的，处 3 年以上 7 年以下有期徒刑，并处欠缴税款 1 倍以上 5 倍以下罚金。

七、骗取出口退税的法律责任

企事业单位及其他单位和个人采取对所生产或者经营的商品假报出口等欺骗手段，骗取国家出口退税款，由税务机关追缴其骗取的退税款，并处以骗取税款1倍以上5倍以下的罚款，构成犯罪的，依法追究刑事责任。

对骗取国家出口退税款的，税务机关可以在规定期间内停止为其办理出口退税。

以假报出口或者其他欺骗手段，骗取国家出口退税款，数额较大的，处5年以下有期徒刑或者拘役，并处骗取税款1倍以上5倍以下罚金；数额巨大或者有其他严重情节的，处5年以上10年以下有期徒刑，并处骗取税款1倍以上5倍以下罚金；数额特别巨大或者有其他特别严重情节的，处10年以上有期徒刑或者无期徒刑，并处骗取税款1倍以上5倍以下罚金或者没收财产。

八、抗税行为的法律责任

以暴力、威胁方法拒不缴纳税款的，是抗税，除由税务机关追缴其拒缴的税款、滞纳金外，由司法机关追究刑事责任。情节轻微，未构成犯罪的，由税务机关追缴其拒缴的税款，并处以拒缴税款1倍以上5倍以下的罚款。

以暴力、威胁方法拒不缴纳税款的，处3年以下有期徒刑或者拘役，并处拒缴税款1倍以上5倍以下罚金；情节严重的，处3年以上7年以下有期徒刑，并处以拒缴税款1倍以上5倍以下罚金。

九、在规定期限内不缴或者少缴税款的法律责任

纳税人、扣缴义务人在规定期限内不缴或者少缴应纳或者应解缴的税款，经税务机关责令限期缴纳，逾期仍未缴纳的，税务机关除依照本法第40条规定采取强制执行措施追缴其不缴或者少缴的税款外，可以处不缴或者少缴税款50%以上5倍以下的罚款。

十、扣缴义务人不履行扣缴义务的法律责任

扣缴义务人应扣未扣、应收而不收税款的，由税务机关向纳税人追缴税款，对扣缴义务人处应扣未扣、应收未收税款50%以上3倍以下的罚款。

十一、不配合税务机关依法检查的法律责任

1. 纳税人、扣缴义务人逃避、拒绝或者以其他方式阻挠税务机关检查的，由税务机关责令改正，可以处1万元以下的罚款；情节严重的，处1万元以上5万元以下的罚款。

2. 税务机关依照税收征管法第54条第（五）项的规定，到车站、码头、机场、邮政企业及其分支机构检查纳税人有关情况时，有关单位拒绝的，由税务机关责令改正，可以处1万元以下的罚款；情节严重的，处1万元以上5万元以下的罚款。

十二、非法印制发票的法律责任

1. 非法印制发票的，由税务机关销毁非法印制的发票，没收违法所得和作案工具，并处1万元以上5万元以下的罚款；构成犯罪的，依法追究刑事责任。

2. 伪造或者出售伪造的增值税专用发票的，处3年以下有期徒刑、拘役或者管制，并处2万元以上20万元以下罚金；数量较大或者有其他严重情节的，处3年以上10年以下有期徒刑，并处5万元以上50万元以下罚金；数量巨大或者有其他特别严重情节的，处10年以上有期徒刑或者无期徒刑，并处5万元以上50万元以下罚金或者没收财产。

单位犯本条规定之罪的，对单位判处罚金，并对其直接负责的主管人员和其他直接责任人员，处3年以下有期徒刑、拘役或者管制；数量较大或者有其他严重情节的，处3年以上10年以下有期徒刑；数量巨大或者有其他特别严重情节的，处10年以上有期徒刑或者无期徒刑。

3. 《刑法》第209条规定："伪造、擅自制造或者出售伪造、擅自制造的可以用于骗取出口退税、抵扣税款的其他发票的，处3年以下有期徒刑、拘役或者管制，并处2万元以上20万元以下罚金；数量巨大的，处3年以上7年以下有期徒刑，并处5万元以上50万元以下罚金；数量特别巨大的，处7年以上有期徒刑，并处5万元以上50万元以下罚金或者没收财产。伪造、擅自制造或者出售伪造、擅自制造的前款规定以外的其他发票的，处2年以下有期徒刑、拘役或者管制，并处或者单处1万元以上5万元以下罚金；情节严重的，处2年以上7年以下有期徒刑，并处5万元以上50万元以下罚金。"

4. 非法印制、转借、倒卖、变造或者伪造完税凭证的，由税务机关责令改正，处2 000元以上1万元以下的罚款；情节严重的，处1万元以上5万元以下的罚款；构成犯罪的，依法追究刑事责任。

十三、有税收违法行为而拒不接受税务机关处理的法律责任

从事生产、经营的纳税人、扣缴义务人有本法规定的税收违法行为，拒不接受税务机关处理的，税务机关可以收缴其发票或者停止向其发售发票。

十四、银行及其他金融机构拒绝配合税务机关依法执行职务的法律责任

1. 银行和其他金融机构未依照税收征管法的规定在从事生产、经营的纳税人的账户中登录税务登记证件号码，或者未按规定在税务登记证件中登录从事生产、经营的纳税人的账户账号的，由税务机关责令其限期改正，处2 000元以上2万元以下的罚款；情节严重的，处2万元以上5万元以下的罚款。

2. 为纳税人、扣缴义务人非法提供银行账户、发票、证明或者其他方便，导致未缴、少缴税款或者骗取国家出口退税款的，税务机关除没收其违法所得外，可以处未缴、少缴或者骗取的税款1倍以下的罚款。

3. 纳税人、扣缴义务人的开户银行或者其他金融机构拒绝接受税务机关依法检查纳

税人、扣缴义务人存款账户，或者拒绝执行税务机关作出的冻结存款或者扣缴税款的决定，或者在接到税务机关的书面通知后帮助纳税人、扣缴义务人转移存款，造成税款流失的，由税务机关处10万元以上50万元以下的罚款，对直接负责的主管人员和其他直接责任人员处1 000元以上1万元以下的罚款。

十五、擅自改变税收征收管理范围的法律责任

税务机关违反规定擅自改变税收征收管理范围和税款入库预算级次的，责令限期改正，对直接负责的主管人员和其他直接责任人员依法给予降级或者撤职的行政处分。

十六、不移送的法律责任

《税收征管法》第77条规定："纳税人、扣缴义务人有本法规定的第63条、第65条、第66条、第67条、第71条规定的行为涉嫌犯罪的，税务机关应当依法移送司法机关追究刑事责任。税务人员徇私舞弊，对依法应当移送司法机关追究刑事责任的不移送，情节严重的，依法追究刑事责任。"

十七、税务人员不依法行政的法律责任

税务人员与纳税人、扣缴义务人勾结，唆使或者协助纳税人、扣缴义务人有本法第63条、第65条、第66条规定的行为，构成犯罪的，按照《刑法》关于共同犯罪的规定处罚；尚不构成犯罪的，依法给予行政处分。税务人员私分扣押、查封的商品、货物或者其他财产，情节严重，构成犯罪的，依法追究刑事责任；尚不构成犯罪的，依法给予行政处分。

十八、渎职行为的法律责任

1. 税务人员利用职务上的便利，收受或者索取纳税人、扣缴义务人财物或者谋取其他不正当利益，构成犯罪的，依法追究刑事责任；尚不构成犯罪的，依法给予行政处分。

2. 税务人员徇私舞弊或者玩忽职守，不征收或者少征应征税款，致使国家税收遭受重大损失，构成犯罪的，依法追究刑事责任；尚不构成犯罪的，依法给予行政处分。税务人员滥用职权，故意刁难纳税人、扣缴义务人的，调离税收工作岗位，并依法给予行政处分。税务人员对控告、检举税收违法违纪行为的纳税人、扣缴义务人以及其他检举人进行打击报复，依法给予行政处分；构成犯罪的，依法追究刑事责任。

3. 税务机关的工作人员徇私舞弊，不征或者少征应征税款，致使国家税收遭受重大损失的，处5年以下有期徒刑或者拘役；造成特别重大损失的，处5年以上有期徒刑。

4. 税务机关的工作人员违反法律、行政法规的规定，在办理发售发票、抵扣税款、出口退税工作中，徇私舞弊，致使国家利益遭受重大损失的，处5年以下有期徒刑或者拘役；致使国家利益遭受特别重大损失的，处5年以上有期徒刑。

十九、不按规定征收税款的法律责任

违反法律、行政法规的规定提前征收、延缓征收或者摊派税款的，由其上级机关或者行政监察机关责令改正，对直接负责的主管人员和其他直接责任人员依法给予行政处分。

违反法律、行政法规的规定，擅自作出税收的开征、停征或者减税、免税、退税、补税以及其他同税收法律、行政法规相抵触的决定的，除依照本法规定撤销其擅自作出的决定外，补征应征未征税款，退还不用征收而征收的税款，并由上级机关追究直接负责的主管人员和其他直接责任人员的行政责任；构成犯罪的，依法追究刑事责任。

二十、违反税务代理的法律责任

税务代理人违反税收法律、行政法规，造成纳税人未缴或者少缴税款的，除由纳税人缴纳或者补缴应纳税款、滞纳金外，对税务代理人处纳税人未缴或者少缴税款 50%以上 3 倍以下的罚款。

名词与术语

税务管理　税务登记　税收保全措施 纳税评估　纳税担保

简答题

1. 什么是税务管理？其主要内容有哪些？
2. 如何办理、变更和注销税务登记？
3. 简述税款征收的概念及征收方式的种类。
4. 简述税务机关核定应纳税额的适用情形。
5. 什么是税收保全和税收强制执行措施，两者有何区别？
6. 什么是税务检查？税务机关有哪些税务检查权？
7. 违反税收管理规定应承担什么法律责任？

第十一章 税务行政法制

11

本章导读

“执法必严，违法必究”是依法治税的基本原则。为了维护国家税法的权威，确保良好的税收秩序，必须依法追究偷税、漏税、抗税等各种税收违法犯罪者的法律责任。同时，在税收征管过程中，由于征纳双方所处的法律地位、政策水平、价值观念等的不同，对某些税收征管行为的看法难免产生分歧，从而引发各种税务纠纷。这些纠纷必须依法公正合理地得到解决。目前，我国解决税务纠纷的主要方法是税务行政复议和行政诉讼。

学习目的与要求

通过本章的学习，要求学生重点掌握：税收法律责任的概念和分类；税务行政复议的范围、管辖和程序；税务行政诉讼的概念、范围和管辖。

第一节 税务行政处罚

税务行政处罚是指公民、法人或者其他组织有违反税收征收管理秩序的违法行为，尚未构成犯罪，依法应当承担行政责任的，由税务机关给予行政处罚。我国税务行政处罚制度以《中华人民共和国行政处罚法》（以下简称《行政处罚法》）、《税务案件调查取证与处罚决定分开制度实施办法（试行）》和《税务行政处罚听证程序实施办法（试行）》为法律依据。

税务行政处罚是行政处罚的重要组成部分，它包括以下几方面内容：① 当事人行为违反了税收法律规范，侵犯的客体是税收征收管理秩序，应当承担税务行政责任。② 从主观方面讲，并不区分当事人是否具有主观故意或者过失，只要有税务违法行为存在，并且有法可依，就要承担行政责任，依法给予税务行政处罚。③ 尚未构成犯罪，依法应当给予行政处罚的行为。这里要区分两种情况：一是要区分税收违法与税收犯罪的界限；二是要区分税收违法行为是不是轻微。④ 给予行政处罚的主体是税务机关。

一、税务行政处罚应遵循的原则

（一）法定原则

这是指税务行政处罚的实施机关必须是税务机关，税务机关适用税务行政处罚时必须依据法律、法规和规章授予的权限，在法律规定的处罚范围、种类、幅度内依据法定程序进行。

（二）公正、公开原则

公正原则是税务行政处罚法定原则的必要补充，在实施税务行政处罚时，不仅要求其形式是合法的，是在自由裁量的法定幅度和范围内实施的，而且要求在内容上合法，符合立法目的。公开原则，是指税务处罚的法律法规规定要事先公布，税务行政处罚的执法人员、处罚依据和过程，以及处罚结果要公开，要有税务处罚相对人的参与和了解。

（三）以事实为依据原则

即税务行政处罚必须建立在充分、准确的事实之上，否则不得实施税务行政处罚。

（四）过罚相当原则

这是指在税务行政处罚的设定和实施方面，都要根据税务违法行为的性质、情节、社会危害性的大小而定。

（五）处罚与教育相结合原则

这是指税务行政处罚不仅是制裁行政违法行为的手段，而且也起着教育作用。税务行政处罚的根本目的是为了防止人们违反税务行政法律规范。

（六）监督、制约原则

对实行税务行政处罚的税务机关，应进行必要的监督、制约。监督、制约方法包括：一是税务机关内部的监督、制约；二是税务机关上级对下级的监督、制约；三是来自司法方面的监督、制约。

二、税务行政处罚的设定和种类

（一）税务行政处罚的设定

税务行政处罚的设定，是指由特定的国家机关通过一定形式独立规定公民、法人或者其他组织的行为规范，并规定违反该行为规范的行政制裁措施。我国税收法制的原则是税权集中，税法集中。税收的立法权主要集中在中央，地方没有税收立法权，因而地方性法规和地方性规章均不得设定税务行政。

1. 全国人民代表大会及其常务委员会可以通过法律的形式设定各种税务行政处罚。
2. 国务院可以通过行政法规的形式设定除限制人身自由以外的税务行政处罚。
3. 国家税务总局可以通过规章的形式设定警告和罚款。税务行政规章对非经营活动中的违法行为设定罚款不得超过1 000元；对经营活动中的违法行为，有违法所得的，设定罚款不得超过违法所得的3倍，且最高不得超过3万元，没有违法所得的，设定罚款不得超过1万元；超过限额的，应当报国务院批准。

（二）税务行政处罚的种类

根据现行税法的规定，税务行政处罚种类主要有四种：

1. 罚款；
2. 没收违法所得；
3. 停止出口退税权；
4. 收缴发票和暂停供应发票。

三、税务行政处罚的主体与管辖

1. 主体

税务行政处罚的实施主体是县以上的税务机关。县以上税务机关的内设机构、派出机构不具处罚主体资格，但税务所经特殊授权可以实施罚款额在2 000元以下的税务行政处罚。

2. 管辖

税务行政处罚管辖遵循行为发生地原则，即只有当事人违法行为发生地的税务机关才有权对当事人实施处罚。在级别管辖方面，除特别授权外，实施税务行政处罚的主体必须是县（市、旗）级以上税务机关。

四、税务行政处罚的简易程序

税务行政处罚的简易程序是指税务机关及其执法人员对于公民、法人或者其他组织违反税收征收管理秩序的行为，当场作出税务行政处罚决定的行政处罚程序。简易程序的适用条件：

1. 案情简单、事实清楚、违法后果比较轻微且有法定依据应当给予处罚的违法行为；

2. 给予的处罚较轻，仅适用于对公民处以 50 元以下和对法人或者其他组织处以 1 000 元以下罚款的违法案件。

【特别提示】 简易处罚程序需当场作出处罚决定，简易处罚程序的罚款不一定现场缴纳；当事人不服税务行政处罚的可行使复议权和起诉权。

五、税务行政处罚的一般程序

除适用简易程序的税务违法案件外，对于其他违法案件，税务机关在作出处罚决定之前都要经过立案、调查取证（根据需要举行听证）、审查、决定、执行程序。

（一）调查与审查

对税务违法案件的调查取证由税务机关内部设立的调查机构（如管理、检查机构）负责。调查机构进行调查取证后，对依法应当给予行政处罚的，应及时提出处罚建议，以税务机关的名义制作《税务行政处罚事项告知书》并送达当事人，告知当事人做出处罚建议的事实、理由和依据，以及当事人依法享有的陈述申辩或要求听证的权利。调查终结，调查机构应当制作调查报告，并及时将调查报告连同所有案卷材料移交审查机构审查。

（二）听证

听证是指税务机关在对当事人某些违法行为做出处罚决定之前，按照一定形式听取调查人员和当事人意见的程序。税务行政处罚听证的范围是对公民做出 2 000 元以上或者对法人或者其他组织做出 1 万元以上罚款的案件。

1. 凡属听证范围的案件，在做出处罚决定之前，应当首先向当事人送达《税务行政处罚事项告知书》，并告知当事人已经查明的违法事实、证据、处罚的法律依据和拟给予的处罚，并告知有要求举行听证的权利。

2. 要求听证的当事人，应当在收到《税务行政处罚事项告知书》后 3 日内向税务机关书面提出听证要求，逾期不提出的，视为放弃听证权利。

3. 税务机关应当在当事人提出听证要求后的 15 日内举行听证，并在举行听证的 7 日前将《税务行政处罚听证通知书》送达当事人，通知当事人举行听证的时间、地点、主持人的情况。

（三）决定

审查机构做出审查意见并报送税务机关负责人审批后，应当在收到审批意见之日起 3 日内，根据不同情况分别制作不同的处理决定书再报税务机关负责人签发。

1. 有应受行政处罚的违法行为的，根据情节轻重及具体情况予以处罚。
2. 违法行为轻微，依法可以不予行政处罚的不予行政处罚。
3. 违法事实不能成立，不得予以行政处罚。
4. 违法行为已构成犯罪的，移送公安机关。

六、税务行政处罚的执行

税务机关对当事人作出罚款行政处罚决定的，当事人应当在收到行政处罚决定书之日起 15 日内缴纳罚款，到期不缴纳的，税务机关可以对当事人每日按罚款数额的 3% 加处罚款。

1. 税务机关对当事人当场作出行政处罚决定，具有依法给予 20 元以下罚款或不当场收缴罚款事后难以执行情形的，税务机关行政执法人员可以当场收缴罚款，并向当事人出具合法罚款收据，自收缴罚款之日起 2 日内将罚款交至税务机关。税务机关应当在 2 日内将罚款交付指定的银行或其他金融机构。

2. 除了依法可以当场收缴罚款的情形外，税务机关作出罚款的行政处罚决定和罚款的收缴要分离。

【例 11-1】 某从事生产的个体工商户杨某，2020 年 3 月 1 日领取营业执照并办理了税务登记。但杨某一直未向税务机关申报纳税。同年 6 月 1 日，主管税务所对杨某的生产经营情况进行调查核实，认定杨某取得应税收入未申报纳税，共计应缴纳税款 6 000 元。该所当即下达税务处理决定书和税务行政处罚决定书：补缴税款 6 000 元，加收滞纳金 500 元，按规定对未申报纳税行为处以未缴税款 50% 即 3 000 元的罚款。请指出该税务所执法中的违法问题，并说明原因。

【案例解析】 （1）程序违法。该所在作出 3 000 元处罚决定前未下达税务行政处罚事项告知书，告知纳税人的违法事实及享有的陈述、申辩权和听证权利。同时，对个人罚款超过 2 000 元的应履行告知听证程序。

（2）该税务所对杨某作出罚款 3 000 元的行政处罚决定属越权行为。《税收征管法》规定，行政处罚的罚款额在 2 000 元以下的，可由税务所决定。超过 2 000 元的，税务所不能作出决定。

第二节　税务行政复议

一、税务行政复议的概念和特点

税务行政复议是指当事人（纳税人、扣缴义务人、纳税担保人及其他税务当事人）不服税务机关及其工作人员作出的税务具体行政行为，依法向上一级税务机关提出申请，复议机关经审理对原税务机关具体行政行为依法作出维持、变更、撤销等决定的活动，是我国行政复议制度的一个重要组成部分。

我国税务行政复议具有以下特点：

1. 税务行政复议以税务争议为特定的调整对象。税务争议，即税务纠纷，指国家税务机关在税收征管过程中与纳税人就税法规定的权利和义务所发生的争执。税务争议是进行税务行政复议的基础，没有税务纠纷就不存在税务行政复议。

2. 税务行政复议因当事人的申请而产生。当事人提出申请是引起税务行政复议的重要条件之一。当事人不申请，就不可能通过行政复议这种形式获得救济。

3. 税务行政复议案件的审理一般由原处理税务机关的上一级税务机关进行。

4. 税务行政复议与行政诉讼的衔接。对于因征税问题引起的争议，税务行政复议是税务行政诉讼的必经前置程序；对于因处罚、保全措施及强制执行引起的争议，当事人可以选择适用复议程序或直接诉讼。

二、税务行政复议的受案范围

税务行政复议的受案范围，是指申请人认为税务机关的具体行政行为侵犯其合法权益，依法向复议机关请求复议的范围。

（一）对税务具体行政行为提出行政复议申请

税务具体行政行为是指税务机关及其工作人员在税务行政管理活动中行使行政职权，针对特定的公民、法人或者其他组织，就特定的具体事项，做出的有关该公民、法人或者其他组织权利义务的单方行为。包括以下方面：

1. 征税行为。

2. 行政许可、行政审批行为。

3. 税收保全、强制执行措施。

4. 发票管理行为，包括发售、收缴、代开发票等。

5. 税务行政处罚行为，包括罚款、没收财物和违法所得及停止出口退税权等。

6. 不依法履行职责行为，包括颁发税务登记，开具出具完税凭证、外出经营活动税收管理证明，行政赔偿，行政奖励。

7. 资格认定行为。

8. 纳税信用等级评定行为。

9. 通知出入境管理机关阻止出境行为。

10. 不依法确认纳税担保行为。

11. 政府信息公开工作中的具体行政行为。

12. 其他具体行政行为。

（二）对部分抽象行政行为提出行政复议申请

当事人对具体行政行为申请行政复议时，可一并向税务行政复议机关提出对具体行政行为所依据规定的审查申请，但不含国务院各部、委员会和地方人民政府制定的规章，以及国家税务总局制定的具有规章效力的规范性文件。

三、税务行政复议管辖

我国税务行政复议的管辖原则上是实行由上一级税务机关管辖的一级复议制度。具体内容包括：

1. 对各级国家税务局作出的税务具体行政行为不服的，向其上一级国家税务局申请行政复议。

2. 对各级地方税务局作出的税务具体行政行为不服的，可以选择向上一级地方税务局或者该税务局的本级人民政府申请复议。

3. 对国家税务总局作出的具体行政行为不服的，向国家税务总局申请行政复议。

4. 对以下机关、组织等作出的税务具体行政行为不服的，按照下列规定申请行政复议：

（1）对计划单列市税务局的具体行政行为不服的，向省税务局申请行政复议。

（2）对税务所（分局）、各级税务局的稽查局的具体行政行为不服的，向其所属税务局申请行政复议。

（3）对两个以上税务机关共同作出的具体行政行为不服的，向共同上一级税务机关申请行政复议；对税务机关与其他行政机关共同作出的具体行政行为不服的，向其共同上一级行政机关申请行政复议。

（4）对被撤销的税务机关在撤销以前所作出的具体行政行为不服的，向继续行使其职权的税务机关的上一级税务机关申请行政复议。

（5）对税务机关作出逾期不缴纳罚款加处罚款的决定不服的，向作出行政处罚决定的税务机关申请行政复议。但是对已处罚款和加处罚款都不服的，一并向作出行政处罚决定的税务机关的上一级税务机关申请行政复议。

有前款（2）（3）（4）（5）项所列情形之一的，申请人也可以向具体行政行为发生地的县级地方人民政府提交行政复议申请，由接受申请的县级地方人民政府依法转送。

四、税务行政复议申请

税务行政复议须应申请才能发生，因此申请是启动税务行政复议的第一阶段。税务行政复议的申请是指公民、法人或其他组织等税务行政相对人认为税务机关的税务具体行政行为侵犯其合法权益，依法要求有管辖权的复议机关对该行为进行审查和处理的法律行为。

（一）税务行政复议的申请条件

1. 申请人资格要求。

依法提起税务行政复议的纳税人或其他税务当事人为税务行政复议申请人。具体是指纳税人、扣缴义务人、纳税担保人和其他税务当事人。

有权申请复议的公民死亡的，其近亲属可以申请行政复议；有权申请行政复议的公民为无行为能力人或限制行为能力人，其法定代理人可以代理申请行政复议。有权申请行政复议的法人或其他组织发生合并、分立或终止的，承受其权利的法人或其他组织可以申请行政复议。与申请行政复议的具体行政行为有利害关系的其他公民、法人或其他组织，可以作为第三人参加行政复议。

2. 有明确的被申请人和复议对象。

3. 属于申请复议的受案范围。

4. 属于复议机关管辖。

5. 没有向其他复议机关申请行政复议或向人民法院提起行政诉讼且被受理。

6. 在提出复议申请前已经依照税务机关根据法律、行政法规确定的税额、期限，缴纳或者解缴税款及滞纳金或者提供相应的担保。

7. 复议申请是在法定期限内提出的。

（二）税务行政复议的申请方式

申请人申请行政复议，可以书面申请，也可以口头申请。

1. 书面形式是指复议申请人向复议机关递交复议申请书的申请方式。复议申请书应当载明下列内容：

（1）申请人的姓名、性别、年龄、职业、住址等（法人或其他组织的名称、地址、法定代表人或负责人的姓名）。

（2）被申请人的名称、地址。

（3）申请复议的要求和理由。

（4）已经依照国家税务机关根据法律、行政法规确定的税额缴纳或者解缴税款及滞纳金的证明材料。

（5）提出复议申请的日期，申请人签名或盖章。

2. 口头形式是指复议申请人口头提出申请，由复议机关工作人员笔录的申请方式。

口头申请的，复议机关应当当场记录申请人的基本情况、行政复议请求、申请行政复议的主要事实、理由和时间。

（三）税务行政复议的申请期限

税务行政复议的申请期限是指认为税务行政复议被申请人的行为侵犯了其合法权益的公民、法人或其他组织提出税务行政复议申请的法定时间限制。根据有关规定，申请人可以在得知税务机关作出具体行政行为之日起60日内提出行政复议申请。因不可抗力或者被申请人设置障碍等其他正当理由耽误法定申请期限的，申请期限自障碍消除之日起继续计算。

五、税务机关复议的受理

复议机关收到行政复议申请后，应当在5日内进行审查，对符合规定的行政复议申请，应予以受理，并书面告知申请人；对复议机关决定不予受理或受理后超过复议期限不作答复的，也应书面告知申请人，纳税人和其他税务当事人可以自收到不予受理决定书之日起，或行政复议期满之日起15日内，依法向人民法院提起行政诉讼。

有下列情形之一的，税务行政复议机关应当决定受理：

1. 属于《税务行政复议规则》规定的行政复议范围。
2. 法定申请期限内提出。
3. 有明确的被申请人和行政复议对象。
4. 申请人与具体行政行为有利害关系。
5. 有具体的行政复议请求和理由。
6. 属于收到行政复议申请的行政复议机关的职责范围。
7. 其他行政复议机关尚未受理同一行政复议申请，人民法院尚未受理同一主体就同一事实提起的行政诉讼。

六、税务行政复议审查和决定

税务行政复议机关在受理复议申请后，应当对税务行政复议案件予以审查，并作出结论性裁决，这是税务行政复议的决定阶段。

1. 行政复议机关应当自受理行政复议之日起7日内，将行政复议申请书副本或者行政复议申请笔录复印件发送被申请人。被申请人应当自收到申请书副本或者申请笔录复印件之日起10日内，提出书面答复，并提交当初作出具体行政行为的证据、依据和其他有关材料。
2. 行政复议机构审理行政复议案件，应当由2名以上行政复议工作人员参加。
3. 对重大、复杂的案件，申请人提出要求或者行政复议机构认为必要时，可以采取听证的方式审理。
4. 听证应当公开举行，但涉及国家秘密、商业秘密或者个人隐私的除外。

5. 行政复议听证人员不得少于 2 人。

6. 申请人在行政复议决定作出以前撤回行政复议申请的，经行政复议机构同意，可以撤回。

申请人撤回行政复议申请的，不得再以同一事实和理由提出行政复议申请。但是，申请人能够证明撤回行政复议申请违背其真实意思表示的除外。

7. 申请人在申请行政复议时，依据相应规定一并提出对有关规定的审查申请的，复议机关对该规定有权处理的，应当在 30 日内依法处理；无权处理的，应当在 7 日内按照法定程序转送有权处理的行政机关依法处理，有权处理的行政机关应当在 60 日内依法处理。处理期间，中止对具体行政行为的审查。

8. 行政复议机关在对被申请人作出的具体行政行为进行审查时，认为其依据不合法，本机关有权处理的，应当在 30 日内依法处理；无权处理的，应当在 7 日内按照法定程序转送有权处理的国家机关依法处理。处理期间，中止对具体行政行为的审查。

9. 行政复议机关责令被申请人重新作出具体行政行为的，被申请人不得以同一事实和理由作出与原具体行政行为相同或者基本相同的具体行政行为；但是行政复议机关以原具体行政行为违反法定程序决定撤销的，被申请人重新作出具体行政行为的除外。

10. 行政复议机关责令被申请人重新作出具体行政行为的，被申请人不得作出对申请人更为不利的决定；但是行政复议机关以原具体行政行为主要事实不清、证据不足或适用依据错误决定撤销的，被申请人重新作出具体行政行为的除外。

11. 有下列情形之一的，行政复议机关可以决定变更：

（1）认定事实清楚，证据确凿，程序合法，但是明显不当或者适用依据错误的。

（2）认定事实不清，证据不足，但是经行政复议机关审理查明事实清楚，证据确凿的。

12. 有下列情形之一的，行政复议机关应当决定驳回行政复议申请：

（1）申请人认为税务机关不履行法定职责申请行政复议，行政复议机关受理以后发现该税务机关没有相应法定职责或者在受理以前已经履行法定职责的。

（2）受理行政复议申请后，发现该行政复议申请不符合受理条件的。

13. 行政复议机关责令被申请人重新作出具体行政行为的，被申请人应当在 60 日内重新作出具体行政行为；情况复杂，不能在规定期限内重新作出具体行政行为的，经行政复议机关批准，可以适当延期，但是延期不得超过 30 日。

14. 申请人在申请行政复议时可以一并提出行政赔偿请求，行政复议机关对符合国家赔偿法的规定应当赔偿的，在决定撤销、变更具体行政行为或者确认具体行政行为违法时，应当同时决定被申请人依法赔偿。

申请人在申请行政复议时没有提出行政赔偿请求的，行政复议机关在依法决定撤销、变更原具体行政行为确定的税款、滞纳金、罚款和对财产的扣押、查封等强制措施时，应当同时责令被申请人退还税款、滞纳金和罚款，解除对财产的扣押、查封等强制措施，或者赔偿相应的价款。

15. 复议机关应当自受理申请之日起60日内作出行政复议决定。情况复杂，经批准可适当延长，并告知申请人和被申请人，但延长期限最多不超过30日。行政复议决定书一经送达，即发生法律效力。

16. 被申请人应当履行行政复议决定。

17. 申请人、第三人逾期不起诉又不履行行政复议决定的，或者不履行最终裁决的行政复议决定的，按照下列规定分别处理。

（1）维持具体行为的行政复议决定，由作出具体行政行为的行政机关依法强制执行，或申请人民法院强制执行。

（2）变更具体行政行为的行政复议决定，由复议机关依法强制执行，或申请人民法院强制执行。

【例11-2】 A县某餐饮部属承包经营，该县城关征管分局接群众反映，该餐饮部利用收入不入账的方法偷逃税款。2020年5月25日，分局派两名税务干部（李某与钱某）对其实施检查，税务人员在出示税务检查证后，对相关人员进行了询问，但没有线索，于是对餐饮部经理宿舍进行了搜查，发现了流水账，经与实际申报纳税情况核对，查出该餐饮部利用收入不入账的方法偷逃税款5万元的事实。5月28日，该分局依法下达了税务行政处罚事项告知书，拟作出追缴税款、加收滞纳金、并处3万元罚款的决定。5月29日，下达了税务行政处罚决定书。5月30日，该餐饮部提出税务行政处罚听证要求。6月5日由李、钱二人和另一名干部共同主持了听证会，经听取意见后，当场作出税务行政处罚决定，并要求听证所花费用由餐饮部承担，并将决定书当场交给餐饮部代表。在没履行义务的情况下，该餐饮部于7月5日就3万元罚款一事向县地税局提出行政复议申请，县地税局以纳税人未缴纳税款及已超过法定复议期限为由不予受理复议申请。7月6日，餐饮部依法向县人民法院起诉。问：指出该分局及县地税局在该案处理过程中违法行为，并说明理由。

【案例解析】

（1）检查时未履行法定程序。《税收征管法》规定，税务人员实施检查时应出示税务检查证和税务检查通知书，该案中税务分局既未下达稽查通知书，也未出示税务检查通知书。

（2）税务人员超越权限行使检查权。《税收征管法》规定，税务机关可对纳税人的生产经营场所及货物存放地进行检查。但没有赋予税务人员对纳税人住宅的检查权。

（3）5月29日下达行政处罚决定书不合法。根据规定，当事人可在接到行政处罚通知后3日内提出听证申请。税务机关不能在法定申请听证的期限内下达处罚决定书。

（4）对纳税人处3万元罚款超越职权。《税收征管法》只赋予税务所（分局）2 000元以下的行政处罚权。

（5）李、钱二人不能主持听证会，听证由行政机关指定的非本案调查人员主持。

（6）听证结束当场作出税务行政处罚决定属行政越权行为。根据规定：听证结束后，听证主持人应当将听证情况和处理意见报告税务机关负责人，然后才可作出决定。

（7）要求餐饮部负担听证所需费用不合法。

（8）县地税局对复议申请不予受理的理由不成立。一是《税收征管法》规定，当事人对税务机关作出的行政处罚决定不服的，可依法申请行政复议，以未履行纳税义务作为复议前置条件是错误的；二是税务行政复议应在知道税务机关作出的具体行政行为后60日内提出，餐饮部的复议申请未超过法定期限。

七、税务行政复议和解和调解

对下列行政复议事项，按照自愿、合法的原则，申请人和被申请人在行政复议机关作出行政复议决定以前可以达成和解，行政复议机关也可以调解：

1. 行使自由裁量权作出的具体行政行为，如行政处罚、核定税额、确定应税所得率等。

2. 行政赔偿。

3. 行政奖励。

4. 存在其他合理性问题的具体行政行为。

第三节　税务行政诉讼

一、税务行政诉讼的概念

税务行政诉讼是指公民、法人和其他组织认为税务机关及其工作人员的具体税务行政行为违法或不当，侵犯了其合法权益，依法向人民法院提起行政诉讼，由人民法院对具体税务行政行为的合法性和适当性进行审理并作出裁决的司法活动。

税务行政诉讼既具有行政诉讼的一般特点，又具有自身的特点：

1. 税务行政诉讼是由人民法院审理并作出裁决的一种诉讼活动，是一种司法审查制度。这是税务行政诉讼与税务行政复议的根本区别。税务行政复议是税务机关执行国家税收法律、法规的行政行为。税务行政争议范围广、数量多、专业性强，大量税务行政争议由税务机关以税务行政复议方式解决，只有由人民法院对税务案件进行审理并作出裁决的活动，才是税务行政诉讼。

2. 税务行政诉讼以解决税务行政争议为前提，这是税务行政诉讼与其他行政诉讼活动的根本区别。具体体现在：第一，被告必须是税务机关，或经法律、法规授权的行使税务行政管理权的组织，而不是其他行政机关或组织。第二，税务行政诉讼解决的争议发生在税务行政管理的过程中。第三，因税款征纳问题发生的争议，当事人在向人民法院提起行政诉讼前，必须先经税务行政复议程序，即复议前置。

3. 税务行政诉讼的对象是税务具体行政行为。税务行政诉讼是由于税务行政相对人不服税务机关的税务具体行政行为而向法院提起的诉讼，它以税务机关的税务具体行政行为为对象，属于税务管理领域的行政诉讼，具有税法的一般特点，不同于其他行政诉讼。

二、税务行政诉讼的原则

1. 人民法院特定主管原则。即人民法院对税务行政案件只有部分管辖权，只能受理因具体行政行为引起的税务行政争议案件。

2. 合法性审查原则。除审查税务机关是否滥用权力、税务行政处罚是否显失公正外，人民法院只对具体税务行为是否合法予以审查，原则上不直接作出变更判决。

3. 不适用调解原则。税务行政管理权是国家的法定权力，任何机关和个人都不能作转让、放弃的处置。而调解的前提是当事人有处分权，税务机关只能根据法律规定的权限履行职责，而无权处分国家的税收征收管理权。因而人民法院也不能对税务行政诉讼法律关系的双方当事人进行调解。但相对人因税务机关的违法行为遭受损害而提起税务行政赔偿诉讼的，人民法院就双方当事人争议的赔偿问题可进行调解。

4. 起诉不停止执行原则。即当事人不能以起诉为理由而停止执行税收保全措施、税收强制执行措施等具体行政行为。不停止执行是原则，停止执行是例外。停止执行的情况有：一是税务机关认为需要停止执行的；二是原告申请停止执行，人民法院认为该税务具体行政行为的执行会造成难以弥补的损失，并且停止执行不损害社会公共利益，可裁定停止执行；三是法律、法规规定停止执行的。

5. 税务机关负举证责任原则。举证责任倒置是行政诉讼有别于民事诉讼、刑事诉讼的重大特点之一。在税务行政诉讼中，税务机关有义务向法院提供作出该具体行政行为的证据和所依据的规范性文件，否则就有败诉的可能。这一原则的实施有助于促使税务机关在税收征管中更加重视以事实为依据，以法律为准绳。

6. 由税务机关负责赔偿的原则。税务机关及其工作人员因执行职务违法，给当事人造成人身及财产损害的，应负赔偿责任。

三、税务行政诉讼的管辖

行政诉讼管辖是指人民法院受理第一审行政案件的职权分工。行政诉讼的管辖分为级别管辖、地域管辖和裁定管辖。

1. 级别管辖

级别管辖是指上下级人民法院之间受理第一审行政案件的分工和权限。它是按照法院的组织体系和行政案件的性质、影响等因素来划分上下级法院之间第一审行政案件的权限。我国法院设置分为四级，即基层人民法院、中级人民法院、高级人民法院和最高人民法院。根据规定，基层人民法院管辖一般的税务行政诉讼案件；中、高级人民法院管辖本辖区内重大、复杂的税务行政诉讼案件；最高人民法院管辖全国范围内重大、复杂的税务行政诉讼案件。

2. 地域管辖

地域管辖是指同级人民法院之间受理第一审行政案件的分工和权限，分一般地域管辖和特殊地域管辖两种。前者指按照最初作出具体行政行为的机关所在地来确定管辖法院。后者指根据特殊行政法律关系或特殊行政法律关系所指向的对象来确定管辖法院。

3. 裁定管辖

裁定管辖是指人民法院依法自行裁定的管辖，包括移送管辖、指定管辖和管辖权的转移三种情况。移送管辖是指人民法院将已经受理的案件移送给有管辖权的人民法院审理。指定管辖是指上级人民法院以裁定的方式指定某下一级人民法院管辖某一案件。管辖权转移指上级人民法院有权审理下级人民法院的第一审税务行政案件，下级人民法院对其管辖的第一审税务行政案件认为需要由上级人民法院审判的，也可以报请上级人民法院决定。

四、税务行政诉讼的受案范围

税务行政诉讼的受案范围，也就是纳税人、扣缴义务人、纳税担保人可以向人民法院提起税务行政诉讼的税务争议的类型。

具体地说，税务行政诉讼受案范围有：

（一）对税务行政复议决定不服的；

（二）对除税务机关作出的征税行为外的其他税务具体行政行为不服的，具体有：

1. 税务机关委托扣缴义务人作出的代扣代缴税款行为；

2. 税务机关作出责令纳税人提交纳税保证金提供纳税担保、通知出境管理机关阻止出境行为；

3. 税务机关作出的税收保全、强制执行措施；

4. 税务机关作出的如下税务行政处罚行为：

（1）罚款、没收非法所得、停止出口退税权、停供发票；

（2）为纳税人、扣缴义务人非法提供银行账户、发票、证明或者其他方便，导致未缴、少缴税款或者骗取国家出口退税的行为，没收其违法所得的。

5. 为符合法定条件申请税务机关颁发税务登记证、发售发票，税务机关拒绝颁发、发售或不予答复的行为。

（三）对税务复议机关决定不予受理或受理后超过复议期限不作答复的。

五、税务行政诉讼的起诉和受理

（一）起诉

税务行政诉讼起诉，是指公民、法人或者其他组织认为自己的合法权益受到税务机关具体行政行为的侵害，而向人民法院提出诉讼请求，要求人民法院行使审判权，依法予以保护的诉讼行为。起诉，是法律赋予税务行政管理相对人用以保护其合法权益的权利和手段。起诉权是单向性的权利，税务机关不享有起诉权，只有应诉权，即税务机关只能作为被告。

税务行政诉讼的起诉必须具有如下条件：

1. 原告必须有起诉资格。税务行政诉讼的起诉人必须是认为税务机关的税务具体行政行为侵犯了其合法权益的公民、法人或其他组织。

2. 有明确的被告。

3. 有具体的诉讼请求。

4. 有确实的事实根据。

5. 起诉必须符合法定程序。主要包括：法律、法规规定必须先申请行政复议的，当事人不经过复议或在复议期间向人民法院起诉的，法院不予受理；即对税务机关的征税行为提起诉讼，必须先经过复议，对复议决定不服的，可以在接到复议决定之日起15日内向人民法院起诉。对其他具体行政行为不服的，当事人可以在接到通知或知道之日起15日内直接向人民法院起诉。税务机关作出具体行政行为时，未告知当事人诉权和起诉期限，致使当事人逾期向人民法院起诉的，其起诉期限从当事人实际知道诉权或起诉期限时计算，但最长不得超过2年。

（二）受理

受理是指人民法院对公民、法人或者其他组织的起诉进行审查，对符合法定条件的起诉决定立案审理的行为。对当事人的起诉，人民法院一般从以下几方面进行审查并作出是否受理的决定：一是审查是否属于法定的诉讼受案范围；二是审查是否具备法定的起诉条件；三是审查是否已经受理或者正在受理；四是审查是否有管辖权；五是审查是否符合法定的期限；六是审查是否经过必经复议程序。

人民法院接到诉状，经过审查，应当在7日内立案或者作出裁定不予受理。原告对不予受理的裁定不服的，可以提起上诉。

六、税务行政诉讼的审理和判决

行政诉讼的审理是法院在受理当事人的起诉后，对案件做实质性审查处理的过程。除少数国家实行一审终审外，大多数国家对一审法院判决、裁定可以上诉。判决是法院经过审理，依据法律规定对行政案件实体问题作出的结论。

（一）审理

人民法院在审理税务行政诉讼案件时实行合议、回避、公开审判和两审终审制。审理的核心问题是审查被诉具体行政行为是否合法。人民法院审理税务行政诉讼案件应根据《行政诉讼法》规定的程序进行。

（二）判决

人民法院对税务行政诉讼案件经审理后，应根据案情分别作出以下判决：

1. 维持判决。即对税务机关作出的具体行政行为证据确凿，适用法律、法规正确，符合法定程序的判决维持。

2. 撤销判决。对被诉的具体行政行为主要证据不足，适用法律、法规错误，违反法定程序，或者超越职权、滥用职权的，人民法院应判决撤销或部分撤销，同时可判决税务机关重新作出具体行政行为。

3. 履行判决。对税务机关不履行或者拖延履行法定职责的，人民法院应判决其在一定期限内履行。

4. 变更判决。对税务机关作出税务行政处罚显失公正的，人民法院可以判决变更。

【例 11-3】 定期定额纳税户广林酒店的老板王某，2020 年 1 月，将酒店承包给李某经营，李某每月向甲某交承包费 3 000 元，有关承包经营事项，王某未向税务机关报告。自 2020 年 1 月起该酒店一直未向税务机关申报纳税，税务机关多次催缴无效，2020 年 5 月 20 日，税务所找到王某，责令其在 5 月 31 日前缴纳欠缴的税款 1 万元，责令期限已过，王某仍未缴纳税款，6 月 1 日，经主管税务机关中山区税务分局局长批准，采取税收强制执行措施，但广林酒店已经在 5 月底关门停业，张某不知去向，税务机关扣押了王某的小汽车一辆，6 月 10 日，小汽车以 15 万元被拍卖，税务机关将拍卖所得抵顶税款 1 万元、罚款、滞纳金及各项拍卖费用 1 万元后，剩余款项于 6 月 20 日退还王某。王某不服，于 6 月 25 日向市税务局申请税务行政复议，市地税局复议后维持中山区税务分局的决定。

请问：（1）税务机关是否可以对王某采取税收强制执行措施？

（2）税务机关是否可以扣押并拍卖王某的小汽车？

（3）税务分局的行为有无不妥之处？

（4）复议后王某如果提起税务行政诉讼，被告税务机关是哪个？

【案例解析】 （1）税务机关可以对王某采取税收强制执行措施。本案中王某并未向税务机关报告承包经营的有关事项，应该承担纳税的连带责任。经税务机关责令限期缴纳税款，王某逾期仍未缴纳，税务机关可以依照规定，采取税收强制执行措施。

（2）税务机关可以扣押并拍卖王某的小汽车。本案中广林酒店已经关门停业，无其他可供执行的财产，税务机关可以依法对王某的小汽车采取税收强制执行措施。

（3）中山区税务分局没有将强制执行措施后的剩余款项及时退还王某。依照有关规定，拍卖或者变卖所得抵缴税款、滞纳金、罚款，以及扣押、查封、保管、拍卖、变卖等费用后，剩余部分应当在 3 日内退还被执行人。本案中税务机关已经在 6 月 10 日将小汽车依法拍卖，但在 6 月 20 日将剩余款项退还被执行人，超过了 3 日，属于行政执法不当。

（4）本案中因为市税务局作出了维持原税务处理决定的裁定，依照规定，如果王某提起税务行政诉讼，应以中山区税务分局为被告。

名词与术语

税务行政处罚　税务行政复议　税务行政诉讼

简答题

1. 什么是税务行政处罚？它的管辖和程序如何？

2. 什么是税务行政复议？税务行政复议的范围、管辖和程序是什么？

3. 什么是税务行政诉讼？它和行政复议有什么不同的特点？税务行政诉讼的程序是什么？